Mi pueblo, mis raíces

San Pablo, San Marcos 1950s y 1960s
Guatemala

Osmar E. Maldonado

Reservados todos los derechos. No se permite la reproducción total o parcial de esta obra, ni su incorporación a un sistema informático, ni su transmisión en cualquier forma o por cualquier medio (electrónico, mecánico, fotocopia, grabación u otros) sin autorización previa y por escrito de los titulares del copyright. La infracción de dichos derechos puede constituir un delito contra la propiedad intelectual.

El contenido de esta obra es responsabilidad del autor y no refleja necesariamente las opiniones de la casa editora. Todos los textos e imágenes fueron proporcionados por el autor, quien es el único responsable sobre los derechos de los mismos.

Publicado por Ibukku, LLC
www.ibukku.com
Diseño y maquetación: Diana Patricia González J.
Diseño de portada: Ángel Flores Guerra B.
Copyright © 2023 Osmar E. Maldonado
ISBN Paperback: 978-1-68574-611-7
ISBN Hardcover: 978-1-68574-613-1
ISBN eBook: 978-1-68574-612-4

Índice

Mapa de San Pablo en la década de los 50 y los 60	8
Prefacio de esta edición de 2023	9
A mis amigos en su memoria	17
Reconocimiento a mis maestros	21
Rancho La Joyita	23
En tu memoria, amigo Maco Makepeace	27
Avelino Curcucho Un indigente muy apreciado por todos	33
Introducción	39
PARTE UNO (De La Vega a Chema Pérez)	47
PARTE DOS (de Chema Pérez a Luz Hernández)	69
PARTE TRES (De Luz Hernández a Familia Ochoa)	87
PARTE CUATRO (de Beto López a Escuela de Arriba)	121
PARTE CINCO (De Nayo Solano a La Nobleza)	147
PARTE SEIS (De Milo Montes a Posa de La Minga)*	187
PARTE SIETE (De Roberto Rodríguez a Roberto Lam)	209
PARTE OCHO (De Goya García a Josefa Barrios)	237
PARTE NUEVE Final de esta caminata	269

PARTE DIEZ
Instituto Nacional de Electrificación (INDE)   271

Construcción del drenaje municipal   273

Clásico - Municipal versus Comunicaciones   277

Celebración de Semana Santa   279

Fiestas navideñas en los 50 y los 60   283

Dividido entre dos amantes   291

En tu memoria, hermano Rudy   293

También de Osmar E. Maldonado

MIS SUEÑOS Y SUS INSOMNIOS
Mi sueño americano

En la edición de 2022, se mencionó que para llegar a triunfar en las diferentes facetas de la vida que se le presentan al ser humano es necesario ser perseverante, responsable, honrado, emprendedor y no desmayar ante las adversidades, siendo este un ejemplo para la juventud contemporánea.

Comentario tomado de Variedad informativa

A mi hijo Pablo

Las águilas colocan ramas con espinas debajo del colchón del nido que construyen antes de tener a sus polluelos; eso es para que, a medida que los aguiluchos vayan creciendo, el colchón va desapareciendo, dejando al descubierto las espinas, causándoles cierta incomodidad y forzándolos a que emprendan su vuelo, para que a través de este descubran su independencia.

Hijo, en tu nido no había espinas; las que encontraste y te hicieron daño fueron las que vos mismo colocaste afuera del mismo, haciendo sangrar tu alma y las de los que te amamos.

De alguna manera sabia estas fueron para que no olvides que es hora de que te descubras así mismo, para que tomes tu propio vuelo y tengas oportunidad de conocer otros horizontes y estés consciente de que todo cambio o triunfo en la vida tiene su propio porcentaje de dolor; a través de ellos se aprende a ser mejor cada día.

Las cicatrices que llevas dentro son las que te harán recordar los errores que cometiste cuando, sin precaución, cruzaste las zonas de peligro en tu camino, las mismas que te ayudarán a levantarte y alcanzar tus mejores objetivos.

Tus padres, Doris y Osmar

Mapa de San Pablo en la década de los 50 y los 60

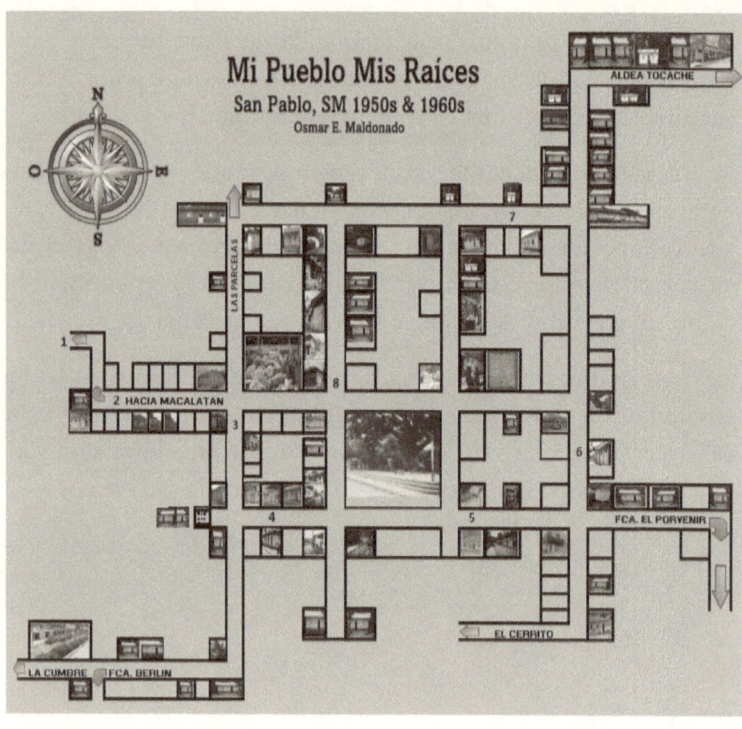

Prefacio de esta edición de 2023

Saboreaba un delicioso Ates, café traído de aquel bonito lugar de Jutiapa-Guatemala, situado a poca distancia de la laguna del mismo nombre, Atescatempa.

Bajo ese sosiego, tomé la decisión de dar a conocer por medio de estas líneas el momento que estaba viviendo, tratando inútilmente de adaptarme a la difícil etapa de mi retiro o jubilación, la cual recién había hecho acto de presencia.

Cada sorbo de aquel delicioso café mentalmente me transportaba a múltiples lugares visitados, unos por motivos de trabajo y otros realizados por placer, así como también uno a uno se hacía presente el recuerdo de cada una de las personas con quienes conviví momentos agradables en mis constantes visitas realizadas a diferentes campos laborales, localizados al otro lado de los mares.

Estaba un tanto pensativo, con la mente puesta en lo que estaba experimentando, tratando de asimilar las cosas con la misma naturaleza como se habían presentado. No era tarea fácil acomodarme a ese cambio repentino, debido a que los múltiples recuerdos creados durante ese largo tiempo rehusaban a aceptar que yo ya no era parte del equipo de trabajo de aquella compañía a la cual me había entregado con toda pasión durante veinticinco años, y haber disfrutado de muchas cosas y un sinnúmero de aventuras agradables en ese bonito ambiente laboral.

El 28 de junio de 2019 fue mi último día en Thales Avionics, Inc., una empresa donde todos los empleados administrativos y trabajadores de planta nos tratábamos como miembros de una misma familia.

Dos años antes de que se presentaran los problemas económicos en la mencionada compañía donde yo prestaba mis servicios como supervisor, hice la solicitud correspondiente al Seguro Social y empecé a recibir el pago mensual de mi retiro o jubilación, sin ningún problema.

En ese lapso, además de las prestaciones recibidas por parte del Seguro Social durante más de 24 meses yo continuaba trabajando normalmente en la compañía Thales, sin violar ninguna ley laboral de California. Dicho de otra manera, yo recibía dos salarios a cada mes, con la plena convicción de que tarde o temprano mi compromiso llegaría a su final en ese agradable lugar de trabajo.

La compañía Boeing (fabricante de aviones comerciales) tuvo problemas económicos muy serios y suspendió los contratos acordados con la compañía, donde yo era parte del equipo del departamento de control de calidad.

La caída de dos de los aviones de esa compañía fue el origen del descontrol económico de Thales, y tal y como fue del conocimiento del público, el vuelo de los aviones Serie B737 fue suspendido por posibles desperfectos mecánicos.

El primer accidente aéreo sucedió en octubre de 2018 y el segundo avión cayó a tierra en marzo del 2019 por los mismos supuestos problemas.

Los dos accidentes fatales de la compañía Boeing afectaron significativamente a la empresa Thales y esta no tuvo otra alternativa que despedir al 30% de su personal. Como razón lógica, yo tenía que ser parte del grupo de los desempleados.

En todo caso, se cumplió el objetivo que yo buscaba: logré que la empresa Thales Avionics diera por terminada nuestra relación de trabajo y así haber obtenido el paquete económico significativo por indemnización por mis años trabajados en la corporación.

(Esta empresa aún se dedica al diseño, fabricación, instalación y mantenimiento del equipo de entretenimiento dentro de los aviones comerciales fabricados en los Estados Unidos, Alemania, Francia,

Brasil y China. Thales Avionics logró sobrevivir de esa gran pérdida económica y muchos de mis excompañeros de trabajo aún permanecen laborando en esa prestigiosa fuente laboral.)

Por el hábito que tenía de madrugar todos los días, hubo varias veces que me puse de pie a las cuatro de la mañana para ir a realizar mi tarea a la cual estaba acostumbrado, pero cuando caía en cuenta de que yo ya no tenía mi trabajo me entristecía, y poco a poco fui cayendo en un estado de depresión, la cual estaba deteriorando mi salud de manera acelerada.

Para orientarme un poco y manejar mejor la realidad que estaba viviendo, decidimos con mi esposa realizar un viaje por avión por más de 50 horas de vuelo alrededor del mundo, con escalas en varios lugares de Oceanía, Medio Oriente, Europa y América.

Ese viaje me ayudó emocionalmente a sobreponerme a los problemas mentales que estaba padeciendo. Pensé que algo tenía que hacer para recobrar el estado normal de mi salud.

Al mes de haber realizado ese viaje, decidimos ir a Guatemala a visitar a nuestros familiares, siempre con la idea de mantenerme distraído, tratando de manejar mi estado de ánimo.

Todo iba por buen camino, las cosas se iban acomodando poco a poco, cuando, de repente, a principios del año 2020, se hizo presente la pandemia del covid-19. Ese impacto borró lo poco que había avanzado en mi recuperación.

Todo se hizo un desorden a nivel mundial. La muerte estaba por todos lados, hasta en la puerta de la casa donde he vivido por mucho tiempo se encontraba el peligro. Fue un encierro total, triste y deprimente, y eso, todos lo sabemos, fue algo muy lamentable.

Esa recaída me hizo entrar nuevamente en un estado crítico en mi autoestima, a tal extremo que todo me daba tristeza, y sin poder renunciar a los medios de comunicación, o a las noticias recibidas, donde me informaban que muchos amigos ya no estaban con nosotros. Eso era lo que más afectaba a mi desmejorado estado de salud.

En esos días, yo había perdido a un par de amigos muy cercanos, así como también se habían ido varias personas en mi pueblo, a quienes yo les tenía mucho aprecio. Ellos corrieron el mismo infortunio por motivos de la pandemia. Todo se había vuelto incontrolable y yo me estaba haciendo mucho daño por la impotencia de no poder hacer algo por mi gente.

Por el problema de salud que existía, mi estado de ánimo nuevamente se derrumbó, y esta vez los síntomas fueron más severos.

Yo sentía que lo poco o mucho que había ganado en la vida no era nada, comparado con el volumen de planes que aún tenía y sin poderlos realizar.

Me encontraba con muchos propósitos truncados, sueños congelados y con el amanecer de un fin de semana incierto, viendo cómo más de uno reclamaba por la salida inmediata del aislamiento y desesperados porque los medios de subsistencia se estaban agotando, con la incertidumbre de contar con vida la mañana siguiente.

Los dos, mi esposa y yo, nos apegamos a las recomendaciones impuestas por el Gobierno de los Estados Unidos y pasamos encerrados en la casa varios días, para no correr el riesgo de sufrir la terrible enfermedad.

Después de dos meses de permanecer bajo ese encierro, una íntima amiga de nuestra familia necesitaba ir de urgencia a Tijuana y no tenía quien la acompañara en su viaje. Nuestra amiga llamó por teléfono y nos pidió de favor que le hiciéramos compañía, sin saber que ella aún portaba activo el virus después de haber sufrido la enfermedad, unas semanas antes. Sin tomar ninguna precaución, decidimos ir con ella a Tijuana, Baja California.

Después de haber vuelto a casa en horas de la tarde, empezamos a sentir los primeros síntomas de la enfermedad y nos llevamos la terrible sorpresa: mi esposa y yo nos habíamos contagiado de la mortal pandemia que estaba rondando por todos lados.

En los primeros dos días no tuvimos mayores problemas, lo crítico fue al día siguiente: sentíamos que nos estábamos muriendo y sin poder avisarle a nuestra familia. No queríamos que ellos se preocuparan por nosotros.

Nos habíamos resignado a que uno o dos muertos más en la lista no hacía ninguna diferencia. La muerte estaba de moda y morirse en esos días ya no era ninguna sorpresa.

A pesar de que aún no existía medicina para la cura de la enfermedad, los médicos actuaron inmediatamente y, con lo prescrito por ellos, pudimos sobrevivir, no sin antes experimentar los terribles síntomas del covid-19.

Al momento de que mis dos hijas mayores se enteraron del problema de salud que teníamos, pronto se comunicaron con nosotros y, gracias a la pronta acción de ellas y a la ayuda recibida de Jessica, una amiga de mi esposa, logramos salir del problema. Apegados en todo momento a las recomendaciones de nuestros médicos, los protocolos de salud del Gobierno y con la ayuda de Dios, salimos adelante.

Durante el tiempo que estuvimos enfermos, pensé que eran mis últimos días, o los últimos momentos de mi esposa, nuestro dañado estado de salud no era para menos.

No es fácil describir lo que esa enfermedad nos hizo sentir. Fueron unos días muy tristes e interminables.

Poco a poco fuimos recobrando fuerzas, hasta sentir que habíamos salido del problema totalmente, y tan pronto como me sentí recuperado, tomé lápiz y papel y empecé a escribir mis memorias, antes de que sucediera otra cosa.

A la par de cada párrafo que escribía, cada renglón que marcaba en el papel iba acompañado de lágrimas y muchos sentimientos. Hubo momentos que exageré mi tristeza y soltaba en llanto repentinamente, al estar escribiendo los pasajes más conmovedores de mi vida, acompañados por la actual situación que estaba viviendo.

Por esa razón, comprendo perfectamente a muchos amigos lectores, quienes me han contado que han sentido las huellas de mis débiles sentimientos, impresos en las líneas de mi libro *Mis sueños y sus insomnios. Mi sueño americano.*

Era tanta mi urgencia de terminar lo que me había propuesto que no me di cuenta de la cantidad de anécdotas que había escrito. Ya había redactado más de quinientas páginas, sin haber tomado en cuenta que había estado comentando sobre dos temas diferentes. Había mezclado parte de la historia de mi vida y pasajes de algunos habitantes de mi pueblo de esos recordados tiempos. Por ese motivo tuve que separar en dos lo que ya había escrito y poner al alcance de los lectores mi primer libro, como primera parte del total de mis memorias.

Por los buenos comentarios que he recibido de múltiples lectores que han leído mi primer manuscrito, tomé la decisión de poner a disposición de todos mi segundo libro, *Mi pueblo, mis raíces*, escrito con la misma pasión y sentimientos puestos en el primero de ellos.

En mi primer libro hablo de la historia de mi vida, durante más de sesenta años transcurridos, en los cuales hubo enseñanza —aprendizaje forzoso en algunos casos—.

En él expongo los desafíos a los que fui sometido durante esos años, y los logros y satisfacciones obtenidas, después de haber bajado la guardia y haber logrado tener plena convicción de que nada es posible sin la presencia de Dios en nuestro corazón.

En esta segunda obra, además de dar a conocer la ubicación de cada una de las casas en un mapa trazado y preciso, menciono el nombre de cada una de las personas que formaron esos hogares, y cuento algunas anécdotas de ellos, que hacen recordarlos.

Así mismo, doy a conocer el nombre de las personas que trascendieron en distintas actividades comerciales en el municipio en esas dos pasadas décadas, y que, de alguna manera, fueron las que contribuyeron a la subsistencia y superación de muchos habitantes de nuestro pueblo.

Osmar E. Maldonado

Debemos estar preparados para enfrentarnos a cada una de las experiencias desagradables que se vayan presentando mientras vamos caminando. Tenemos que estar conscientes de que todo tiene una fecha de caducidad o expiración de vida útil o funcionamiento, para que no seamos tomados por sorpresa en el momento en que algo deja de existir.

También debemos reconocer que nada nos pertenece. Por tal motivo no tenemos por qué aferrarnos a algo que es temporal, como por ejemplo un contrato de trabajo, una relación en pareja o una amistad. De igual manera, la vida de cada uno de nosotros es para un lapso determinado.

Es bueno que extrañemos o recordemos algo o a alguien, pero que esa expresión de nuestros sentimientos no vaya acompañada con daño hacia nosotros mismos.

Osmar

A mis amigos en su memoria

Mi eterno recuerdo a los amigos que nos dejaron debido a la terrible pandemia experimentada a finales de diciembre de 2019 y principios de 2020.

Como una muestra de aprecio y agradecimiento a todos por los momentos compartidos, y gratitud llena de amor a uno de ellos, por haber dejado huellas imborrables en lo más profundo de mis sentimientos: Augusto Maldonado, Cándida Barrios, Efraín Ruiz, Maritza Barrios, Carlos López, Samuel de León, Güicho Pilla, Amelia Licardie, Gustavo Cansinos, Manuel —Relajito—, Rafael López, Mercedes Solano, Amaury Ruiz e Israel Tolosa —Corona, California—.

Osmar E. Maldonado

Porque nosotros, extranjeros y advenedizos, somos delante de ti como todos nuestros padres; y nuestros días sobre la tierra cual sombra que no dura.

I CRÓNICAS 29:15

Reconocimiento a mis maestros

Mi reconocimiento sincero a todos los maestros de mis primeros años de enseñanza, los que supieron mantenerme en el grupo de los rescatables, brindándome comprensión, tolerancia, en algunos casos, y amor al final de mis estudios primarios.

Lo bueno que tuvieron mis maestros fue que supieron sembrar en mí maravillosos consejos y regaños, acompañados de esperanza, sin ejercer ningún tipo de intimidación.

En su momento no los entendí, pero al paso de los años esas recomendaciones fueron floreciendo poco a poco, haciendo brillar mi corazón.

Con mi actitud negativa reflejé indiferencia al buen trabajo académico que ellos desempeñaron; negándome con desobediencia a ser el tipo de estudiante que ellos desearon que yo hubiera sido en la época de mis estudios primarios.

De hecho, ahora estoy consciente de que no los defraudé del todo, porque al final de la etapa de mi mejor cosecha laboral demostré que sus consejos tuvieron un valor moral muy grande en mi formación como persona, reconociendo haber asimilado el verdadero propósito de su vocación de docentes, y haber demostrado con hechos un cambio en mi actitud personal, en diferentes etapas de mi vida, hasta alcanzar la cumbre de mi camino con muchas satisfacciones.

Como prueba de la enseñanza recibida de ellos y mi autoeducación agregada a mis valores, mi adaptación fue fácil a las normas en mis primeros compromisos laborales como trabajador en una empresa, poniendo en práctica diciplina, ética, respeto y otras actitudes personales que me fueron de mucha ayuda para marcar una gran diferencia dentro de un grupo de personas en mi país de origen, y más tarde alcanzar el éxito en casa de extraños.

Mi eterno agradecimiento a seño Lucy Pereira, seño Tere Castillo y a don Édgar Castillo Villatoro, por haber hecho no sé qué cosas para que yo le sumara valores a mi autoestima en el momento justo, cuando más necesité de ellos.

Osmar E. Maldonado

Dedicación especial a doña Olimpia y Maco Maldonado

Rancho La Joyita

Una fuente de amor a orillas de un pequeño riachuelo, cubierto por frondosos verdes árboles frutales, con una sombra caprichosamente diseñada, como si esta hubiera sido confeccionada a mano o hecha a encargo.

Vegetación por todos lados y unas cuantas colmenas inundadas de coquetas abejas ofreciendo al visitante del momento, la dulzura de su miel.

El aroma a café hecho en jarro recién comprado, humo de cocina criolla y murmullo de loros; algunos en jaula cubierta con una manta —situada a un lado de la pila—, cerca de una enorme piedra, y otros libres columpiándose en las ramas de un verde conacaste poblado de nidos, plantado muy cerca del borde de la casa.

Un pequeño rancho, donde el paso imponente de los caballos Ruby y Diamante convence al más ingenuo o al más hábil de los jóvenes vaqueros, de que imaginativamente se trata de un pedacito de la serie *Bonanza*, celosamente construido, bajo el cuidado del inquieto Capitán.

El rasqueteo de un par de iguanas, el canto de gallos y un desfile de polluelos siguiendo a una gallina bajo la lluvia, caminando a orillas del goteo del tejado de la galera que guarda la leña recién rajada por don Sebas.

En ese mismo momento, el vuelo de los pájaros se mezclaba con el silbido del viento, pronosticando de esa manera que el aguacero era para rato.

La Joyita, un bello lugar, refugio de los que huyen del agotamiento urbano para estar lejos de unos y muy cerca del amor de otros. Es el lugar en el que saborear lo más simple sabe a algo especial, como lo que se disfruta en un vuelo de primera a muchos pies de altura, como aquellos que en su momento hicieron que renacieran en mí varios pensamientos escondidos.

Un pedacito de mi pueblo, donde me han complacido en muchas oportunidades, el capricho del más rebuscado de mis antojos, compartidos cada uno de ellos con mi bella compañera de Atescatempa de Jutiapa.

Eso es lo que me han hecho sentir los huéspedes titulares de ese rinconcito lleno de amor, construido a poca distancia de aquella corriente de agua fría, entre grandes piedras y guarumos, situada justo en el primer descanso de la pequeña cuesta del río Negro.

Refugiados entre risas, gritos, canciones y uno que otro dicho; al compás de varios corridos con mariachi o marimba de Los Funes, donde la letra, o el instrumento que sonaba, ya no jugaba ningún papel importante, el ritmo era lo que nos hacía vibrar de alegría en horas de la madrugada.

Yo junto a mi otro yo, sentados en una de aquellas butacas de madera, situadas en el amplio corredor lleno de macetas con sus lirios y claveles de colores; rebuscando en todos y cada uno de mis mejores pensamientos el motivo para negociar una pequeña extensión a mi estancia, la cual a cada momento le restaba minutos a mi reloj.

A la par de nosotros, los dos señores de la casa, doña Olimpia y Maco, con sus caras de alegría, mezcladas con algunas pinceladas de tristeza, pensando qué sé yo qué cosas, quizá queriendo ocultar los efectos de nuestra anunciada despedida.

Mientras organizaba mis pocas pertenencias y trataba de convencer a mi otro yo, ella insistía en llevarme de retorno a las sombras de Fraijanes.

¡Para que no me olvides!

Enero, 2023

Osmar E. Maldonado

En tu memoria, amigo
Maco Makepeace

Finca La Ilusión

Después de una lluviosa tarde en la que el silencio tranquilamente es agregado a la soledad, forzando así al campesino de la zona a permanecer dentro de su modesto domicilio.

El anciano mozo triste y melancólico, elevando sus pensamientos; sentado en su angosto catre hecho con palos de bambú, con algunas marcas de machete en sus extremos y en sus amplias hendiduras, filtra su mirada y observa a su única compañía, que se encuentra debajo de ese rústico descanso: una gallina en su nido calentando a sus polluelos.

Quizá por falta de alguna distracción que lo saque de su rutina o algo más que pueda motivar sus ánimos, él se convierte en presa fácil del lento ritmo goteo de la lluvia y lentamente se va desvaneciendo, hasta quedar dormido.

Las tardes lluviosas por esos senderos siempre han sido motivo de una soledad anunciada para el campesino, mayormente los fines de semana, donde el pago de la quincena es lo único que los mantiene motivados, aunque el monto de esta les dure en sus manos menos de lo que se han imaginado.

Encontrándome de pie frente a la amplia empedrada entrada o salida de aquella silenciosa y solitaria casa grande, a orillas de la carretera, lugar donde se encontraban varias descuidadas plantas de buganvilia, enredadas entre ramas secas del corral, esforzándose inútilmente por recobrar el color de sus encantos.

De igual manera, yo estaba con el mejor de mis deseos tratando de realizar mis espontáneas inquietudes para ponerme al día conmigo mismo y recuperar algunos momentos no vividos en los pasados años.

Después de unos minutos, y antes de encaminarme y tocar la puerta de entrada, continuaba tratando de aclarar mi incertidumbre, con la mirada puesta hacia la próxima de las curvas de aquella carretera rumbo al recordado toril, donde paulatinamente desde ese punto se pierden de vista los solitarios caminantes en la recta de aquel rústico camino. En aquella área donde vivieron los habitantes que fueron extinguidos por la plaga de murciélagos; los que, con su historia, nos han hecho creer en el canto del gallo en horas de la noche.

Allí mismo, donde se encontraban varias pesadas bases de piedra tallada en forma de pentágonos verticales, unas de pie y otras acostadas a orillas de la carretera, escondidas entre hojas de bijagua y verdes bejucos de coche, repletos de blancas campanitas. Enredadas entre esos y otros montes, secretamente testifican la veracidad de su historia, y su presencia y forma siembran mucha más duda en los que creen conocer su origen, quizá para mantenerlos confundidos.

Los pocos vecinos que vivían en ambos lados de la carretera, en jurisdicción de la finca, le hacían la visita a Félix o a Chana, para llevar algún alivio a su agonía. Ellos casi habían llegado a la cumbre de sus días, convirtiéndose en los más ancianos del lugar.

Chana y Félix fueron trabajadores de La Ilusión, quienes inconscientemente siguieron el patrón de vida de sus herederos, y ahí terminaron sus últimos días como muchos otros que envejecieron a temprana edad, sin haber sido conocidos por alguno de sus descendientes y haber quedado en deuda con sus años cumplidos.

El frío de la tarde ejercía un arresto domiciliario voluntario en toda la zona; por ese motivo, pocas personas se veían fuera de sus casas o pequeños ranchos construidos unos muy distante a los otros, conformándose únicamente con un saludo de mano hacia arriba de ventana a ventana, iluminados con una opaca luz del candil de gas corriente, postrado en una pequeña repisa hecha de rústica madera clavada en uno de los horcones del pequeño refugio.

Sin embargo, la necesidad de un consejo forzaba a algunos a hacer una visita a la maestra Lesvia; ella se encontraba en su pequeña escuela calificando el resultado de los exámenes finales de sus alumnos, y siempre estaba presta para acudir a cualquier llamado de los más necesitados.

La mayoría de los habitantes de la finca le guardaban un amor especial. Sus consejos tenían tintes de trabajadora social, mezclados con bondad y aprecio a toda esa comunidad, anexa a la finca Monte Alegre.

Por invitación de mi amigo, sin que el estuviera presente, decidí hacer la visita —en esa lluviosa tarde— a aquella recordada «Ilusión».

Después de haber dejado volar mis pensamientos por un momento, me llené de valor y me encaminé hacia la puerta de entrada de la casa. Inmediatamente después de haberme presentado con la persona que gentilmente me dio la bienvenida, ella, amablemente me pidió que tomara asiento en una reclinable y solitaria silla hecha de madera tepemiste, situada en medio de aquel histórico corredor lleno de macetas de cola de quetzal, colgando como campanas en una de las despintadas vigas de la casa grande de antaño.

Como cortesía de Marielos, la anfitriona de la casa, tuve la buena suerte de saborear un delicioso café, hecho con esencia del producto cultivado en esos verdes cafetales, propiedad de los padres de mi querido y recordado amigo Maco, con quien conviví escasos momentos, pero suficientes para saber de qué él estaba hecho y convertirse en una de las personas que recordaré por el resto de mis días, por su apoyo moral y sus muestras de consuelo de aquel inolvidable 13 y 14 de octubre de 2018.

Al bajar la vista sobre el piso del solitario corredor, clavé la mirada sobre los desgastados cuadros de ladrillo de barro horneado o concreto mezclado, queriendo ocultar las huellas marcadas por el caminar a diario de los que allí pegaron sus primeros pasos, tales como Chepito, Maco, Manolo, Mary, Marielos y otros.

Pensativo y distraído, con la mirada perdida, mientras saboreaba el último sorbo de aquel delicioso café contemplaba la caída de las últimas gotas del recién aguacero, observaba cómo la tierra consumía lentamente el agua acumulada en el patio sin concreto de aquella lluviosa tarde llena de diferentes «ilusiones»...

Bajo esa postura, totalmente relajado, observé detenidamente un viejo triciclo abandonado, totalmente deteriorado bajo un árbol de limón, pintando un panorama de sosiego, alimentando mi idea de que pocos de la familia quedaban en casa; los demás ya se habían ido muy lejos, cada uno había tomado caminos diferentes.

De hecho, esa fue la razón de mi encuentro con mi querido amigo Maco, en un lugar muy lejano de nuestro pueblo, pero muy cerca, del uno al otro, para poder dar vida a muchos recuerdos congelados por el tiempo.

Osmar E. Maldonado

En una oportunidad, en N Van Ness Avenue, calle donde vivía mi querido amigo Chilo, mis dos amigos Betty y Maco me sugirieron que escribiera un libro. Para cumplir con ese bonito deseo escribí *Mis sueños y sus insomnios* y *Mi pueblo, mis raíces.*

Chiliana

California 1992

Todos somos San Pablo

Avelino Curcucho
Un indigente muy apreciado por todos

Todos lo conocimos, pero ninguno sabe exactamente la procedencia de nuestro paisano Avelino.

Él fue un peregrino con apellido de extranjero (oriundo de otro pueblo), y por todos desconocido, quien llegó de visita a nuestro municipio y ahí se convirtió en uno de los nuestros como un naturalizado.

Lo único que sí sabemos de él es que compartió su vida con más de una generación y todos y cada uno de nosotros, por alguna de sus anécdotas lo recordamos, mencionando algún pasaje de su vida que nos traiga más de un recuerdo y que de alguna manera esté relacionado con los años que nosotros estuvimos en el pueblo.

Sin caer en la mofa o algo similar, las diferentes etapas de la vida de nuestro amigo nos sirven para recordar las anécdotas compartidas con él en la época de nuestra adolescencia, momentos en que, según él, actuaba normalmente, pero inconscientemente caía en ciertos errores, y eso fue lo que lo identificó ante los que lo conocimos.

Eso lo marcó para siempre y de paso. Esas fueron las huellas que él dejó en el pueblo para que nosotros lo mencionemos en nuestras reuniones de amigos, en cualquier sitio donde nos encontremos, ya sea en nuestro lugar de origen, o en otro muy lejano, donde hemos descubierto que el recuerdo hacia él siempre ha sido el mismo.

Simplemente, él nunca demostró incapacidad o algo parecido, debido a lo deforme de sus extremidades corporales. Dicho en otras palabras, él se sentía una persona normal, y eso mismo lo hizo renunciar a cualquier burla de los patojos que trataran de tomarlo como juego o entretenimiento.

Posiblemente no todos lo notamos, pero él reclamó respeto por medio de sus reacciones, y sin lugar a duda lo logró. No conocí a uno solo que tuviera valor de burlarse de él en su presencia.

Cuando Avelino pasaba por el mercado —el día de plaza— decía: «Ya ven todo lo que venden allí y yo no lo necesito, porque rico es aquel que sabe vivir con lo poco que tiene y, aun así, es feliz».

A mediados de los 50, llegó de visita al pueblo un señor con un rango militar muy alto en las Fuerzas Armadas de Guatemala. Este personaje iba acompañado de cuatro automóviles militares y su presencia causó sorpresa a muchos.

Al ir los carros militares pasando frente al parque rumbo a Malacatán, disminuyeron la velocidad y lo que pasó tomó por sorpresa a todos los que estaban en ese lugar. Entre ellos también se encontraba Avelino.

Para asombro de todos los presentes, los carros militares hicieron alto en el empedrado parqueo que estaba a un lado del palo de coco y la palma, y de uno de los automóviles bajó un teniente coronel del Ejército de Guatemala.

El coronel, con todo respeto, se acercó a Avelino, le hizo el saludo militar y le dio un abrazo que duró más de lo normal. Lo levantó por unos segundos y lo dejó sin respiración por un momento, por la agradable sorpresa del encuentro.

Se trataba del teniente coronel Adolfo Méndez, del pueblo. Conocía a Avelino y en el saludo que le dio se manifestó el grado de aprecio que él le tenía.

Después de que el coronel Méndez se despidió, Avelino les dijo a los presentes que él era amigo de toda las Fuerzas Armadas de Guatemala, lo cual causó risa a todos.

Avelino normalmente no usaba camisa, siempre andaba con el pecho al aire y todo el tiempo portaba un costal o saco de pita en el hombro. Eso era lo que él usaba para poner sobre la superficie de tierra o concreto y protegerse del frío, así pasaba sus noches.

La canción *El triunfador* decía en unas de sus estrofas: «Con el saco sobre el hombro...». Por esa razón, los muchachos del pueblo le llamaban «el Triunfador» a Avelino.

En una oportunidad, mi amiga Betty M. le dijo lo siguiente: «Avelino, ¡a vos ya no te cae nada!». A lo que él respondió: «Hmmmm... ¡Pregúntele a mi costal!».

Cuando nuestro querido amigo pedía un trago en la cantina, lo hacía con mucho respeto, mencionando en diminutivo el nombre del cantinero o la dueña del negocio o quien lo atendiera. Por ejemplo: doña Lucita, don Carlitos, don Betillo o doña Ruma —si el medio octavo lo pedía en la cantina de doña Romualda—.

Algo que identificó a Avelino fue la manera como él agarraba la copa con sus dedos, en el momento de tomarse el trago. Lo hacía al mejor estilo del conde de Montecristo.

Con la mano derecha pegada abajo de su pecho o a la altura del mostrador, hacía girar a 180 grados esa mano —con un movimiento contrario a las agujas del reloj—, quedando la palma de su mano hacia el frente y con el dedo pulgar hacia abajo.

Extendiendo un poco ese brazo, tomaba la copa únicamente con el dedo pulgar y el índice, y con mucha facilidad —por lo encorvado de sus brazos— se llevaba la copa a su boca y se tomaba el medio octavo.

Eso causaba risa, pero los presentes disimulaban, a él no le gustaba que se rieran por la manera o estilo como se tomaba los tragos.

Sacaba de una de sus bolsas de su pantalón una chenca de cigarrillo —cigarro a medio fumar—. Con un fósforo le daba fuego a ese pedazo de cigarro y la primera fumada, la hacía con mucho estilo. Él se consideraba un fumador y un tomador de clase social, único en el pueblo.

Después de despedirse del lugar decía: «¡Cómo no muy podemos!».

Con sus labios apretados, pegaba un fuerte silbido y era todo el espectáculo de Avelino.

Él tenía impedimento corporal, había nacido con deformaciones en su cuerpo y se movía con dificultad. Sus dos piernas estaban torcidas, tenía joroba y los dedos de sus manos estaban deformes. Sin embargo, a pesar de su problema físico, no se supo en el pueblo que él hubiera pedido dinero a las personas para cubrir sus gastos. Él sobrevivía haciendo pequeños trabajos en las casas o ayudando a los carniceros, haciendo tareas varias.

Cuentan que, en una oportunidad, Avelino llegó a la cantina de doña Luz y le pidió fiado —bajo crédito— un medio octavo de licor. En ese instante, él no tenía dinero para pagar el costo del medio octavo.

—¡Doña Lucita, muy buenos días! Le quería pedir un favor: ¿usted me puede dar a crédito un medio octavo de licor y se lo pago tan pronto como me enderece?

Él nunca pudo pagar su deuda... —murió jorobado—.

Cuando mataban las reses en el rastro, Avelino era uno de los ayudantes de los carniceros. En una oportunidad él trabajaba ayudando a Carlos y a doña Mina en las pequeñas tareas del proceso en la preparación para la venta de la carne.

Avelino era el encargado llevar a la carnicería las partes de la res que don Mariano —el matador— iba cortando con su filoso cuchillo.

En un descuido de don Mariano, Avelino tomó un cuchillo y cortó el hígado de la res. Para no ser descubierto, lo puso sobre su cabeza y lo cubrió con su sombrero.

Aparentemente todo estaba bajo control. Avelino continuó con su tarea, pero en una de esas idas a la carnicería él se encontró con doña Mina. Inmediatamente ella se dio cuenta de que de la frente de Avelino brotaban gotas de sangre y, sin que él reaccionara, ella lo llevó a la clínica más cercana. Ahí se dieron cuenta el origen de la sangre, Avelino se quiso robar el hígado.

Lo anterior carece de veracidad; si Avelino hubiera caído en un error como esos, de seguro que todas las puertas se le hubieran cerrado en los lugares donde trabajaba.

Esa fue su mejor cualidad, no tocar lo ajeno. Él siempre fue bien recibido en las casas de los habitantes del pueblo. Lo que se comentaba de él fueron inventos de algunas personas jocosas a las que les gustaba divertirse a costa de lo que fuera.

Cuentan lo siguiente:

Cuando Avelino llegó al pueblo no tenía joroba, el únicamente padecía del problema de la deformidad de sus piernas y brazos.

En una ocasión, mientras se disponía a pasar la noche en el frío piso del mercado, él se encontró con un jorobado, platicaron y se hicieron amigos.

El muchacho jorobado le contó a Avelino que él sabía cómo desaparecer —como por arte de magia— el problema físico que ambos tenían y Avelino no le creyó.

El jorobado, para demostrarle que lo que él decía era cierto, le dijo que esa noche iba a ir al cementerio y que al día siguiente lo quería ver.

Efectivamente, la siguiente noche el jorobado estaba normal, ya no tenía el impedimento.

Avelino le preguntó cómo había hecho y que él también tenía deseos de ser normal y que le diera el secreto.

El exjorobado le dijo a Avelino:

—Quiero que pongas mucha atención.

Yo entré al cementerio y me paré en varias tumbas. Por suerte puse los pies en una de ellas y salió una calavera y me preguntó:

—*¿Qué llevas en la espalda?*

Yo le dije:

—¡Una joroba!

Ella me pidió que se la dejara, me quitó la joroba y dijo que me fuera, eso fue todo.

La noche siguiente, Avelino llegó al cementerio, caminó sobre varias tumbas y nada. De repente, puso los pies en la tumba indicada y escuchó la voz de la calavera.

—*¿Qué llevas en la espalda?*

—Nada —dijo Avelino.

—*Entonces, llévate esta joroba.*

El final de Avelino

Existen versiones diferentes relacionadas con la muerte de Avelino, pero casi todas fueron tomadas de una manera informal, debido a que el personaje fue motivo de bromas de buen gusto entre todos los habitantes del pueblo, y los comentarios que surgieron en relación con su muerte no fueron tomados en cuenta.

Esa es la razón por la que no hubo una sola persona que se hubiera preocupado en saber cómo o cuál había sido la causa de la muerte de Avelino, todos prefirieron creer que había sido una muerte natural.

Osmar E. Maldonado

Introducción

El domingo 2 de octubre del año 2022 —justo la fecha de mi cumpleaños—, me encontraba disfrutando la sombra de un frondoso verde árbol, plantado al otro lado del muro que divide el área de la comunidad Lyon Reflection y la vía principal, avenida Parkridge, en la ciudad de Corona, California.

Me encontraba totalmente solo, tratando de ordenar mis ideas, hilvanando algunos acontecimientos y varias anécdotas vividas en la época de mi adolescencia, compartidas todas ellas con varios patojos del barrio y algunos adultos del mismo vecindario.

En ese momento, sorpresivamente cruzaron por mi memoria alguno de aquellos recuerdos, cuando caminar a pie por cualquier lugar del pueblo era algo común y no tenía ningún impacto en el sentimiento de los ishtos, dejando así grabadas nuestras huellas en las calles y en la polvorienta superficie del parque, mientras bailábamos trompos, jugábamos canicas, tenta y, algún tiempo después, el famoso electrizado.

Así éramos nosotros distraídos de nuestra existencia, inocentes sin prejuicios, dispuestos a enfrentar los retos del día y muchos años más tarde convertirnos en vencedores de los desafíos de la vida, presumiendo haber cumplido con nuestro compromiso por el cual fuimos creados.

Al estar en ese insólito trance, tratando de hacer a un lado mis preocupaciones de rutina, para darle paso a las mejores anécdotas mantenidas a flor de piel de aquellos pasajes de antaño, que constantemente se asomaban a mi mente, reclamando ser mencionados para no correr el riesgo de quedar olvidados para siempre, y pasar desapercibidos en la mente de algunos descendientes de los titulares de esas pasadas generaciones.

Agradables vivencias guardadas por mucho tiempo, en espera del momento oportuno para darlas a conocer a los amigos que cuentan con vida y que aún habitan en aquel pedacito de tierra, el cual recuerdo a cada momento de mi vida.

En ese agradable encuentro con mis diálogos internos, parado en la esquina de mis lamentos en casa de Flamingo —a pocos pasos de la sombra de aquel mismo verde árbol—, sorpresivamente, con los brazos abiertos y la mirada hacia el cielo, agradeciendo y rogando a Dios por la salud de los míos, recordando a muchos de ellos que ya no existen, y tratando inútilmente de retroceder el tiempo para volver a convivir aquellos encuentros agradables, como cuando por sorpresa les hacía una visita.

Algo así, como para ponerle fondo a mis ideas, se escuchaban notas de marimba en el interior de la casa, permitiéndole a aquel agradable sonido musical que se filtrara entre mis pensamientos, y dejarlo que junto a mis recuerdos danzaran al mejor ritmo de un son de cofradía, como aquellas que se celebraban bajo la sombra de nuestra recordada y frondosa ceiba, plantada en el centro del parque de aquel lejano lugar.

A medida que esos agradables recuerdos se iban asomando, dejándose capturar fácilmente, para que los pudiera compartir con los que tuvieron la suerte de sobrevivir a la desagradable prueba del covid-19, y así darle vida a muchas cosas del pasado, sintiendo que somos los mismos adolescentes con camisa de señores.

Al escuchar el ritmo de ese bello son renacían en mí varios recuerdos escondidos, como los que expresaban en el rostro aquellas señoras de pelo blanco, las que discretamente —mientras barrían el húmedo patio de la casa— se secaban con una esquina de su delantal las lágrimas que brotaban de sus ojos al escuchar las vibraciones del barnizado hormigo.

De aquel agradable sonido musical de las cuatro de la tarde, al dar inicio el programa *Chapinlandia*, transmitido desde la hermosa capital de mi país, Guatemala, y enviado a los más recónditos lugares de la patria, llegando así a la mayoría de sus habitantes, como un canto de la tierra, a los hijos de la tierra y con un mensaje muy profundo al hijo ausente, invitándolo a que retornara pronto a su lugar de origen.

Jamás me imaginé que al paso de los años y con celos de grandeza yo sería uno de ellos. Como aquel que se encuentra muy lejos e inmovilizado, sintiendo que el tiempo y algunas costumbres adoptadas lo abrazan como higuera, imposibilitando su retorno y convirtiéndolo en cautivo voluntario de su propia conquista.

Sin reconocer que he cambiado y que he estado actuando de manera equivocada, renunciando de una forma no premeditada mi reencuentro con aquellos pequeños bienes adquiridos y a la oportunidad de volver a sentir de cerca los bellos recuerdos de mi suegra Clarita en Pinares, el verde paisaje de Palín, las sombras y vientos agradables de Capelo en Fraijanes, o quizá viajar a mi pueblo y volver a tocar con mis manos el frío descanso de Adelita.

Ese solitario y acogedor lugar, en el que ya no era novedad ver a don Pedro Cáceres conducir su Mercedes Benz por las rústicas calles del pueblo, o imaginariamente echarle una mirada a Florindo de León, para observar cómo conducía su bicicleta frente a la vieja municipalidad, haciendo señales con una de sus manos a nivel de la mejor escuela de tránsito, para virar hacia la izquierda o a la derecha, en la intersección de la calle rumbo a finca El Porvenir, o hacia la esquina de Los Tres Leones, respectivamente.

Encontrándome mentalmente en ese sitio, yo continuaba acomodando varias anécdotas vividas, para hacer que renacieran aquellos respetables señores que vivieron en aquel tranquilo lugar situado en las faldas del volcán Tajumulco, bajo la brisa de aquellos recordados inviernos —temporales, que humedecían el terreno de los verdes cafetales, deleitándonos con la cosecha de sus deliciosos hongos de plantilla, yerba mora, ish—,pulula o yerba pata de paloma, alimento cotidiano en aquellos tiempos, los cuales me nutrieron con su contenido orgánico —ese término yo no lo conocía—.

De eso me di cuenta un día, cuando vi a uno de los míos salir de un *supermarket* con un manojo de chipilín, y posteriormente ver sus fotografías publicadas en Instagram y Facebook, en los cuales hacía alarde de su compra, como todo un extranjero naturalizado.

Osmar E. Maldonado

San Pablo

No me voy a poder ir de ti hasta que no esté totalmente convencido de que me he quedado contigo para siempre.

Osmar E. Maldonado

Amigos lectores

L os invito a que iniciemos nuestro recorrido por todo el municipio, iniciando nuestra caminata desde la famosa Vega, a que caminemos imaginariamente por la recordada subida del chorro. Que transitemos por aquella carretera que, sin lugar a ninguna duda, nos trae más de algún recuerdo.

Acompáñenme a caminar paso a paso por todas las rústicas y empedradas calles del pueblo y que le hagamos la visita a los habitantes de todas y cada una de aquellas casitas de madera, la mayoría de ellas pintadas con cal y con brocha hecha de escobillo.

Espero que disfruten conmigo la compañía de cada uno de los amigos o familiares que habitaron nuestro pueblo en esos recordados tiempos, y que aún continúan con vida en nuestro recuerdo.

Osmar E. Maldonado

PARTE UNO
(De La Vega a Chema Pérez)[1]

La Vega

Después de haber cubierto con su agradable sombra a un grupo de personas de a pie, aquel árbol de zapote plantado a un lado de la carretera se iba quedando solo. Los caminantes se disponían a continuar su marcha por el rústico camino, dispuestos a desafiar el sofocante calor del mediodía, o encontrarse con una de las primeras lluvias de la época.

A esa hora, los pasos de las personas eran más de prisa que lo acostumbrado, todos querían llegar a su destino lo antes posible. Y como si hubiera sido llamado a propósito, el tremendo aguacero se aproximaba, y las primeras gotas de regular tamaño ya estaban cayendo. Estas se escuchaban como aquellas que hacían sonar el viejo tejado de la casa sin tapanco de nuestros abuelos.

Las señoras de las casas aledañas al puente del camino a aldea Zelandia ya estaban recogiendo la ropa de los tendederos y preparándose para servir el almuerzo del día. El jefe de la casa de un momento a otro haría acto de presencia...

En ese mismo lugar había un grupo de patojos corriendo en aquel pedregoso y polvoriento camino, disfrutando del olor a tierra recién mojada. A la par de ellos, un flaco chucho de color negro tratando de participar en ese juego improvisado, corriendo muy cerca de quien estuviera en movimiento.

---

1   Ver mapa en página 8

Niños nadando en el río, señoras lavando ropa, tío Jacobo con su atarraya, tratando de pescar algo para el almuerzo del día, arrieros caminando a la par de sus mulas por la carretera y patojos esperando jalón a un lado del puente.

Ese fue el patrón de vida que identificó en esos años a los habitantes de La Vega, pequeño poblado a orillas del río Cutzulchimá.

Casa de Luis Mazariegos

Frente a ese mismo árbol de sapote estaba la casa de Luis Mazariegos.

Era una casa pintada de verde pálido, mezclado con polvo de la carretera. Al lado derecho estaba la cocina y por medio de una pequeña ventana se veía a las señoras friendo los ingredientes para el desayuno o el almuerzo del día.

El dormitorio estaba en el segundo nivel de la casa. Tenía unas gradas de madera rústica, vistas desde el puente.

En el área del primer nivel sin paredes había un pulpero, varias cajas atrincheradas y un descolorido anuncio de Alkaseltzer pegado en uno de esos postes sin pintura.

Cerca de ese pequeño edificio estaba un patio pequeño para el secado del producto, con su respectiva casilla que usaban como bodega.

Don Luis era el dueño y piloto de la recordada Alegría, camioneta de muchos años de uso. El ruido de su motor se escuchaba con mucho sentimiento, daba la idea de soltar en llanto en cualquier momento mientras transitaba por una de las vueltas de la cuesta de La Laja, rumbo a Palmira.

Don Manuel Mazariegos y doña Locha

Al lado izquierdo de la carretera —yendo hacia Malacatán— estaba la casa de don Manuel Mazariegos.

Don Manuel era un señor delgado, muy bien vestido, con el quiebre de los pantalones bien hechos. Pantalón color caqui y camisa blanca manga larga con dobleces a la altura de los codos, y sombrero de vicuña.

En la bolsa de la camisa portaba el estuche con anteojos oscuros para proteger sus ojos de los rayos del sol. Algunas veces ese estuche lo llevaba pegado al cincho, al frente de su cintura.

Don Manuel siempre portaba una billetera abultada en la bolsa trasera del lado izquierdo de su pantalón, con apariencia de ser un comerciante activo.

Su carácter era el de un tipo gruñón y de pocas palabras, opuesto a la manera de actuar de doña Eloísa, su esposa.

Doña Locha, como muchos le llamaban, era una señora de baja estatura y con un maquillaje discreto.

Ella era una señora de muy buen corazón con todas las personas del vecindario, así como también con los que trabajaban para ella en sus negocios. A todos ellos los trataba con mucha consideración.

Esa era una de las razones por las cuales los empleados que trabajaban en los Transportes Fronterizos —propiedad de los Mazariegos— preferían acudir a doña Locha para solucionar cualquier problema de trabajo que se presentara durante la jornada. Ella era más comprensiva con los muchachos. Su buen trato a los obreros hacía la diferencia.

En un extremo de la casa, en una esquina cortada a 90 grados, justo frente a la entrada al puente —yendo hacia el pueblo—, ahí se encontraba la tienda de los Mazariegos.

Ese pequeño negocio no tenía quien atendiera a los esporádicos clientes. Los patojos, después de tocar dos o tres veces el mostrador de madera, renunciaban a hacer la compra y se iban del lugar, daba la idea de que la tienda había sido instalada en ese sitio de la casa únicamente por placer.

Después de unos años, Benita —una de las hijas de los Mazariegos— le dedicaba más tiempo a la tienda, pero cuando ella se casó el lugar volvió nuevamente a quedar en completa soledad. De ahí en adelante, los patojos aprovechábamos para poner en práctica el self service (sírvase usted mismo), sin dejar el respectivo pago por los dulces que tomábamos y optábamos por salir corriendo. María Elena —la hija menor de la pareja de esposos— veía que los patojos salían corriendo de la tienda, pero ella nunca hizo problema.

Al lado izquierdo de la tienda, vista del lado del puente, estaba el patio para secar café. Este era un poco más grande que el patio que estaba en la casa de Luis. A este patio llevaban el café que cosechaban en los terrenos que tenía don Manuel cerca del cementerio general del pueblo y otras cosechas que ellos compraban a otras personas.

En el otro extremo de la casa instalaron una gasolinera Shell. En esa misma área, frente a la venta de repuestos, estaban las bombas de gasolina.

En la venta de repuestos vendían toda clase de lubricantes y otros artículos para automóviles. Al lado izquierdo se encontraba una pequeña área especial para cambiar aceite a los autobuses fronterizos. En ese mismo lugar hacían el respectivo mantenimiento preventivo de todas las unidades.

En esa área había una hamaca. Este codiciado descanso casi nunca estaba desocupado, a cualquiera le daba tentación de echarse una pequeña siesta, mayormente si era en horas de la tarde acompañado por un fuerte aguacero.

La construcción de la casa estaba al filo del paredón del río Cutzulchimá, de ahí el origen de su nombre, La Vega.

Los primeros trabajadores del Transporte Fronterizo:

Marco Aurelio Ruiz Maldonado, Humberto Maldonado, Moisés Cifuentes, Güicho Camarón, Oswaldo Solano, Amado Barrios, Jacobo García, Chavelo, Israel, Lino...

Chato de la Vega

El recordado Chato... Su nombre de pila era Félix. Él trabajaba en la casa de los Mazariegos: era un muchacho que se encargaba de la limpieza de la casa, de darle comida a los perros y muchas cosas más. En fin, él hacía todo trabajo que lo hiciera estar en movimiento la mayor parte del tiempo.

En las mañanas normalmente él iba al pueblo a moler el nixtamal para las tortillas del desayuno, lo que quiere decir que para él amanecía más temprano que para el resto de los que en esa casa vivían.

Algunas veces se le veía ir al molino del pueblo en horas de la tarde, quizá era en ocasiones muy especiales. Él tenía que caminar como cuatro kilómetros ida y vuelta al pueblo a pie, solamente para ir a moler el nixtamal.

En los meses de noviembre era la fecha en que Chato participaba en los combites que se celebraban en el pueblo los domingos por la tarde. A él le gustaba disfrazarse de lo que fuera, hubiera sido de mujer o de mono, él no tenía ninguna preferencia en su disfraz.

Su secreto le duraba poco. Todo el mundo lo identificaba inmediatamente porque él hacía el mismo movimiento para todas las melodías que tocaba la marimba, como si se trataba de un son.

En todo caso, el ritmo y los comentarios de la gente a él le tenían sin cuidado, él gozaba como si nada pasara a su alrededor.

Río Cutzulchimá

Verde vegetación y sombra agradable, piedras grises talladas y acumuladas, unas dentro de las frías aguas del río y otras caprichosamente colocadas a orillas de la corriente.

Sobre de una de esas piedras, solitarias lagartijas tomando un baño de sol, presa fácil de la puntería del más diestro de los nadadores, como por ejemplo Enrique Lam, el Chino.

Esa maravilla de la naturaleza invitaba a los patojos en aquellos tiempos a que se echaran un chapuzón sin interrupciones ni límite de tiempo, y sin nada que opacara la felicidad que sentían los que nadaban de la poza a la Piedra Ligosa y viceversa.

Algunos, más atrevidos, se metían a la reventazón, así se le llamaba al agua en movimiento que jugueteaba con las piedras antes de encontrar sosiego en la profunda Posa Encantada —nombre asignado por los patojos de mi época e ignorado por nuestros hijos y los hijos de nuestros hijos, ellos ya no pasaron por esos rumbos—.

Los más audaces se tiraban en picada desde lo más alto del peñasco, haciendo el ángel o imitando los clavados de Tarzán, vistos anteriormente en una de las películas —en blanco y negro— que el cine Tikalito exhibía en el salón municipal los domingos por la noche.

Antes de llegar a la Piedra Ligosa, una quieta cantidad de agua pegada a orillas de la peña hacía un pequeño descanso, formando un leve remolino y moviendo en circunferencia algunas hojas secas caídas de los árboles situados en la parte alta del pequeño peñasco. Este inofensivo remolino tomó el nombre de Pozo Encantado. Muy pocos patojos se llenaron de valor y le hicieron una visita a dicho poso. Este estaba lleno de misterios.

Contaban que en el fondo de la poza existía una pequeña ciudad y que esta tenía alguna conexión directa con el pozo encantado o remolino.

Por supuesto que esos rumores fueron creados o fabricados en la imaginación de Tino Negro y los demás patojos de la época, para sumarle algún misterio a la aventura.

La famosa Piedra Ligosa

Era una inmensa piedra en forma de resbaladero que estaba dentro de la profundidad del río. Cuando esta carecía de sus acostumbrados visitantes, la existencia de la piedra en descanso era como el cuerpo de una dama envuelta en una sábana transparente durmiendo la siesta cotidiana; bajo esa postura, pasaba desapercibida desde la orilla de ambos lados del río.

Sentados al filo de lo más alto de la Piedra Ligosa, temblando de frío y un tanto distraídos —dejando al descubierto nuestra inocencia vestidos con traje de Adán—. Estando en esa posición, dejábamos caer nuestros pensamientos a la corriente, permitiendo que estos navegaran hasta alcanzar el punto donde teníamos puesta nuestra perdida mirada.

Nos preocupaba el regaño que nos esperaba al volver a casa, o quizá los síntomas de un fuerte resfriado nos tenía pensativos —los primeros estornudos ya se habían hecho presentes—.

Estando en ese sitio de la piedra, podíamos observar entre las ramas de un verde matapalo —plantado al lado derecho de la corriente—, y a la izquierda la inmensa piedra con silueta de volcán. Un poco más hacia adelante, encontrábamos la estructura del famoso puente Cutzulchimá.

Pintado de color plata, con su imponente estructura de acero, con su modesta imitación al Golden Gate de San Francisco, este puente permitía el tránsito de vehículos y personas, que se cubrían con sombrillas con diferentes dibujos de colores y pañuelos de bandana al cuello, caminando en ambas direcciones y con pasos acelerados, queriendo renunciar al sofocante calor del día.

Los patojos, después de dos o tres horas de nadar, salíamos a la carretera por medio de la pequeña vereda, con deseos de ahorrarnos una caminata.

No tomábamos hacia la izquierda rumbo al pueblo, girábamos hacia la derecha y nos íbamos al puente a jugarnos la suerte. Quizá algún transportista nos daba un jalón o tratábamos como fuera posible de subirnos a cualquier camión que se prestara para tal propósito.

La cuesta y el sofocante calor no invitaba a ninguno a caminar y soportar la fuerte temperatura de nuestros acostumbrados veranos.

En una ocasión, al llegar al puente, unos patojos se sentaron en una de las bases del puente y otros se fueron a la sombra del zapote.

Estas bases tenían en uno de sus dos lados un desnivel de 45 grados, una parte plana y el otro extremo era cortado a 90 grados.

En los dos extremos del puente había dos bases con dos potentes cables fundidos en cada base. Estos cables eran los que servían para darle soporte y tensión al puente, por medio de dos altas estructuras de hierro, una en cada lado.

El grupo de patojos que se sentaba sobre las piedras situadas bajo la sombra del frondoso árbol de zapote se confundían con las personas que descansaban en ese lugar, las piedras estaban cerca una de otras.

Todas las personas que ahí estaban venían de San Pablo o Malacatán. Unas iban para Zelandia, Buena Vista, La Laja, Santa Teresa o Citronela.

Nosotros en ese sitio escuchábamos las pláticas de la gente adulta en el momento que comentaban las buenas o malas obras de los alcaldes, la buena o mala acción de los patronos de las fincas o bien de ciertas aventuras amorosas que algunas señoras vivían bajo riesgo.

Por supuesto que, en esos casos, el tono de voz era más bajito, como queriendo ocultar el origen del secreto, pero la risa cusca de las señoronas las delataba. Una que otra medio entonada soltaba las carcajadas, manifestando la felicidad que el tema les transmitía.

En esa oportunidad, después de haber disfrutado de la fresca sombra del palo de zapote, los cinco nadadores nos reunimos nuevamente sobre la base del lado derecho del puente, en espera del deseado jalón al pueblo.

De repente, nos llevamos una agradable sorpresa. Don Pedro Cáceres detuvo su automóvil frente a nosotros y sucedió lo siguiente...

Don Pedro Cáceres —como buen samaritano—

En esa ocasión, ninguno de los cinco patojos que estábamos sentados en una de las bases del puente se llenó de valor y le pidió jalón a don Pedro Cáceres para que nos llevara al pueblo. Él para nosotros era un personaje de mucho respeto y no creímos posible que él se prestara para tal fin, pero este señor como que amaneció de buenas ese día y él mismo nos ofreció llevarnos al pueblo. Hizo alto y se bajó de su automóvil. Abrió la puerta trasera y con un acento de persona formal nos dijo: «Pasen adelante, muchachos».

Nos quedamos sorprendidos, pero ahí mismo acudimos a la invitación.

Era un Land Rover del año, color gris claro por dentro y un gris oscuro por fuera. Aún conservaba el olor a carro nuevo; este agradable olor hacía un matiz perfecto con el aroma del perfume de la señora Margarita, quien le hacía compañía a don Pedro. El aire acondicionado le daba más comodidad al trayecto, o sea, que para nosotros aquel jalón era un viaje soñado.

Doña Margarita iba durmiendo adelante en el asiento del lado del pasajero y en ningún momento se percató de la generosidad de su esposo; en otras palabras, ella no se enteró de que nosotros le íbamos haciendo compañía.

Nunca nos habíamos subido a un carro nuevo. Los cinco íbamos sentados con las dos manos entre las rodillas como queriendo aparentar ser unos chicos de buenos modales y respetuosos. Nuestra mirada se cruzaba entre los cinco invitados y en nuestro rostro había una risa a flor de piel. Al más mínimo motivo explotábamos en una risa escandalosa.

Después de cruzar el puente, como todo un conductor de limusina, don Pedro aceleró en una pequeña recta arenosa de la carretera que estaba antes de iniciar la cuesta. Aunque la carretera era de terracería, este pequeño tramo daba la idea de un asfalto compacto y bien construido, sintiendo la misma sensación como cuando cruzábamos el puente Barranca Honda, situado a pocos kilómetros de ese lugar, camino hacia Malacatán.

Antes de pasar la Vuelta del Cacao Volador, o sea la primera vuelta de la cuesta, el encanto se terminó.

Se sintió un hedor dentro del carro de don Pedro, un mal olor capaz de ahogar a cualquiera y, como era lógico, eso iba a ser motivo para que nosotros descargáramos nuestro ataque de risa y pusiera furioso a don Pedro. Él inmediatamente paró y dijo: «¡Bájense, patojos hediondos!».

En el momento que don Pedro abrió la puerta trasera de su Land Rover, yo brinqué hacia afuera del carro y salí corriendo; los otros cuatro patojos no se movieron de sus asientos y ahí mismo le dijeron a don Pedro: «Disculpe, don Pedro, el que se tiró el pedo ya se bajó». Don Pedro les creyó y cerró la puerta, dejándome solo en la inmensa Cuesta del Chorro.

En ese instante tuve que aceptar que me había equivocado por haber tomado una decisión apresurada, y no tuve otra opción que aceptar mi error y caminar solo por la calurosa cuesta.

En la tarde de ese mismo día, reunidos en el parque del pueblo, los mismos cinco muchachos juramos uno por uno, por lo que más amábamos en la vida, que ninguno del grupo había sido culpable de lo sucedido dentro del carro Land Rover del señor Cáceres.

Después de poner en claro el resultado de nuestra aventura de esa mañana, todo quedó olvidado.

Al paso de muchos años, al rebuscar en mis memorias para dejar la vivencia anterior en este manuscrito, yo llegué a la conclusión de que la única culpable de los malos olores había sido doña Margarita. Según ella, aún iba sola con su esposo y con mucha tranquilidad y confianza le bajó tensión a su cuerpo.

O sea que, con nosotros o sin nosotros, el respetable señor Cáceres hubiera experimentado su momento.

La Hamaca y el puente Cutzulchimá

Muchos años antes de la Primera Guerra Mundial, construyeron una hamaca sobre el río Cutzulchimá, para facilitar el paso de personas a los lugares vecinos del pueblo.

En uno de los dos extremos de la vieja hamaca —lado opuesto de la casa de Los Mazariegos —, se encontraba un arco lleno de raíces de matapalo y yerba silvestre, las que lo cubrieron totalmente, dejándolo desapercibido por muchos años.

Después de la construcción del puente, la hamaca quedó fuera de uso, declarándose posteriormente en total abandono. Esta poco a poco se fue deteriorando hasta quedar completamente en chatarra.

En esa área del arco nosotros cortábamos los cables de la hamaca y con ese material fabricábamos los alambres con dobleces especiales para jugar con ruedas de hule o de metal en las calles del pueblo.

Al escribir el párrafo anterior de la corta historia de la hamaca me recordé de un mensaje que recibí de una amiga muy querida y recordada, quien me hizo perder el control por un momento. Ella me envió la siguiente nota. Al final de esta, me hizo una pregunta:

... también vino a mi memoria un niño a quien yo veía siempre en la acera o banqueta de la municipalidad de San Pablo, con una rueda de metal, guiada por una varita... ¿Quién sería ese niño?

B.S.P

No me fue tan fácil retroceder en corto tiempo todo lo que he vivido y ubicarme en el punto de la pregunta de mi amiga; sin embargo, sí pude responder a su inquietud:

Querida amiga:

Ese mismo niño sigo siendo yo, con más de siete décadas vividas, con pinta y vestimenta de señor y aún cubierto por las sombras que no duran.

Osmar

Puente Cutzulchimá

La construcción del puente Cutzulchimá facilitó el paso de vehículos y personas de a pie con destino a cualquier lugar del área.

Con la construcción del puente se logró dar un paso muy grande al desarrollo y progreso de la comunidad.

Tiempo después de haber terminado la construcción del puente, llegaron los primeros automóviles a la localidad, facilitando el comercio entre los pueblos, fincas y caserillos.

La construcción del puente tuvo un cambio significativo en la zona y eso mismo forzó a las autoridades municipales a que mejoraran las vías de acceso de toda el área. Muchos otros puentes fueron construidos en diferentes lugares para permitir el paso a las fincas y otros municipios aledaños.

Este avance incrementó el desarrollo agrícola y simplificó la vida de todos los ciudadanos en todos los niveles.

Este puente tenía una tensión de dos cables por lado, de dos pulgadas de diámetro cada cable. Estaba asegurado con remaches de una pulgada y media de diámetro incrustados en caliente y otros remaches más pequeños colocados a presión. Este tipo de ensamble es el más común hasta la fecha en la construcción de los puentes colgantes.

Los tablones eran de ocote rústico tratado; a esta clase de madera no le penetra el agua, ni la humedad y el calor del sol los hace más resistentes.

Después de haber construido la carretera de asfalto, este puente fue removido y trasladado a una finca del departamento de Cobán, desapareciendo así del recuerdo de todos los habitantes.

Al cruzar el puente en dirección al pueblo de San Pablo, había un pequeño empedrado en desnivel. Inmediatamente después nos encontrábamos con la carretera rústica que nos conducía hacia el municipio.

Frente al puente y la abandonada hamaca se encontraba una pequeña cascada, descolgándose desde lo alto, haciendo malabares en todo el recorrido de su caída hasta llegar a la base o superficie plana del fresco y húmedo peñasco.

En algunas épocas, la precipitación era mayor y esta adornaba la zona verde del paisaje. En ese mismo lugar había varios nacimientos de agua, lo cual daba oportunidad al crecimiento de ciertas yerbas comestibles tales como yerba berro y yerba mora, así como también varias plantas de guineo nance y capotes verdes de camote, tratando de asomar su existencia entre los húmedos matorrales plantados al pie de esos grandes paredones y varios bejucos columpiándose al ritmo de los mejores vientos de la época.

Los patojos bautizamos este pequeño lugar como «la Tierra de Nadie». Ahí cualquier persona iba y cortaba las yerbas para su consumo, así como también cortaba los bananos sin ningún problema, no se violaba ningún derecho a la propiedad privada.

Un poco más adelante al lado izquierdo —yendo hacia el pueblo— se encontraba un espacio de terreno. Allí instalaban las tareas de piedra que los jornaleros iban sacando poco a poco de la corriente del río y las vendían al mejor postor. En una o más oportunidades, yo también participé en compañía de mis hermanos, haciendo ese pesado trabajo.

En ese mismo lugar entre arena y grama, salían las iguanas a tomar sol. En el menor descuido eran presa del más hábil cazador. Tono López era el más diestro y casi no se le escapaba ni una.

La primera vuelta hacia el lado derecho de la cuesta llevaba de nombre «la Vuelta del Cacao Volador» —la que se mencionó anteriormente en la historia de don Pedro—.

Efectivamente, ahí estaba un árbol muy alto. El fruto de esta planta era el que llevaba ese nombre.

Unos metros más adelante, antes de llegar a la segunda vuelta que nos conducía hacia el lado izquierdo de la carretera, nos encontrábamos con la primera vista panorámica al lado derecho.

Desde ese punto podíamos ver el puente, un lado de la corriente del río, la casa de los Mazariegos. Un poco más arriba del bosque, se alcanzaba a ver varias casas de la aldea Zelandia, escondidas entre los múltiples árboles plantados en toda la zona verde del lugar.

(Cuando me encuentro solo y distraído, cierro mis ojos y aún puedo ver flotando en mi mente muchas de esas mágicas imágenes, quizá un poco borrosas por el paso del tiempo; aun así, tuve oportunidad de haber elegido las mejores y haberlas compartido con los lectores por medio de estas páginas.)

Después de ese bonito mirador, llegábamos a la segunda vuelta hacia el lado izquierdo de la cuesta; esta curva era la más complicada de todas las que había en la empinada carretera. El terreno que había en ese punto era muy angosto y esa era la razón por la que esa vuelta siempre fue un problema para los transportistas que iban o venían del pueblo.

Inmediatamente después de esa curva, había una vuelta no muy pronunciada que giraba hacia el lado derecho, la que permitía llegar al inicio de una pequeña recta de la cuesta.

A pocos metros de esa ligera curva —al lado derecho de la carretera— estaban los dos peñascos de arena blanca. De ahí sacaban la arena para construir casas o darles un llamativo terminado a las paredes de otras construcciones.

En ese mismo lugar se encontraban plantados dos árboles de mango de oro; estos se dejaban hacer lo que nosotros hubiéramos querido..., con la única esperanza de que nosotros les hiciéramos la visita cuando salíamos de vacaciones y bajábamos a nadar a la Posa del Encanto. Ellos estaban muy solos y nosotros les hacíamos la fiesta en cada ir y venir al río, siempre nos regalaron sus mejores mangos.

Cuando nos despedíamos de ellos y girábamos nuestra cabeza, poniendo sobre nuestro hombro la mirada, nos dábamos cuenta de que con el movimiento de sus hojas nos manifestaba que era un agrado para ellos habernos visto.

Era muy elevada nuestra credulidad en nuestra época de adolescentes: hasta nos imaginábamos tener poderes especiales para poder comunicarnos con la naturaleza y platicar con alguno de nuestros árboles frutales.

La vuelta de doña Beatriz

Contaban nuestros abuelos que esa vuelta tomó ese nombre porque una señora perdió la vida justo en ese lugar.

Al lado izquierdo —yendo hacia el pueblo— había un inmenso árbol de guayabo. En la base del tronco de ese árbol había una cruz de madera en memoria a la señora fallecida a causa de un accidente de tránsito.

Con el paso del tiempo, la cruz se fue deteriorando, hasta desaparecer totalmente. Esa cruz constantemente fue blanco de la puntería de los que bajaban a nadar al río, no hubo ni un solo nadador que no le pegara una pedrada.

A medida que la cruz se fue deformando, así mismo los familiares se fueron olvidando de doña Beatriz y todo pasó a ser historia.

En ese mismo lugar había cuatro metros de longitud de empedrado; cualquiera hubiera creído que ese empedrado era en memoria de doña Beatriz, pero no fue así.

En esa área había nacimientos de agua y eso deterioraba la carretera, y con facilidad se hacía un terreno fangoso, afectando el tránsito de vehículos, principalmente camiones pesados. Esa fue la principal razón de haber hecho esa clase de trabajo en esa parte de la carretera y así el problema fue solucionado de una vez por todas.

Justo al terminar el empedrado al lado derecho, había una pequeña vereda. Esta simplificaba el paso por la vuelta al Cacaotal.

La mayoría de la gente joven optaba por caminar por este pequeño atajo, se ahorraban varios metros de carretera.

Después de la entrada de esa vereda, había una pequeña curva no muy pronunciada hacia la izquierda. Inmediatamente después se encontraba la vuelta del Cacaotal.

Esta curva era la única en la cuesta que daba oportunidad a que dos automóviles pequeños giraran en diferentes direcciones a un mismo tiempo, era una curva bien elaborada.

En medio de esa curva, hacia el lado izquierdo, se hacía presente la entrada al Cacaotal y desde ese punto hacia la parte de arriba —al lado izquierdo de la loma— se podía ver claramente el Chorro del Perol.

Muchos años después de la Primera Guerra Mundial, los dueños de los terrenos donde se encontraba situado el perol se dedicaron al cultivo y proceso de la caña de azúcar. Esos grandes contenedores de metal los usaban para el proceso en la fabricación de la panela.

Dicho de manera diferente, esos peroles hechos de hierro colado eran los que servían para hervir los líquidos en tiempos de la zafra.

Cuando el cultivo de la caña desapareció, todo quedó fuera de uso y ese perol abandonado lo usaron como tina de baño.

En ese nacimiento de agua fría, en más de una oportunidad yo tuve la buena suerte de tomar un baño con el mismo traje de Adán, al mejor estilo de Trinity, el conocido vaquero italiano.

La Vuelta del Cacaotal

Esta era la vuelta más atractiva de la Cuesta del Chorro, por su vista panorámica, su ubicación y por la manera como había sido construida.

En ese lugar de la carretera —hacia el lado derecho— había un árbol cortez o palo blanco muy alto. En la época de verano, este árbol dejaba caer todas sus hojas y, a cambio, le brotaban flores amarillas en cada pequeño espacio de sus ramas.

Otros árboles de la misma especie se encontraban esparcidos en diferentes puntos de la montaña, resaltando el contraste del color amarillo de sus flores con lo verde de la vegetación de la zona.

Este bello paisaje se apreciaba a lo lejos, alrededor de la aldea Zelandia, era algo propio del lugar.

Por alguna razón especial, el pájaro llamado chiltote o chiltota hacía su nido en las ramas de ese árbol —cortez o palo blanco—. Era muy curioso ver cómo esos nidos se movían al compás del fuerte viento, sostenidos únicamente por una pequeña y delgada rama del árbol. Nunca se supo que un nido de esos se hubiera caído y que los pajaritos se hubieran muerto. Sin lugar a ninguna duda, es lo sabio de la naturaleza.

Los bejucos en un árbol y las apuestas

En una oportunidad un grupo como de ocho patojos fuimos a pajarear al Cacaotal, sin permiso de don Lisandro Solano, el dueño de esos terrenos.

Después de dos horas de caminar por todo el cafetal, llegamos a filo de un profundo barranco. Justo en ese lugar había un gran árbol con varios bejucos colgando desde sus ramas. Como era de suponer, las apuestas entre nosotros dieron inicio, sin tomar en cuenta el peligro al cual nos íbamos a exponer.

Alguien del grupo de patojos cortó uno de los bejucos que estaba pegado al suelo y las apuestas se hicieron presentes.

Todos los competidores estábamos desesperados por participar en la competencia y cada uno deseaba que le tocara el primer turno, pero la elección se hizo por sorteo, moneda al aire, por decisión unánime.

Después de haber hecho el sorteo y dar a conocer las reglas del juego, se inició la competencia.

Quien alcanzara la distancia más prolongada y tocara con los pies la punta de un árbol que estaba plantado en la base del barranco, automáticamente sería el campeón y jefe del grupo por ese día.

Ya habían participado casi todos y ninguno de ellos había logrado la meta establecida.

Mardoqueo —uno de los muchachos del grupo— fue el único que se aproximó a la punta del árbol, tal y como lo habíamos acordado.

Cuando me tocó el turno, yo traté a costa de lo que fuera, de superar la marca.

Le di varias vueltas al bejuco en mi brazo derecho. Después lo sujeté con ambas manos y retrocedí varios pasos para tomar envión, y con una corta carrera me tiré al barranco.

Yo solamente vi que las ramas de todos los árboles habían girado en circunferencia. Escuché gritos de terror y sentí un vacío en el estómago.

El bejuco se había zafado del otro extremo de donde yo iba agarrado. Este se fue desprendiendo poco a poco, hasta que se soltó totalmente de la punta del árbol.

En el momento de ir cayendo al vacío, pasé tocando con los pies la punta del árbol más alto, y las ramas de los otros árboles cercanos a este. Me habían quitado la camisa y parte del pantalón, caí al suelo casi desnudo. Por suerte no me puse de pie instantáneamente, varias piedras grandes, pedazos de madera y roca pasaron sobre mi cabeza.

Por los golpes que sufrí en la cabeza no lograba reaccionar positivamente. Por un momento me sentí solo, con náusea y con una tristeza muy profunda. A la menor oportunidad hubiera soltado en llanto.

Todos los patojos se asustaron y salieron corriendo para cualquier lado. Los únicos que bajaron hasta donde yo me encontraba tirado fueron Mardoqueo y Ménfil Muraco, ellos fueron quienes me prestaron auxilio. Yo no me podía parar, estaba como drogado por los golpes que había recibido y por un momento no supe dónde estaba.

Después que pasó todo, fueron llegando uno a uno todos los patojos para ver cómo me había ido en la caída.

Después del accidente, a todos les causó risa ver que yo estaba todo revolcado, sin camisa y únicamente con la mitad del pantalón.

El momento más crítico para mí fue cuando llegué a la casa. Mi tía Sofía me recibió con un buen regaño, me llamó seriamente la atención. Después de eso, como que reaccionó y le causó risa ver cómo yo había llegado a la casa, casi desnudo, raspado y con la cara de tristeza, llena de tierra.

Ese día fui jefe del grupo, pero ese privilegio me había salido muy caro.

Salida o entrada de la vereda

Como a cincuenta metros de la vuelta del Cacaotal, al lado derecho de la carretera, nos encontramos con la salida de la vereda. Ahí en esas piedras a orillas de la carretera siempre había personas sentadas descansando después de haber caminado por el famoso atajo.

No era fácil tomar la decisión de caminar por esos matorrales y en un área de terreno de 45 grados de declive. A pesar de ese inconveniente, la mayoría de las personas caminaban por esa vereda en cada viaje que hacían por el lugar.

Era un reto a la resistencia de los peatones que tomaban ese desvío, con el único fin de ahorrarse unos metros de caminata.

Al llegar a un punto de la carretera, frente a un árbol de guayabo, se quebraba la mirada al final de ese tramo de la cuesta. Justo en esa parte plana estaba construido el tanque.

Frente a ese guayabo, al lado izquierdo, estaba la entrada de una segunda vereda. Este otro atajo conducía a diferentes puntos del pueblo, así como también a varios sitios del parcelamiento Santo

Domingo. Esta, como todas las demás veredas, abreviaban tiempo y distancia para llegar a los diferentes sitios de la comunidad.

El Chorro o Tanque

Ese fue el nombre que la gente del pueblo les asignó a los lavaderos y al inmenso tanque, tipo piscina, construido en ese bello nacimiento de agua.

Los patojos le llamaban «el Tanque».

La construcción original consistía como de cinco o seis lavaderos construidos en la parte exterior del tanque, con pequeños depósitos de agua al lado derecho de cada lavadero y un chorro de agua permanente a manera de que cada depósito se mantuviera lleno las veinticuatro horas.

La mayor cantidad de agua que brotaba del nacimiento estaba conectada directamente al tanque por medio del paso tipo Y. El tanque se llenaba en un lapso de dos o tres horas y, para lograr este propósito, se tenía que interrumpir el paso de agua hacia los lavaderos.

Esa era la pelea que se formaba con las señoras que iban a lavar al tanque. La interrupción del llenado de los depósitos de los lavaderos era lo que causaba las tremendas peleas. Además de eso, las señoras se quejaban con las autoridades municipales porque los nadadores salpicaban a las lavadoras en el momento en que estos se tiraban desde un muro que había sido hecho para ese propósito.

Esa era la razón por la que los guardias municipales nos corrían cuando veían que estábamos en el balneario. Avelino Menchú, el policía municipal al que todos los patojos le teníamos miedo, constantemente nos estaba corriendo de cualquier lugar donde hubiéramos estado jugando.

La acción de Avelino se volvió rutina y no tuvo ningún impacto positivo para él; al contrario, eso se convirtió en parte de nuestra diversión a diario.

Al lado derecho de las gradas que conducían al nivel superior del tanque había un pequeño depósito de agua construido a nivel de la superficie de la carretera. Este había sido con el fin de que los caballos pudieran tomar agua después de largos tramos de caminata.

Según relatos de mi abuelo Rosendo, la construcción del tanque fue obra nada más y nada menos que de don Justo Rufino Barrios.

Él, montado a caballo, bajaba con su pelotón de soldados desde San Marcos a la frontera de México. En ese lugar tomaban un descanso y aprovechaban para lavar ropa, echarse un baño y dar de beber agua a los caballos.

Posteriormente el tanque también fue utilizado por los arrieros que bajaban de Tajumulco rumbo a Malacatán a vender sus productos y para hacer compras de alimentos para su consumo diario. Acá ellos tenían oportunidad de descansar, preparar algunos alimentos y dar de beber agua a sus bestias, que eran burros.

Frente al tanque había un espacio con grama, a lo largo del tanque, y desde ese punto del área se veían los carros que iban o venían en el plan de Barranca Honda. Más adelante se observaba a simple vista el plan de San Isidro y, un poco más adelante, no se podía distinguir claramente lo demás, en ese punto se perdía la mirada.

A pocos metros después del tanque, al lado izquierdo del último tramo de la cuesta, estaba la tercera y última vereda. Este atajo llegaba directamente a la propiedad de don Lisandro y don Maximiliano Solano, los propietarios de esos terrenos, que construyeron esa vereda para ahorrar tramos de la carretera, acción típica de cualquier caminante de a pie.

A corta distancia de la entrada de la vereda se encontraba un árbol de caimito. Esta era una fruta morada con un sabor dulce muy especial, su sabor era único. Este árbol, como todos los demás, tampoco se escapaba de nuestras visitas en cada uno de los viajes que hacíamos al río.

Bueno, desde este punto de la carretera y principio de las calles del municipio iniciamos nuestro recorrido por el pueblo, guardando la confianza de que todos los habitantes que dejaron sus huellas por este lugar hayan sido incluidos en la lista de los que disfrutaron la época de la fotografía en blanco y negro, y de los que vieron cómo hacían funcionar el motor de camiones y camionetas por medio de una cigüeña (herramienta especial manual, por cuyo medio se le daba movimiento rotatorio a la hélice del motor de vehículos para ponerlo en funcionamiento).

PARTE DOS
(de Chema Pérez a Luz Hernández)[2]

Casa de Chema Pérez

El copante que quedaba frente a la casa de Chema era el límite del pueblo con el resto de las aldeas, fincas y caserillos en dirección a la aldea Zelandia.

Desde este punto daban inicio las calles empedradas, que recorrían totalmente el pueblo y le daba un aspecto colonial combinado con el tipo de casas de madera de esa época de antaño.

Al lado derecho del inicio de la calle empedrada se encontraba la casa de José María Pérez, Chema Chiquet. Justo al lado derecho de la casa de Chema estaba un gran árbol de mango de matillo, el cual corrió la misma suerte de los otros árboles frutales: también fue apedreado por los nadadores.

Don Chema era un señor chaparro, fumador de primera. Siempre usaba un sombrero negro y una chaqueta del mismo color, más o menos como la pinta de San Simón. Con las manos hacia atrás, siempre se veía caminando alrededor de su casa y la casa de sus hijos, como inspeccionando que todo estuviera en orden.

Él tenía problemas en la pronunciación de muchas palabras del castellano y de ahí se derivó el sobrenombre Chiquet. Él pronunció mal la palabra chaqueta y fue suficiente para que lo bautizaran con ese sobrenombre.

---

2   Ver mapa en página 8

Él tenía varios hijos y casi todos habían construido su casa cerca de las otras de la misma familia. Esa era la costumbre en las familias de esos tiempos, todos vivían en comunidad.

Los hijos de Chema eran Neto, Macario, Miguel, Francisco (Chico) y Tavo.

La casa de Chema estaba construida con madera rústica, con cal aplicada en toda su superficie, dando la apariencia de pintura blanca alterada.

Más adentro del área del terreno estaba construido un patio de concreto para el secado de café. También había dos casas pequeñas edificadas con el mismo tipo de madera rústica, sin pintar, sin cielo y con pisos de tierra. Una casa era de Neto y la otra de Miguel.

Francisco, uno de los hijos de Chema, vivía al otro extremo del pueblo, cerca de los terrenos de don Félix Gramajo.

Una tarde, después de un fuerte aguacero, Chema salió de su casa y se dirigió a observar cómo el agua fluvial que se acumulaba de la mayoría de las calles del pueblo desembocaba en ese sector y corría por medio de ese cauce, hasta desembocar en el río Cutzulchimá.

Para mala fortuna del señor Chema, él accidentalmente se resbaló al poner los pies sobre de una de las piedras que se encontraba en la orilla de la corriente, y calló sobre otras piedras, causándole la muerte instantáneamente. A su auxilio acudieron todos los vecinos —entre ellos, doña Carmen Solano—, pero ya nada pudieron hacer para que él recobrara el conocimiento: Chema había fallecido.

Casa de Macario

La casa de Macario daba un aspecto diferente. Esta casa ya estaba construida con madera de machimbre, con cimientos con dos hileras de *block* y con piso de cemento, pintada de un color azul pálido.

Macario tenía una tienda y un molino de nixtamal. Afuera de la casa estaba el nombre de la tienda pintado en una lámina rectangular, pegada a una de las paredes de la misma casa.

A Macario le gustaban los negocios y se caracterizó porque siempre cargaba dinero en efectivo en sus bolsillos. Era un tipo chaparro, inquieto y su apariencia era la de un tipo dispuesto al trueque.

Usaba sombrero fino y camisas blancas manga larga remangada. En la bolsa de su camisa siempre portaba su voluminosa billetera. Regularmente masticaba aceleradamente un chicle Adams.

Casi siempre mantenía una de sus manos en la bolsa de su pantalón, tocando monedas o llaves. Era muy inquieto, daba la idea de querer terminar un negocio en proceso.

En esta casa vivió él, su esposa y sus dos hijos, Milo y Pablo.

Un rancho en terrenos de don Lisandro

Al lado opuesto de la casa de Macario, al lado izquierdo de la curva de la carretera, yendo hacia el centro del pueblo, se encontraba un rancho informal construido en los terrenos de don Lisandro, este rancho en los 50 nunca fue habitado formalmente y poco a poco lo destruimos, hasta que desapareció.

En ese rancho nos reuníamos los patojos después de cortar naranjas y haber hecho algunas travesuras. Era nuestro refugio en las tardes de lluvia. Aprovechábamos para fumar cigarrillos, marca Payasos; según nosotros, estando allí, nadie nos observaba.

Casa de don Medardo

Después de la casa de Macario, estaba la casa de don Medardo. Ahí vivía él con su esposa, doña Soledad, y sus hijos, Nery, Carlota, Adelfa, Sara, Delfina y Verne.

Don Medardo era un señor de avanzada edad. Los muchachos de su época de sobrenombre le llamaban Tarzán, pero su pinta no le hacía honor a su sobrenombre, él se veía muy demacrado.

Él se movía con dificultad por los problemas que tenía en la columna vertebral, caminaba agachado y muy despacio; sin embargo, todas las tardes se reunía con sus amigos y se sentaban a platicar en la banqueta, afuera de la tienda de doña Luz Hernández.

En una de esas tardes, don Medardo sufrió un ataque al corazón. Falleció en ese mismo lugar, al lado de uno de sus amigos. Se lo llevaron a la casa de don Tono Solano y ahí trataron hasta lo imposible para que recobrara el conocimiento, pero él ya había fallecido. Ese fue el final de don Medardo.

Casa de doña Juanita López

En ese mismo lado derecho de la calle, yendo hacia el centro del pueblo, se encontraba la casa de doña Juanita López. Ahí vivía ella con sus cinco hijos: Mario, Etna, Berta, Alcira y Osmar.

Nosotros los visitábamos con el pretexto de ir a jugar, pero nuestro fin era bajar nances del árbol que estaba plantado frente a la casa, a orillas de la calle.

En tiempos de lluvia era cuando aprovechábamos bajar más cantidad de nances. Entre todos los patojos movíamos el árbol y este dejaba caer cantidad exagerada de la codiciada fruta. Todos éramos felices recogiéndolos, como si se hubiera tratado de una piñata.

En la casa de doña Juanita existió democracia, nunca nos regañaron por comer nances de su propiedad. Por esa razón los patojos le teníamos mucho aprecio.

En el corral que dividía el terreno de la casa de doña Juanita y el terreno de don Rigo o don Daniel había un gran árbol, del que caían varios bejucos. Mario, hijo de doña Juanita, era quien daba instrucciones para poder jugar de Tarzán.

Según Mario, el que se tiraba hacia el corral, colgando del bejuco, y lograba pasar al otro lado del alambrado sin tocar el cerco, ese era el que tenía habilidades especiales y era campeón dentro del grupo de patojos.

En una oportunidad se asomó un nuevo invitado, llamado Rudy Chiquirín.

Nosotros sabíamos que Chiquirín llegaba a la casa de Mario porque él estaba enamorado de Etna —la hermana mayor de Mario—. En esa oportunidad él se unió al grupo, únicamente para que el hermano no lo descubriera y, de paso, demostrarle a la enamorada que él tenía aptitudes selváticas.

Antes de que Mario le diera oportunidad a Chiquirín de que se colgara del bejuco, le dijo que no gritara como Tarzán porque eso no era buen augurio. Le pidió que se adaptara a las reglas del juego.

En el momento que Chiquirín tomó el bejuco y se lanzó hacia el corral, se le olvidó las instrucciones de Mario y pegó un grito como los de Tarzán, violando así lo acordado.

En ese instante —por casualidad—, el bejuco se rompió y nuestro amigo Chiquirín quedó trabado en el corral, con varios golpes y raspones, lo cual causó risa y gritos de todos los presentes. La supuesta novia de Chiquirín no soportó la risa y salió corriendo hacia la calle.

Así era como nos divertíamos en esa época, gozábamos cuando un compañero se lastimaba.

Casa de doña Julia López

Una señora alegre, jovial, que siempre daba la idea de estar feliz. Su risa era contagiosa y daba la sensación de que disfrutaba de la amistad de la demás gente.

En uno de los dientes de su dentadura superior tenía una corona de oro y quizá por coquetería le gustaba exhibir el metal precioso en cualquier momento oportuno.

A ella le gustaba adivinar la suerte o hacer averiguaciones del más allá por medio de las cartas, y a más de uno le acertaba a sus preguntas. Esa clase de supersticiones era algo muy típico en el pueblo en aquellos tiempos.

Ella era hermana de doña Juanita y esa era la razón por la que fueron vecinas. Esa fue una bonita costumbre que tenían los habitantes del pueblo en esos tiempos. Las familias eran más unidas y se ayudaban mutuamente.

Carlos, Alba y Elsa eran los hijos de doña Julia, todos vivían en esa misma casa. Las visitas constantes de los familiares que vivían en Tapachula le daban un toque diferente a la casa, siembre había movimiento de fiesta.

En el pueblo era la única casa que tenía un corredor al lado del frente, con tres o cuatro sillas de madera reclinables a la vista del que pasara por ese lugar. Después de subir dos o tres gradas desde la superficie de la calle, uno ya estaba sobre el área de la sala de la casa.

Era una casa pequeña, pero con un ambiente agradable.

Casa de Zoila Maldonado

Después de la casa de doña Julia, habían construido una casa de *block*, propiedad de Zoila Maldonado. Ella vivía en San Rafael Pie de La Cuesta, y tenían esa casa disponible cuando le hacían la visita a doña María, su señora madre.

Esta casa pasó muchos años sin ser habitada y daba la idea de estar abandonada, pero no era así, estaba ahí solamente para casos especiales.

Mucho tiempo después, dieron la casa en alquiler. La primera pareja que habitó la casa fue el maestro Alberto Menchú y Olga Maldonado. Recién se habían casado y esa casa fue la primera residencia de la pareja Menchú/Maldonado.

La casa de don Carlos Maldonado y doña María Laparra

En seguida, en ese mismo lado derecho de la calle, estaban las casas propiedad de don Carlos Maldonado y doña María Laparra.

El señor era hermano de mi abuelo y por respeto había que llamarles tío o tía a todos los hijos del señor Carlos.

Los hijos de tío Carlos y doña María eran los siguientes: Humberto, Jacobo, Francisco, Berta, Julia, Esther, Carlota, Zoila, Elena y Estela.

También formaron parte de la familia Maldonado los siguientes nietos: Raúl, Pilar, Miguel, Emma, Manolo, Carlos, Elba, Aracely, César, Ofelia, Enrique y Roberto.

La mayoría de la familia vivía en las casas construidas muy cerca de las otras, a corta distancia. En algunos casos, los familiares se comunicaban entre sí sin tener que salir de sus viviendas.

Al lado de la calle aún está construida una casita de madera, casi unida a otra que aún está en la parte de adentro del terreno. Ahí vivía tío Jacobo y su esposa Teresa. Ellos eran los padres de Arturo —el hijo mayor—, Juan, María Elena y otros.

En la casita que tiene vista a la calle mantenían la puerta abierta de par en par, para exhibir la imagen del Señor de las Tres Caídas, para que todo aquel que pasara por la calle pudiera tener oportunidad de elevar una oración, pedir un deseo o una plegaria a nivel de su fe.

En la parte de adentro del terreno y al lado izquierdo estaba construida la casa grande, con techo de paja y cerco de madera, con un amplio patio al frente. Ellos siempre estuvieron bien protegidos por el inofensivo Canelo, el perro guardián.

A tío Carlos siempre le gustó cultivar tabaco, chile, yerbas, así como también fue un señor amante de la cacería y la pesca.

Los hijos de la familia Maldonado se fueron yendo poco a poco, conforme iban formando su propio hogar o llegando a la mayoría de edad.

Al final, solamente se quedó tío Jacobo y su esposa Teresa, los demás se fueron lejos del pueblo.

Posteriormente la casa que estaba al fondo fue removida y construyeron a orilla de calle la casa de don René de León y Berta Maldonado.

La pareja de esposos procreó tres hijos varones, Aníbal, Guillermo y Jorge —Coqui—. El segundo de los hijos de la pareja de esposos fue una niña, pero desafortunadamente falleció al poco tiempo de haber nacido.

Después de la construcción de la casa de don René, las casitas de la familia Maldonado ya no hacían contacto directo con la nueva casa construida. Esta manifestó otro nivel de vida.

Ese tipo de construcción hizo que la comunicación que había entre familiares desapareciera y que, de ahí en adelante, para que los miembros de la misma familia se brindaran un saludo tenían que salir a la calle y tocar la puerta vecina, como si se hubiera tratado de un extraño.

Muchos años después de la construcción de la casa, instalaron una venta de zapatos al lado de enfrente de la casa. Seguidamente abrieron una tienda cantina frente al parque municipal, en la pequeña casa que años antes había sido la escuela para niñas.

En la tienda ubicada en la esquina opuesta al parque, se encontraba la mascota de la casa, un perro bulldog color canela llamado Tigre.

Casa de don Lisandro y su esposa, doña Lucila

A pocos metros donde se encontraba la pileta municipal de agua potable —lado izquierdo de la calle— se encontraba construida la casa de la familia de don Lisandro Solano.

Él era un señor muy respetado y querido en el pueblo, muy educado y amable con las personas. Por esa razón, don Lisandro se ganó el respeto y cariño de todos los habitantes del pueblo, él era muy jovial con las personas y muy cariñoso con los niños.

Su casa tenía un corredor en la parte de atrás y varios árboles de cacao plantados al frente.

En la parte del lado derecho de la casa tenía una entrada con superficie empedrada para el acceso de automóviles.

Todas las tardes, después del almuerzo, en el corredor de su casa se reunía con su esposa, su hijo y una de sus dos hijas que vivían con ellos.

Olga, Etty y Luis compartían la casa con don Lisandro y doña Lucila. Años más tarde, llegaron los primeros nietos —Darvin, Pablo y otros—. La presencia de ellos cambió el ambiente en la casa de don Lisandro, era muy alegre ver a los patojos corriendo en el patio de la vivienda de esa bonita familia.

A don Luis le gustaba la lectura y, por razones de privacidad, él se subía al tapanco de la casa para que ninguno lo interrumpiera. A veces se quedaba dormido en ese lugar y ninguno se atrevía a dañarle la siesta, él era de un carácter muy volado.

Las hijas de don Lisandro confeccionaban prendas de vestir para poner en venta libre o a encargo. La mejor fecha para sus ventas era la época escolar, principalmente en el mes de la independencia patria y en las fiestas de fin de año. El trabajo que elaboraban reunía los requerimientos del gusto de los clientes. A eso se debía que los habitantes del pueblo las buscaban, ellas hacían muy buen trabajo.

La casa de doña Carmen

Inmediatamente después del espacio de la entrada de automóviles de la casa de don Lisandro se encontraba la casa de Doña Carmen, la tercera hija de la pareja de esposos.

Ella había construido su casa a ocho metros de distancia de la casa de sus padres y había clara evidencia de que ella era mucho más independiente que sus demás hermanos.

Doña Carmen vivía con sus cuatro hijos, Ernesto, Carmencita y dos más. Ellos le ayudaban a doña Carmen en los negocios que había fundado y por esa razón. Los hijos de doña Carmen no perdían el tiempo en la calle, casi no salían de su casa.

Tenía una panadería y una tienda de artículos de primera necesidad, también tenía farmacia —pero esta no duró mucho tiempo, fue cerrada indefinidamente—.

Fue la primera comerciante del pueblo que instaló una gasolinera, que fue construida en el terreno donde don Natalio tenía su casa.

Doña Carmen compró ese terreno y don Natalio se trasladó camino a la escuela Marroquín.

A doña Carmen también le llamó la atención participar en política.

A principios de los 50 armaron un entarimado frente a su casa, adornaron el trayecto de la calle desde la casa de Chema Pérez hasta la esquina de doña Luz Hernández, para darle la bienvenida a un candidato a la presidencia de la república.

Don Miguel Idígoras Fuentes estaba en campaña proselitista y su destino final era la finca El Porvenir, pero él hizo una escala de treinta minutos frente a la casa de doña Carmen, donde pronunció un discurso político.

Casa de Cruz Ruiz

Al frente de la casa de Doña Carmen, al cruzar la calle, se encontraba la casa de don Cruz, el zapatero. Era una casa muy sencilla, fabricada con madera rústica, similar a las casas de gentes de escasos recursos económicos. No tenía ninguna protección entre el techo y el suelo, las gotas del sereno caían directamente al área donde estaban situadas las camas y otros muebles.

El trabajo de don Cruz consistía en reemplazar tacones de zapatos, medias suelas y otras reparaciones simples, él no era fabricante de calzado.

A pesar de que las reparaciones de calzado se veían como algo muy esporádico, eso lo mantuvo económicamente a él y su familia por muchos años, era el único medio de ingresos económicos que él tenía.

Después, él se trasladó con su familia al parcelamiento Santo Domingo y la casita quedó sola por un tiempo. Meses después, don Cruz volvió a su taller, pero únicamente lo hacía por unas pocas horas del día.

Después que don Cruz se enfermó y ya no pudo trabajar más, la casita quedó sola por muchos años, hasta que desapareció. Don Cruz vivió el final de sus días al lado de su esposa Reyna, su entenado Guillermo y sus demás hijos.

Casa de don Julio Orozco y doña Nolberta

A pocos metros de la casa de don Cruz Ruiz se encontraba la casa en la que vivía don Julio Orozco y su esposa. Ellos eran originarios de San Pedro Sacatepéquez, San Marcos.

Regularmente ellos participaban en la plaza del lunes en el mercado, vendiendo granos básicos y otros productos traídos de San Pedro. Poco a poco se fueron quedando en el pueblo y nunca más volvieron a su lugar de origen. Ambos fallecieron en el pueblo de San Pablo.

Don Julio era un anciano que siempre vestía un pantalón café claro, una camisa de muchas lavadas y su inseparable descolorido suéter de botones. Caminaba ya muy lento y su cabellera lucía siempre despeinada. Sus escasos cabellos los acomodaba el viento para cualquier lado, él ya no le ponía atención a ese detalle de la vida. De vez en cuando frotaba su cabeza con la mano derecha, dando signos de alguna preocupación, eso era todo.

Él se paraba al filo de la esquina de la casa y, cuando veía venir a un patojo, justo al pasar frente a él, con sus dos manos aplaudía. Disfrutaba de que los patojos se asustaran y salieran corriendo.

De esa esquina ya no pasó jamás. Al final de sus años, sus pasos eran demasiado lentos y de repente ya nunca se supo más, había fallecido.

Casa de don Natalio y doña Angelina

En la misma dirección de la casa de doña Carmen, en un nivel más elevado, se encontraba la casa de don Natalio, su esposa doña Angelina y su hijo Efrén.

El terreno de la casa de don Natalio es donde actualmente está ubicada la gasolinera y La Despensa Familiar.

La casa la habían construido en la parte plana del paredón. Esa era la razón por la cual había cuatro o cinco gradas desde el nivel de la calle hasta entrar a la zapatería y talabartería. Ese era el negocio de don Natalio.

La casa era de madera, con un acabado igual a las otras casas del pueblo, con una ventana rectangular como de metro y medio de ancho por un metro de altura. Se abría de abajo hacia arriba, con bisagras en la parte superior.

Allí exhibía don Natalio sus monturas y los demás artículos de cuero que él confeccionaba.

La ventana del negocio, al estar abierta hacia arriba, era sostenida con un palo. En esta posición, la ventana hacía sombra al área interior de la casa, para evitar que el sol le dañara sus productos.

La talabartería de don Natalio era un desorden total: había pedazos de cuero por todos lados, zapatos viejos, tacones y un perrito lanudo durmiendo a un lado de la mesita de trabajo de don Natalio.

Adentro de la talabartería de don Natalio se sentía un mal olor a cuero crudo o cuero recién curtido, el cual no invitaba a una permanencia voluntaria prolongada, cualquiera salía corriendo.

Don Natalio era un anciano que se dedicaba a la construcción de calzado rústico. También fabricaba sillas para montar, hacía cinchos y bolsas de cuero.

El eslogan de don Natalio estaba escrito en un letrero pegado al lado de enfrente del negocio:

Amigo mexicano valuador, de las sillas mexicanas la Colima es la mejor

Don Natalio tenía una pinta como de buscador de oro de las películas de vaqueros filmadas en Arizona. Hablaba lento y siempre masticaba algo. Tenía un bigote descompuesto —con residuos de comida al frente—, pelo blanco sin peinar y una cajita de cigarros en la bolsa de la camisa.

Doña Angelina usaba vestidos largos hasta el tobillo. Señora delgada y siempre usaba un pañuelo amarrado en su cabeza. Efrén, el único hijo de la pareja, al cumplir los dieciocho años se fue de la casa y nunca se supo más de él. Antes de tomar camino, él trabajó como ayudante de carpintero con Teófilo Barrios y, un tiempo más tarde, también trabajó con don Tono Solano, construyendo muebles de madera. Aprendió ese oficio antes de desaparecer del pueblo.

Al poco tiempo que Efrén tomó camino, falleció doña Angelina y don Natalio quedó solo.

Después de un tiempo, él rehízo su vida y se unió con doña Elvia, vendió su casa y se trasladaron camino a la escuela Clemente.

Doña Elvira había sido casada anteriormente y tuvo un hijo llamado Marco Tulio, a quien de sobrenombre le llamaban Pishada. Él también formó parte de la nueva familia de don Natalio.

Doña Luba Bolaños y don Lico Maldonado

Más o menos a la misma altura de las gradas de la casa de don Natalio estaban construidas las gradas para llegar al nivel plano de la casa de doña Luba.

La casa estaba construida de madera y consistía en una puerta al centro, una ventana regular al lado izquierdo y una ventana pequeña rectangular al lado derecho, en la cual se encontraba situada la tienda y cantina de doña Luba.

La casa solamente tenía dos dormitorios pequeños y el espacio de la tienda. La cocina hacía conexión directa con un pequeño corredor que pasaba por la tienda y los cuartos dormitorios.

Don Lico era un señor con sobrepeso y por eso los muchachos le decían «don Lico Panza». Él tenía cierto parecido con el señor Barriga del programa del mexicano Roberto Bolaños, Chespirito. Como cosa curiosa, doña Luba tenía la misma imagen de doña Florinda.

Ella era de baja estatura y delgada, usaba zapato tacón alto, tipo sandalia y una gabacha con dos bolsas al frente. Era muy amable y su atención para con sus clientes era especial.

Doña Luba y don Lico procrearon dos hijos: el mayor de edad era Escol y el menor se llamaba Osberto.

Escol se casó y se fue del pueblo. Pasados varios años, tuvo un accidente de trabajo en la ciudad de Coatepeque y perdió la vida. Osberto se fue a vivir a la capital y jamás volvió al municipio.

Después del fallecimiento de don Lico, doña Luba quedó sola en la casa. Después de varios años ella también falleció. Así fue como la familia pasó a ser recuerdo de todos.

Doña Vicenta Vargas y don Maximiliano Solano

Esta era la familia más numerosa que vivía en una sola casa, la Familia Solano Vargas.

Acá vivía doña Vicenta y don Maximiliano, doña Lucinda y su hijo Noé, Gely y más tarde su hijo Manolo.

Carlos y Fredy también formaron parte del grupo de la familia de doña Lucinda. Después que la madre de los dos muchachos falleciera, doña Lucinda los adoptó como sus hijos legítimos.

Acá vivía doña Luba con su esposo Beto y sus hijos Joel —Míriam—, Ludin, Flory, Mary y Chelito.

A doña Luba aún le guardo un cariño muy especial: ella fue muy comprensiva conmigo, siempre me trató muy bien las veces que yo llegué a jugar a su casa con Ludin, su hijo.

En la misma casa también vivía doña Marta con sus tres hijos: Manrique, Amaury y Sheny.

El tipo de esta casa era semejante a todas las demás casas del pueblo. Estaba construida en esquina de calle y su estructura era de madera con techo de lámina zinc.

La casa estaba ubicada más o menos al mismo nivel de la de don Natalio y doña Luba. Esta también tenía varias gradas desde la calle, hasta encontrar la parte plana en la cual la casa estaba construida.

En esta casa había como quince perros. El más conocido era el Percy, según contaban en ese tiempo, era el favorito de don Maximiliano, el que lo acompañaba en sus cacerías, como el Canelo de tío Carlos y el Muñeco de mi abuelo Rosendo.

Don Maximiliano era el curandero del pueblo, cualquier problema que tuviera alguno inmediatamente acudían a la casa de don Max, que se encargaba de poner en su sitio cualquier hueso o tendón que se desviara de su posición normal.

Algunas veces también le hacía de espiritista o médium. Él también leía las cartas.

Por medio de concentración mental, don Max lograba ponerse en comunicación con los espíritus. En ese momento era cuando las personas exponían sus problemas o hacían sus consultas para traer sanación a alguna enfermedad o solución a algo que estuviera afectando a la persona o a la familia.

Todo lo anterior fue practicado de acuerdo con el alto grado de fe de cada uno de los vecinos que acudían a don Max.

Don Max también era carnicero, era el que se encargaba de destazar las reses y vender la carne por libra a los habitantes del pueblo. La libra de carne tenía un valor de 25 centavos de quetzal en ese tiempo.

En el amplio patio de la casa de don Max había un lugar improvisado y ahí era donde Santiago López y don Max destazaban las reses.

En la misma casa de don Max habían hecho un lugar informal y ahí mismo ponían a la venta la carne a todos sus clientes.

Posteriormente el consejo municipal hizo varios cambios significativos en el pueblo y por razones de seguridad e higiene construyeron el rastro, las carnicerías y al mismo tiempo fue construido el mercado municipal.

Con esos cambios realizados, se logró que el pueblo pegara un pequeño paso a su progreso.

La Chaparrita, ese fue el nombre que la familia Solano le asignó a una pequeña camioneta que compraron como transporte de pasajeros, manejada por don Oswaldo. La camioneta era de color café y su carrocería daba la idea de ser hecha de madera.

Este era el transporte que utilizaban las señoras que iban a Tapachula a comprar mercancías para revenderla en el pueblo o en las fincas y aldeas cercanas. Estas señoras tomaron el nombre de bayunqueras.

Después de algún tiempo y por falta de un repuesto, la Chaparrita ya no salió más y terminó parqueada en una galera llena de leña, a un lado de la cocina de los Solano. Ya nunca se supo más de la Chaparrita.

Entre las bayunqueras más conocidas estaban las siguientes señoras:

Adela Sandoval (mi señora madre), doña María la Parra, doña Beta de la Cumbre, doña Higinia, doña Matilde —mamá de

Amado Barrios—, doña Chabela —la mamá de mi amigo Maco Maldonado— y otras.

Para los niños era muy divertido ir a Tapachula con nuestra señora madre. Nos gustaba tomar fresco de sandía en la estación de las Cooperativas, así les llamaban a los buses que transportaban gente de Tapachula al Carmen / Talismán.

Antes de cruzar la frontera, nos ponían como cinco calzones, nos arrollaban cortes de tela para vestido en cada pierna, nos ponían como tres camisas y por último un sombrero, eso era con el fin de no pagar el respectivo impuesto en la aduana.

Si un patojo estaba pasadito de peso, en una ida a Tapachula bajaban unas cuantas libras, se sudaba como loco al pasar la frontera, forrado con todas esas prendas de vestir.

PARTE TRES
(De Luz Hernández a Familia Ochoa)[3]

Doña Luz Hernández

Doña Luz fue muy famosa en el pueblo por su tienda y su cantina. Vendía un poquito de todo, desde hojas para tamales hasta cervezas y licor. Era una señora de baja estatura y su caminado era lento, debido al problema de sobrepeso que tenía; sin embargo, siempre permaneció atendiendo a sus clientes y nunca se supo que hubiera estado hospitalizada por alguna enfermedad seria.

Ella era madre de Corina, Concha, Celeste, Ariel y Roderico. Todos vivían en la capital, excepto Ariel, que siempre permaneció con ella ayudándole en su negocio.

La casa de doña Luz estaba situada en la esquina, frente a la casa de don Maximiliano Solano. En la parte de atrás de la casa había un árbol de limón, varias macetas de diferentes clases de flores y unas matas de café. Era una casa con mucha vegetación en esa área y casi cubría en su totalidad la casita del sanitario.

La tienda estaba muy surtida. Vendía artículos al por menor tales como maíz, frijol, azúcar, sal, huevos, hojas para envolver tamales. Sobre el mostrador mantenía frascos de vidrio con diferentes clases de dulces. También vendía helados y chocobananos. Tenía un mostrador en L, una parte era de madera. Sobre esta sección estaba una balanza; allí pesaban el maíz, frijol y azúcar, eso era lo que ella vendía por libra.

---

3   Ver mapa en página 8

En la sección del mostrador de vidrio exhibía lapiceros, carritos de plástico, muñequitos, sobres y hojas para escribir cartas, a un centavo cada unidad. También vendía hojas de papel sellado y timbres fiscales.

Doña Luz no perdía tiempo, siempre estaba confeccionando prendas de vestir a encargo o ropa para niños para poner a la venta en su tienda.

Cuando fallecía algún menor de edad, ella fabricaba coronas o palmas de papel de china. Era una señora muy trabajadora.

Doña Cornelia

Frente a la casa de doña Luz se encontraba la tienda de doña Cornelia, que vendía ollas de barro, jarros, copal y toda clase de yerbas para remedios caseros.

Ella vivía con su hija Irma, Raquel y don Esdrulfo. Constantemente tenía la visita de don Ciriaco Vásquez. Era esposo de doña Cornelia, y a eso se debían sus constantes visitas. Don Ciriaco vivía en San Felipe, un lugar situado a pocos kilómetros del pueblo.

Posteriormente, Irma se hizo novia de Silvio y procrearon una hija llamada Sheny. Nunca se supo por qué no pudieron vivir en pareja.

El disfraz de mono

Fue un domingo por la tarde, en un mes de noviembre de 1961, fecha en la que un señor llamado Sotero organizaba un convite en el pueblo para llevar alegría a la gente los fines de semana.

Yo había cumplido 10 años y siempre estaba dispuesto a hacer cualquier mandado que alguien necesitara. En todo momento estaba dispuesto a hacer lo que fuera para ganarme algún dinero.

En esa oportunidad, yo me encontraba parado en la esquina opuesta a la tienda de doña Luz Hernández, cuando de repente salió de su casa doña Cornelia. Me llamó y me dijo:

—Mira, patojo, ¿te quieres ganar 25 centavos?

—¿Y qué tengo que hacer? —fue mi pregunta.

—Te vas a poner esta máscara de mono, esta capa y esta camisa. Quiero que salgas a alegrar el pueblo, que corras a todos los patojos y que seas la estrella del convite.

Con un poco de vergüenza me empecé a poner el traje de mono —los 25 centavos ya los tenía en mi bolsa—. Yo aún no me había convencido de lo que iba hacer. Estaba actuando muy lento, lo cual hizo dudar a doña Cornelia, quien me llamó la atención como tres veces.

Como mi cara ya estaba adentro de la máscara, doña Cornelia no se dio cuenta del movimiento de mi boca ni escuchó lo que yo había contestado. Ya más o menos se imaginan qué fue lo que le dije: «Vieja..., lo que me puso a hacer...».

Total, después de cinco o diez minutos yo ya estaba listo para salir a mi campo de trabajo —digo trabajo porque me estaba pagando—.

Me fui caminando rumbo al parque. Yo ni sabía dónde se encontraban los gracejos en ese momento, pero a lo lejos escuché a los hermanos López —los Chorizos—. Ellos eran los que estaban tocando en el baile folclórico.

Crucé el parque hacia la casa de don Nayo Solano. En la acera o banqueta estaban sentadas seño Lucy, Pilar, Betty, Mery y otros miembros de la familia. Al pasar frente a ellas, seño Lucy dijo:

—Ese que va ahí es Osmar, yo lo conozco muy bien.

Pilar comentó:

—No creo que sea él.

En todo caso, yo ya no me sentí muy bien.

Ya se pueden imaginar cómo me sentí dentro de ese traje después de lo que había escuchado... Por supuesto que me sentí avergonzado.

Sin embargo, seguí corriendo hacia la esquina de don Rómulo Robles, ahí estaba la parranda en su mero apogeo.

A todo eso, ningún patojo se animaba a molestar al mono, ellos ya sabían lo que les esperaba si lo provocaban. Yo aún no había tenido la oportunidad de correr a alguno de ellos, el mono no estaba haciendo bien su trabajo.

Al llegar al lugar del convite, me fui metiendo poco a poco entre toda la gente que estaba viendo el espectáculo del baile folclórico, hasta que llegué donde estaban bailando todos los gracejos.

Al único que yo reconocí fue a Chato de la Vega, sus piernas peludas y sus brinquitos lo delataban. A los demás no tenía idea, no sabía quiénes eran. Sin embargo, yo empecé a tomar confianza y me puse a bailar solo, poniendo en práctica mis mejores pasos de baile aprendidos anteriormente en el patio de la casa de mi tía.

Estaba tan buena la parranda que hasta se me olvidó de que el mono tenía que correr a los patojos; de todas maneras, yo ya me había convencido de que ninguno de ellos se animaba a molestar al peludo animal.

Entre los miembros del grupo había uno más o menos de mi estatura, quien se acercó y me pidió que bailara con él. No me sentía muy bien, pero no pude rechazarlo, yo quería seguir bailando. Además, pensé que, al bailar con él, los demás del grupo me iban a aceptar.

Como es natural en todo baile, después de la segunda melodía uno ya entra con más confianza y empiezan las preguntas. El que estaba bailando conmigo me dijo:

—Oiga, Osmar, ¿y usted todavía vende capiruchos?

Por un momento me quedé callado y no quise contestarle, pero por mi mente cruzaron varias preguntas y me dije: «¿Quién será este? ¿Cómo me conoció? ¿Cómo sabe este que yo soy Osmar?».

Tuve que aceptar que algo estaba mal en mi disfraz, él y todos los demás ya me habían reconocido. Entonces le dije que yo:

—Efectivamente.

Sí, tenía un capirucho, y al terminar el combite íbamos a la casa y se lo iba a vender, pero yo seguía intrigado. Con un poco de pena le pregunté:

—Mira, decime quién sos vos.

Él me dijo:

—Ya, usted... Yo soy Tereso el de las parcelas.

—Ah, bueno... ¿Y cómo supiste vos que yo soy Osmar?

—Ya todos saben quién es usted, lo que pasa es que, a pesar de que todo se ve bien en su traje, a usted se le olvidó y no se lavó los pies, y por eso todos ya lo hemos conocido...

Ahí mismo salí corriendo. Ya no me acuerdo dónde dejé tirado el traje de mono, y mucho menos retornar a la casa de doña Cornelia.

De lo que me pasó esa vez vestido de mono y a estas alturas de la vida he sacado las siguientes conclusiones. Algo aprendí de esta mi experiencia. Por muy simple que hubiera sido, tuvo buenos resultados.

1. Si me pagan por hacer un trabajo, no tengo que sentir vergüenza por hacerlo, cualquiera que sea su naturaleza.
2. Sentir seguridad de lo que se va a realizar, aunque esto sea desconocido.
3. No descuidar los pequeños detalles. Uno de ellos puede echar a perder todo un trabajo —pies sucios—.
4. Ser responsable y devolver o poner en su lugar las herramientas de trabajo después de usarlas —no dejar tirado el traje de mono—.
5. Entregar cuentas a los jefes para evaluar los resultados.
6. Tratar de cumplir a cabalidad con las tareas encomendadas. Previamente hacer una lista de ellas para que no pase

alguna desapercibida, y algo muy importante, no desviarse del objetivo.

Don Tono Solano

Frente a la casa de don Tono Solano no había casas construidas. Ese terreno era de don Daniel de León y allí había plantado un árbol de mangos de matillo. Todas las tardes —en tiempo de cosecha de mango— ese lugar era muy concurrido por los patojos.

Eso se ponía más emocionante cuando don Tono y don Daniel de León nos corrían.

La familia de don Tono era pequeña, solamente eran cuatro miembros: don Tono, doña Victorina, Epimelio (Melo) y Mercedes (la Meches).

Don Tono era uno de los carpinteros del pueblo. Se dedicaba a fabricar muebles de sala, dormitorios. Posteriormente hacía cajas mortuorias.

Después de que Melo terminó sus estudios en el Instituto Técnico de Mazatenango, se dedicaron a trabajar la madera con más profesionalismo. Hacían grabados llamativos, y eso fue lo que cambió totalmente la rutina de don Tono.

En una oportunidad, don Tono y Melo —su hijo— habían hecho la primera caja mortuoria con tallados a mano en cada una de las cuatro esquinas. En las partes planas de la caja, dos hojas de palma en cada lado, esos grabados en madera eran los que llamaban la atención del público. Por esa razón, don Tono puso la caja en exhibición en uno de los dos cuartos de su casa, vistos desde la calle.

Los adornos y el terminado fino que le hacían a mano a la madera llamaba la atención de las personas que pasaban por la cuadra.

Esa tarde había muchos observando la caja. Entre nosotros se encontraba Tavo Licardie (Capucha).

Mientras todos los curiosos estábamos viendo la caja, repentinamente se asomó Felipe Carredano a ver de qué se trataba la reunión en la casa de don Tono.

Lipe era un muchacho con problemas mentales: no coordinaba sus ideas, pensamientos y acciones, por momentos perdía el balance al moverse de un lugar a otro, tenía dificultad para caminar en línea recta.

Tavo —Capucha— le dijo a Lipe que esa caja era suya y que ya estaba preparada para cuando él se muriera.

Fue tanta la rabia de Lipe que empezó a tirar piedras a la casa y a todo el que estuviera cerca. Hasta que llegaron varias personas a calmarlo.

Desde ese momento, los patojos del pueblo le llamaron Lipe Caja. Cuando alguien estaba frente a Lipe, mencionaba el nombre Lipe y le agregaba la palabra Caja —o sea, Lipe Caja—. Inmediatamente lograban poner a Lipe de mal humor y él los agarraba a pedradas. Eso era lo que los divertía.

Hay que temerle más al silencioso que al que arma escándalo.

En una oportunidad, los marimberos estaban tocando la marimba Maya frente a la vieja iglesia del pueblo.

Había mucha gente en el parque y al lado donde estaba el grupo musical, cerca de la entrada a la iglesia, cuando apareció Lipe Caja.

Varios patojos le gritaron «¡Caja!» y eso fue suficiente para que Lipe se enojara, pero él no dijo nada. Él se quedó callado y se retiró del grupo de gente, causando admiración por su reacción pacífica.

De repente se escuchó un grito, por lo que todos se espantaron y salieron corriendo. Lipe Caja había tirado varias piedras al lado donde estaba la marimba y una de esas le pegó en la cabeza a don Lico Mendoza.

Don Lico, al sentir la pedrada, perdió el conocimiento y cayó al piso. Inmediatamente le prestaron los primeros auxilios y se lo llevaron a la farmacia. Iba sangrando por la herida que le causó la pedrada que había recibido.

Don Carlos Méndez era el director del grupo musical. Estaba muy enojado por lo sucedido. Ahí mismo dio la orden de que se llevaran la marimba. La pequeña fiesta se suspendió y los policías municipales corrieron del lugar a todos los patojos.

Doña Matilde

Seguidamente a la casa de don Tono se encuentra la casa de doña Matilde. Ahí vivía ella con sus hijos, Amado, Carlos y Mary (Mariquita). Regularmente también se veía a don Nery Solórzano en casa de doña Matilde.

Doña Matilde era una del grupo de señoras que viajaba semanalmente a Tapachula a comprar alguna mercadería y venderla entre los habitantes del pueblo. Esto era un modo de vida para toda la gente que vivía cerca de nuestros hermanos mexicanos.

El cambio de la moneda en ese tiempo era de 6 pesos mexicanos por un quetzal guatemalteco.

Don Oswaldo Gonzales

Seguidamente después de la casa de doña Matilde, se encuentra la casa de don Oswaldo Gonzales. Esta casa fue construida a mediados de los 50 y, por el tipo de construcción que estaban haciendo en esos tiempos, le llamaban «casa tipo minifalda».

El modelo de las casas era una construcción con cimientos altos hecho con *block*. Lo demás de la superficie alta era de madera, por eso tomó ese sobrenombre.

Originalmente esta casa tenía una puerta y una ventana solamente, construida en la esquina de la calle que va hacia Finca El

Porvenir. Años más tarde la otra sección de la casa fue construida hasta el límite del terreno.

En esa casa vivió don Juan Silva con su esposa Blanquita —su verdadero nombre era Marta Carlota—. Los hijos de la pareja eran Juan Arturo, Pilo y Dora.

Después vivió una familia de un telegrafista de apellido Linares.

Ahí vivió la pareja de esposos y sus dos hijos, Enrique e Irma Linares. Ellos fueron compañeros de estudios en la escuela Marroquín en los 60.

En esta casa también vivió Fridolino Licardie, su esposa doña Julia y sus hijos, Milton y Helga.

En este mismo lugar se instaló la receptoría fiscal, administrada por Enrique Maldonado.

Después de que Eva y don Enrique contrajeran matrimonio, Eva decidió ir a vivir al pueblo al lado de su esposo. Ambos fueron huéspedes de don Elías de León, en la casa ubicada en la esquina de los tres leones.

A pesar de su corta edad —diecisiete años—, Eva fue una señora dedicada a su casa y a su esposo, lo cual hizo que la pareja de esposos disfrutara a plenitud su estancia en el pueblo.

Después de un corto tiempo de haber sido huéspedes de la familia de León, la pareja de recién casados decidió rentar la casa de don Oswaldo y se trasladaron a este lugar —al cruzar la calle—. Allí instalaron la receptoría fiscal, o sea que don Enrique pasaba sus horas laborales en su propia residencia —algo típico en nuestros tiempos modernos después de la pandemia del covid-19—.

La primera hija de la joven pareja nació en San Pablo y le pusieron por nombre Dora, el mismo nombre que tenía una hermana de don Enrique.

A todos los patojos nos llamaba la atención ir a jugar cartas y pasar momentos bonitos con ellos. Era una pareja de esposos muy amigable. Debido a la manera como trataban a la demás gente, con facilidad se hicieron amigos de todos los que vivían en el pueblo, incluyendo a los adolescentes de mi edad —doce años—.

Después de que la pareja se encontrara totalmente establecida, trasladaron la receptoría fiscal a la casa de don Remé de León. Allí vivieron hasta que decidieron ausentarse del pueblo.

En época de vacaciones nosotros disfrutábamos de la amistad de los hermanos de don Enrique, Neto y Dora. Ellos vivían y estudiaban en la cabecera departamental de San Marcos y rato menos pensado llegaban al pueblo.

Doña Eustolia

Doña Eustolia y su familia también fueron huéspedes de esta casa.

Rolando, Flory —la esposa de Nicolás Ardiano—, Ester y Alfy eran hijos de la señora.

Sergio, el primer hijo de Flory, y Nicolás Ardiano también formaron parte del grupo familiar.

Doña Eustolia era madre de doña Ester, la esposa de don Wálter Ochoa. La pareja de esposos —doña Ester y don Wálter—, procrearon a los siguientes hijos: Doris, Carmen, Elgida, Rudy, Sheny y el hijo varón más pequeño de la familia.

La renta mensual de esa casa era únicamente de Q10.00 —quetzales— por mes.

El propietario de la vivienda, al darse cuenta de que la casa era muy solicitada, le subió 2 quetzales más por mes, o sea, que el nuevo precio de la renta quedó en Q12.00.

La esquina de Los Tres Leones

Antes de que don Elías de León y don Beto de León construyeran su casa en la esquina de Los Tres Leones, los terrenos estaban de la siguiente manera:

Al fondo del terreno donde iba a ser construida la casa de don Elías había un pequeño rancho con techo de hojas de palma, cerca del árbol de mango. Ahí vivía Cipriano con su esposa Tina y una hija.

En ese mismo rancho vivía Daniel Martín y su esposa, Pola. Después de que Daniel falleció, Pola fue esposa de Sebastián, el hijo de Sotero.

En la esquina opuesta a la casa de don Elías está la propiedad de don Beto de León.

Acá había una casa tipo colonial, ocupada por doña Tina Barrios y Lico, su hermano. También compartían la casa Tavo, Maco y Estela, todos ellos hijos de doña Tina.

Las puertas y las ventanas de esa casa eran verticalmente más altas de lo normal. La altura del techo también era bastante elevada.

De ese tipo de casas únicamente había tres en el pueblo en los 50. Su diseño era totalmente diferente a las demás casas en la zona. Por alguna razón especial, estas casas estaban construidas en la esquina de calle.

Esta era una de esas tres casas. La otra era la de doña Úrsula, construida frente a la casa de doña Romualda Solano —esta era la tercera casa con el mismo tipo de construcción—.

La nueva casa de don Elías y don Beto fue construida a finales de los 50 o a principios de los 60, una hecha de madera y la otra con paredes de *block*, respectivamente.

El tipo de construcción de estas casas ya era más formal. Estaban hechas bajo el gusto del dueño y al mejor de los diseños del constructor encargado de llevar a cabo la obra.

Don Beto de León

Don Beto era originario del municipio de Tacaná. Decidió seguir los pasos de su hermano René y tomó la decisión de trasladarse a San Pablo.

Don Beto era muy metódico en sus cosas y por esa razón decidió llevar a un albañil de su pueblo para que construyera su casa. Güicho era el nombre del albañil.

Después de terminar los trabajos de don Beto, Güicho jamás volvió a Tacaná: se casó con una muchacha de la aldea Tocache e hicieron su vida en el pueblo.

Además de albañil, Güicho tenía negocio en su casa: instaló un molino para moler nixtamal, que le duró mucho tiempo como fuente de ingresos.

Teófilo Barrios —Chompipa— y Efrén —su ayudante— realizaron los trabajos de carpintería en la casa de don Beto.

Cuando Teófilo y Efrén estaban haciendo ese trabajo, mi hermano Osvelí y yo íbamos a recoger pedacitos de madera para jugar. Mi hermano Osvelí siempre estaba cantando la canción *Verónica*, pero él no pronunciaba bien esa palabra y decía «Meróngame». Eso fue suficiente para que los dos carpinteros bautizaran a mi hermano con ese sobrenombre, Meróngame.

El tiempo que duró la construcción de esa casa fue muy corto. Don Beto constantemente estaba vigilando a los trabajadores para que no perdieran el tiempo y aceleraran el trabajo.

Lo que más le llamaba la atención de la gente fue una puerta hecha en la esquina donde estaba la entrada principal a la tienda. Esa puerta estaba hecha de pura madera, delicadamente diseñada y hecha con un radio de acuerdo con la curva de la pared. Eso era lo que la hacía ser diferente.

En esa época, don Beto y doña Imelda solamente tenían un hijo, de nombre Enrique. Años más tarde nació Olinda.

Por alguna razón especial, ellos decidieron que doña Imelda diera a luz a la niña en la casa de mi abuela Petronila. Por unos días, ella fue nuestra huésped.

Una de las noches en las que doña Imelda estuvo en la casa de mi abuela, había varias señoras reunidas, algunas familiares de doña Imelda y mi tía Sofía.

El motivo de la reunión era que le estaban buscando nombre a la recién nacida. Cuando yo entré al lugar donde estaban todas las señoras, ellas me preguntaron si a mí se me ocurría algún nombre de mujer. Efectivamente me recordé de un nombre y se los mencioné.

Yo había escuchado el nombre de una muchacha del municipio de El Rodeo, que se llamaba Onilda, pero yo por error le dije a las señoras que me habían hecho la pregunta:

—Póngale Olinda.

A todas les gustó el nombre que yo repentinamente le dije y a la niña le pusieron por nombre Olinda.

Me imagino que, si yo les hubiera dado el nombre de Onilda, también les hubiera gustado, los dos nombres de mujer son muy bonitos.

Don Daniel de León

En la casa de don Daniel de León había una tienda y una cantina, que estaba construida en la esquina al lado derecho yendo hacia el cementerio. Allí vivía don Daniel con su esposa, doña Hilda, y sus hijos, Edwin, Romeo, Amelia, Gilberto y Juan.

La familia de don Daniel de León se caracterizó por que siempre les gustó tener vacas a un lado de su casa.

Las amarraban al pie del árbol de mango o en los palos de achiote. Siempre mantenían tres o cuatro vacas amarradas en ese lugar. Los patojos en ese tiempo le hacíamos compañía a Juan o a Gilberto cuando ellos iban a pastorearlas a los terrenos que tenían cerca del Cacaotal.

Además de la casa donde vivía don Daniel con sus hijos, tenían tres casitas más al fondo del terreno.

En la casita que estaba bajo el gran palo de mango nació quien les está escribiendo esta historia y llenándolos de recuerdos. Jamás me imaginé que este mi secreto un día iba a ser compartido con todos ustedes.

En las dos casas que estaban construidas al final del terreno vivían unos jornaleros que se encargaban de hacer los trabajos en los terrenos cultivados de la familia de León.

Muchos años más tarde, ahí vivió doña Agapita con sus tres hijos, Javier, Gerardo y Jorge —a quien nosotros llamábamos Jorge Tenegre—.

Doña María Chilel

La próxima casa después de la de don Daniel de León, a la vuelta del camino o calle, al lado izquierdo, era la de María Chilel. Ella vivía con sus hijos, Virgilio y Macario. Los dos tenían esposa e hijos. Justo en esta esquina se encontraba uno de los chorros públicos de agua potable al servicio de la comunidad.

«Se soltó la vaca»

Un día por la tarde, mi señora madre, mi amigo Arturo Méndez y yo íbamos para nuestra casa con nuestros respectivos recipientes con agua.

El servicio potable no llegaba hasta el área donde nosotros vivíamos, y ese era el motivo por el cual nosotros teníamos que caminar hasta donde estaba ubicada la pileta, para llevar el preciado líquido a nuestro hogar.

En el momento que nosotros íbamos caminando en dirección al cementerio, escuchamos gritos de la gente y perros ladrando por toda la calle que va desde el rastro hasta el lugar donde íbamos en ese momento. A cada segundo la algarabía se escuchaba más cerca. Nosotros no nos imaginábamos lo que estaba sucediendo...

Mi señora madre comenzó a gritar de miedo en el momento que vio que una vaca se asomó a toda velocidad sobre la vuelta frente a la casa de doña María Chilel —a un lado de la pileta—. Mi madre me tomó de la parte de atrás de la camisa y me jaló. Los dos caímos al lado derecho a orillas de la carretera y mi amigo Arturo trató de correr, pero el peso de la jarrilla con agua no se lo permitió y se derrumbó en la misma dirección donde mi madre y yo habíamos caído. En ese momento los tres estábamos llorando y pegando gritos de miedo. Afortunadamente, la vaca iba más asustada que nosotros, así que solamente nos observó y continuó corriendo por la carretera.

Cuando la gente pasó corriendo frente al lugar donde nosotros estábamos tirados, les causó risa ver nuestro rostro lleno de pánico, sin poder ponernos de pie.

Los tres nos miramos y ahí mismo nos agarró un ataque de risa sin poder contenerla. Fue un momento en que hubo de todo en cuestión de segundos.

La vaca había rehusado entrar al rastro o matadero y, en el momento de subir la grada por el lado de una de las dos puertas, hizo un movimiento brusco, con lo que el lazo que la tenía agarrada de los cuernos se reventó y el animal salió corriendo en la dirección donde nosotros íbamos caminando en ese momento.

Horas más tarde, Hugo Mendizábal dio aviso de que él había capturado a la vaca en uno de sus terrenos.

Así fue como terminó el momento de angustia vivido ese día.

Un nuevo chorro de agua potable

Las personas que iban a dejar flores al cementerio pasaban a este chorro de agua potable, cerca de la casa de María Chilel, y llenaban sus recipientes. Aunque el servicio gratuito de agua potable era bueno, no satisfacía todas las necesidades de los habitantes del pueblo, debido a la distancia en que se encontraba ubicado el chorro o pileta.

Un día, el de los Santos Difuntos, el alcalde y su comitiva se dieron cuenta de que este era un problema. Ahí mismo, ellos decidieron poner una pileta más, al lado derecho de la entrada al cementerio. Así fue como se solucionó el problema. La gente vio con buenos ojos la buena obra del alcalde de turno.

Esta decisión favoreció a todos los que les hacían la visita a sus santos difuntos. El vital líquido había sido puesto al alcance de las manos de quienes necesitaran de él, a un lado de la puerta del cementerio.

El palo de mango y la nola

Frente a la casa de doña María Chilel, vuelta hacia el cementerio, se encontraba plantado un palo de mango de oro o de matillo. La clase de los mangos de aquel árbol no tenía mucha importancia, lo que los patojos aprovechaban era la sombra en horas de la noche en tiempos de luna, por esos rumbos jugaban a las escondidas.

Era una de esas noches de invierno, bajo un leve aguacero, de aquellas esporádicas precipitaciones que van y vienen, de las que te ponen en duda de si llevar o no paraguas al salir de tu casa.

Bajo esa fría y silenciosa noche, en las que la gente prefería quedarse en casa y tomar un café, o aprovechar la visita de algún vecino, que llegaba sorpresivamente a poner al día a la familia, sobre las noticias del pueblo, o alguna información que llegaba de otros lugares vecinos.

A los patojos en esos tiempos cualquier clase de noticias no les interesaba; así esas hubieran sido buenas o malas, ellos andaban en otras cosas.

Pocas personas se veían caminando por las calles escasamente iluminadas por medio de los opacos bombillos que colgaban de los postes de madera, los cuales sostenían el alumbrado eléctrico.

En esa oportunidad, en la esquina sur de la municipalidad, un adolescente se encontraba tratando de convencer a la nola, regateando el precio por un servicio al mejor estilo de un comprador de mercancía.

Entre el miedo y la curiosidad no era fácil llegar al convencimiento de que esa noche el joven se disponía a perder su inocencia: aprovechando que la nola estaba a la orden de quien le hiciera cualquier oferta y la oportunidad que él tenía en ese momento, no podía ser más clara.

En esa ocasión, el curioso adolescente contaba con los medios adquisitivos suficientes para poder llevar a cabo su hazaña; solamente necesitaba valor para inquietar a la presa y que esta cayera en su trampa.

En ese tiempo la nola recibía a cambio de sus servicios cualquier clase de grano básico, tales como maíz, frijol y otros, o veinticinco centavos de quetzal, considerado este el máximo pago monetario.

Después de la bonita jornada de trabajo de ese fin de semana, don Felipe tomó la decisión de ir a entregar cuentas a la casa del propietario de la camioneta, pero antes le dijo a su ayudante:

—Dame dos quetzales y vos tomá uno. Tratá de que no quede huella. El balance del dinero que hicimos el día de hoy se lo entregás al patrón.

Prácticamente don Felipe, el chofer de la camioneta, era el jefe del adolescente, y como tal él obedecía lo que el piloto le había pedido, no sin antes igualar la suma de las regalías, decisión tomada por el propio ayudante.

A sus quince años, aprovechando el silencio de la noche después del continuo leve aguacero, el joven se llenó de valor y confrontó a la Nola. Le hizo varias preguntas y corrió el riesgo de recibir una represión, ser rechazado tajantemente o simplemente ser uno más en la numerosa lista de los clientes de la recordada dama.

Después de discutir y llegar a un acuerdo en el costo por el servicio, él le dijo que le pagaba veinticinco centavos, pero que no tenía cambio; es decir, él no tenía las monedas con el valor requerido, él únicamente tenía dos billetes de un quetzal.

Como toda una negociante experta, ella le dijo que no había problema, que se fueran para el palo de mango de la vuelta, que después ella iba a comprar cualquier cosa en el mercado municipal y le daba el cambio o vuelto correspondiente.

Después de experimentar su momento, el joven permitió que ella empacara su equipo de trabajo —si es que así se le puede llamar a un pedazo de nailon— y dejó que ella saliera primero del lugar donde estaban.

El joven, debido a su concentración, hasta ese momento se dio cuenta de que aún estaba lloviendo...

Ella le pidió que la siguiera rumbo al mercado y le dijo que lo hiciera disimuladamente para no entrar en sospechas, pues ya se veían algunos vecinos viendo por la ventana de sus casas.

El complacido joven se retrasó unos minutos en su corta caminata y, en el momento que él llegó al mercado, ella ya estaba comprando no sé qué cosas. A su lado también estaba su esposo. Eso dio la idea de que él ya estaba enterado del negocio que recién había hecho su compañera de hogar.

Él joven se acercó poco a poco, para que la Nola le diera el cambio, pero él se llevó una gran sorpresa: ella le dio una mirada de no muy buenos amigos. Ahí mismo le dijo a su marido lo siguiente:

—Mirá, *honey* (cariño), ese ishto desde hace rato me anda siguiendo y no sé qué es lo que quiere.

Como era de suponer, el marido era parte del negocio y, ni corto ni perezoso, le pegó una corrida al patojo, que hasta la fecha no creo que a él ya se le haya olvidado.

No lo pudo alcanzar y, si lo hubiera hecho, yo no sé qué habría sido del infortunado adolescente.

Mientras el marido de la Nola lo iba corriendo, dice que el angustiado muchacho se acordaba del viejo dicho: *lo que del agua es, el agua se lo lleva*.

Casa de Pablo de León

Más adelante, al lado izquierdo yendo hacia el cementerio, estaba la casa de don Pablo de León y María, su esposa. La hija mayor de la familia se llamaba Elvira y fue mi compañera de clase en segundo de primaria. Nunca supe más de ella, después que trabajara como empleada doméstica para doña Lucinda Solano y simultáneamente fuera novia de Víctor Manuel Guillén, *Pescadito*.

En la misma casa de Pablo vivía Moncho, su hermano. Él era un muchacho con problemas mentales. Nunca se casó y siempre vivió en soledad, a pesar de que vivía en familia. Al llegar a la mayoría de edad falleció.

Basilia y don Pedro

Al lado derecho vivía doña Basilia y don Pedro.

En esa misma área había dos casitas construidas con horcones rústicos de madera.

Pabla y Julio era la pareja de esposos que vivía al fondo del terreno. Ellos procrearon a los siguientes hijos: Delfino, Gumersinda —Gume— y Elisa.

En la otra casita que estaba más cerca de la calle se encontraba la casa de Basilia y su esposo, Pedro, los padres de Pabla, que cuidaban a un nieto llamado Güicho, hijo de una de las hijas de don Pedro y doña Basilia. Ella había fallecido muy joven y por esa razón el nieto quedó en custodia de los abuelos.

Don Ramiro de León

Frente a la casa de doña Basilia y don Pedro se encontraba la pequeña vereda que conducía a la casa de don Ramiro de León.

En esa casita construida de madera vivía don Ramiro, con su esposa y dos hijos varones.

Don Ramiro era originario de aldea Tocache. Después de haber hecho negocio con don Lico Meza y comprar parte de esos terrenos, construyó su casa y tomó la decisión de ir a vivir al pueblo de San Pablo.

¿Quién da más?

Ese fue el sobrenombre con el cual se identificaba a don Ramiro.

Un domingo en la noche, el cine Tikalito fue a exhibir una película de los hermanos Aguilar, Tony y Luis. En esa cinta hubo pelea de gallos. En el momento de hacer las apuestas, el que anunciaba la pelea gritaba y decía: «¿Quién da más?».

A partir de ese día, los muchachos del pueblo gritaban lo mismo: «¿Quién da más?».

Por casualidad don Ramiro iba pasando frente al grupo de muchachos sentados gritando en el parque: «¿Quién da más?». Don Ramiro se enojó.

Eso fue suficiente para bautizar a don Ramiro con la frase «¿Quién da más?». Después de esa acalorada discusión con don Ramiro, los patojos optaron por seguirle gritando así al señor; ellos sabían que eso lo sacaba de control.

Ese fue el origen del sobrenombre que tenía don Ramiro.

Él falleció joven, dejando solos a su esposa y a sus hijos. Ellos continuaron viviendo en la misma casa por muchos años.

Cuando la gente se refería a la señora no lo hacía por su nombre, todo el mundo le llamaba «la Viuda», así la conocía toda la gente del pueblo.

Casa de Sotero

Al lado izquierdo, antes de la entrada al cementerio municipal, está la carretera que conduce hacia Berlín.

Al lado derecho de ese principio de carretera estaba construida la pequeña casita de madera donde vivía Sotero con su esposa, sus hijos Rosa y Chilo. Entre ellos también estaba Sebastián, el mayor de los hermanos.

Sotero era la persona que tocaba la chirimilla en los actos religiosos en épocas de la feria. Chilo, uno de sus hijos, era el encargado de pegarle al tambor al ritmo de sus melodías —estas muy poca diferencia tenían unas con otras, siempre se escuchaba que tocaban lo mismo—.

Ellos eran contratados para ir a todas las iglesias en tiempos de cofradía. Se les veía en varias fincas y algunos pueblos vecinos.

Ese era uno de los medios de los cuales Sotero se valía para generar ingresos y así poder sufragar los gastos de su familia.

Sotero también adivinaba la suerte, curaba enfermedades y, en algunos casos especiales, también se comunicaba con los espíritus.

Él no sabía leer, sin embargo tomaba una revista *Selecciones* y, sin tomar en cuenta que esta hubiera estado al derecho o al revés, se le daba lectura y decía: «Cachar que sí, cachar que no», lo que hacía para impresionar a sus clientes. Después de esas palabras mágicas, narraba en voz alta lo que el espíritu le transmitía.

Entre otras cosas, en los días de Semana Santa Sotero también sacaba a un Judas a las calles del pueblo y colectaba cualquier clase de regalías, así como también organizaba un acto de disfraces en noviembre. Él se las inventaba para subsistir. Como dicen los mexicanos

—en una oportunidad mi amiga Gladys mencionó la misma frase—, el hambre es canija.

Sebastián se encargaba de podar árboles. Él y Ramiro de León eran los expertos en subir con facilidad los grandes árboles plantados en los terrenos vecinos al pueblo. Afortunadamente nunca sufrieron un accidente mayor.

Casa de don Édgar Pérez

Yendo hacia Berlín, al lado derecho del palo de Pepita de Pan, estaba la entrada a la casa de don Édgar Pérez y doña Juanita.

Ahí vivían ellos con sus dos hijas, Míriam y su hermana menor. Fue una familia de muy buenos modales y respetada por todos los habitantes del pueblo.

Doña Juanita ponía inyecciones. Esa era la razón por la cual ella era conocida por todos.

En el trato que la gente del pueblo le demostraba a doña Juanita, se podía ver el aprecio y respeto que le tenían.

Ella era hija de don Lico Meza. Toda la demás familia de doña Juanita vivió en la finca Tres Piedras, en la jurisdicción de Tocache.

Don Édgar fue mucho más conocido por todos. Él fue alcalde municipal por un periodo de cuatro años, pero desafortunadamente no logró terminar su trabajo, parte del tiempo de su mandato quedó truncado. A don Édgar le arrebataron la vida en un desafortunado día y su cuerpo apareció abandonado a orillas del río Cabús, camino a Catarina.

El palo de mango de matillo y Moncho Vázquez

Antes de cumplir la edad requerida para ingresar a la escuela primaria, yo salía a caminar por los cafetales cercanos a la casa donde vivíamos, a mediados de los 50.

A veces salía a dar la caminata solo o en compañía de algún hijo de los vecinos que vivían en el área. La idea era ir a pajarear, recoger nances en los terrenos del área o bajar alguna fruta que estuviera a la vista de cualquier caminante.

En una oportunidad, yo estaba parado bajo el árbol de pepita de pan —lado izquierdo camino hacia finca Berlín—, a un lado de la pequeña vereda que iba en dirección a la casa de don Edgar Pérez. Esta estaba al lado derecho de la carretera.

En ese momento, dirigí la mirada hacia el árbol de mango de matillo. Mi vista quedó en suspenso en el momento que vi un hermoso mango maduro. Su color amarillo llamó totalmente mi atención.

Ahí mismo hice la promesa de no abandonar el lugar sin el mango en mis manos. Según mi capricho, yo tenía que bajar ese mango del árbol a costa de lo que fuera.

Sin embargo, después de más de una hora de estar tratando de pegarle la pedrada a la codiciada fruta, sentí dolor en mi brazo derecho por el sinnúmero de piedras que había lanzado. Me senté desconsolado con síntomas de rendimiento y frustración. Por mi corta edad, mis fuerzas no eran suficientes para lograr tal propósito.

A los pocos minutos de estar en esa posición, un tanto desconsolado, tratando de aceptar mi incapacidad, se asomó Moncho Vázquez al lugar donde yo estaba.

Moncho vivía en la pequeña finca Berlín, con su señor padre, Alejandro Vázquez, su mamá María y sus demás hermanos.

Mi amigo Moncho iba rumbo a su casa y, al pasar por el lugar donde yo me encontraba, se asombró de ver que yo estaba solo. Al momento de hacer varias preguntas, no supe qué responder; únicamente opté por decirle que andaba pajareando, pero él no me creyó.

A pesar de que yo no le di ninguna información, Moncho observó para todos lados, como queriendo saber el motivo por el cual yo estaba solo en ese lugar. Inmediatamente puso la mirada hacia el árbol de mango y se sonrió:

—Lo que tú quieres es bajar ese mango, ¿no es así?

La verdad, yo actué un tanto egoísta, no quería que él viera el mango porque definitivamente él sí lo iba a bajar y yo me iba a quedar sin nada.

Él tomó varias piedras y, después de un par de intentos, Moncho le pegó al mango y este cayó a pocos pasos donde él estaba. No pude ocultar mi impotencia, me dieron deseos de llorar.

Jamás me imaginé cuál iba a ser la actitud de Moncho después de tener la fruta en sus manos.

Por un momento me quedé sin palabras y al mismo tiempo sorprendido por la generosidad que demostró mi amigo. Él tomó el mango, lo puso a un lado de su cintura, lo limpió con su camisa y me dijo:

—Aquí tienes tu mango, ándate para tu casa.

La simple actitud de Moncho me transmitió una clara enseñanza de generosidad y comprensión, la cual me sirvió para no ser indiferente a la necesidad de otros en circunstancias parecidas en mi camino ya recorrido.

Más o menos sesenta años después de haber experimentado ese bonito momento, y aprovechando que me encontraba de visita en el pueblo, tomé la decisión de buscar a Moncho. Sentí deseos de hablar con él y así lo hice.

Mi amiga Yomara nos llevó directamente a la casa donde él vivía.

En el momento de haber llegado a su humilde residencia, nos llevamos la desagradable sorpresa: él no estaba en su casa, se había ido a trabajar. Únicamente estaba su señora esposa, sus hijos y otras personas posiblemente familiares de él, o de su esposa.

En todo caso, tuve la buena suerte de conocer a su familia y, de paso, dejar un sobre tamaño oficio en manos de su esposa, para que ella le hiciera entrega a Moncho, en agradecimiento por aquel mango camino a Berlín.

Mis sentimientos habían logrado su propósito y me sentí feliz al saber que Moncho aún estaba viviendo en el pueblo.

El puente Berlín

Antes de la entrada a la casa de don Meme Mendizábal se encontraba el puente Berlín.

Este puente fue construido con un chasis de camión como soporte principal, colocado sobre dos muros de concreto, uno a cada lado.

Sobre esta estructura de hierro colocaron tablones en forma horizontal y dos maderas anchas en cada rodada de carro. Sobre estas pasaban los pocos automóviles que circulaban por ese lugar.

A pesar del peligro que existía, debido a que el puente no tenía barandas, solamente un accidente lamentable se registró en ese lugar durante la existencia del puente.

Un camión procedente de San Pedro, Sacatepéquez, cargado con banano verde, cayó al río y un muchacho joven que iba en la carrocería del camión perdió la vida.

El chofer hizo mal el cálculo al momento de cruzar el puente y, como resultado, la pérdida de una vida joven.

Casa de don Manuel Mendizábal y doña Amparo

Justo al atravesar el puente hacia Berlín, al lado izquierdo, estaba la entrada hacia la casa de don Manuel Escobar —más tarde apellido Mendizábal— y doña Amparo Solano.

En esa casa vivía Hugo, Roselina, Rudy —Chiquirín—, Octavila —Vila—, Yolanda y Élida, todos ellos eran los miembros de la familia de don Meme y doña Amparo.

A principios de los 50, don Meme, como cariñosamente le llamábamos, le dio permiso a mi padre para que él construyera su casa en el plan de Berlín, así le llamábamos a ese plan lleno de árboles de limón, jocotes, paternas y caspiroles.

En ese lugar, donde nosotros íbamos a chicharrear todos los días con los hijos de don Meme, nos subíamos a los árboles —hombres y mujeres—, y no había nada que nos detuviera. En esos tiempos únicamente pensábamos en divertirnos.

Después de cinco años, mi padre decidió trasladarse a la propiedad de don Mel, los terrenos que quedaban abajo del cementerio, yendo hacia La Cumbre.

Casa de don Ismael Méndez y doña Matilde

A pocos metros del plan de Berlín estaba construido un copante. En este mismo lugar y hacia el lado derecho, al otro lado del río, estaba ubicada la casa de don Mel.

Don Ismael Méndez sénior y don Ismael Méndez hijo vivieron en esta casa, que fue construida a orillas del río San Pablo.

Una de las ideas de haber construido esta casa en este sector fue aprovechar la corriente del río y el desnivel del terreno en esa área.

Don Ismael sénior construyó una toma (corriente de agua sobre un canal fabricado) con la entrada de agua en la parte de arriba del terreno, con el único propósito de transportar el líquido hacia la rueda de agua, para que esta con su movimiento giratorio hiciera funcionar el pulpero que servía para quitarle la cáscara o pulpa a los granos de café recién cortados de las plantas.

La casa de los Méndez estaba construida a nivel del terreno, pero este tenía un desnivel muy pronunciado justo en el lugar donde estaba la puerta de entrada de los cuartos dormitorio, formando un área amplia debajo del piso de madera de dichos dormitorios. Ese espacio fue aprovechado para colocar los pulperos, las secadoras y otras herramientas.

El área de los dormitorios de esa casa quedaba elevada, con vista hacia el río, como si la construcción hubiera sido una casa de dos niveles.

La cocina estaba construida al lado derecho del área habitada.

Don Ismael sénior falleció a mediados los 50, quedando a cargo don Ismael hijo de todos los bienes de su padre.

Don Ismael hijo era esposo de doña Matilde Herrera, originaria del municipio de El Rodeo.

Doña Matilde era familiar de los Herrera de Tocache, de Óscar, Julio y Balo.

Magdalena, la Mesha, era hija de doña Matilde, de un matrimonio anterior al de don Mel.

Los hijos de la pareja fueron los siguientes: Edgar, Antonieta, Walter, Doris y dos hijos gemelos —uno de ellos falleció a los pocos años de haber nacido—. La famosa mascota de la familia era el temeroso Conde, un perro negro de muy pocos amigos, así como también la Ballena, una perra muy peligrosa.

Casa de Finca Berlín

En esta casa vivió don Rigo Escobar, doña Jacinta, doña Carlota y don Mardoqueo.

Los miembros de la familia Escobar eran los propietarios de la Finca Berlín.

Entre otros mozos de la Finca Berlín se encontraba Ramón Vázquez (padre de Moncho), con su esposa y otros miembros de su familia. También se encontraba Ciriaco (padre de Güiño), su esposa y sus hijos.

Seguidamente, después del cementerio municipal, camino hacia La Cumbre, se encontraban las siguientes familias:

Doña Blanca y don Mincho

Al lado izquierdo de esa carretera estaba la casa de don Benjamín Méndez y su esposa doña Blanca. Con ellos vivían sus hijos Arturo (*Chenca*), Dora, Gladys y Osmin.

Después de la casa de don Mincho Méndez, al lado derecho, estaba construido un ranchón en los terrenos de don Luis Mazariegos. Acá llegaban a vivir temporalmente las cuadrillas que eran contratadas en tiempos de la cosecha del café.

Unos metros más abajo, siempre al lado izquierdo yendo hacia La Cumbre, estaba construida la casa de mi padre, Adolfo Maldonado, en terrenos de don Ismael Méndez. Acá nos trasladamos después de haber vivido en la propiedad de don Manuel Mendizábal.

Familia Maldonado Sandoval

En la casita construida en terrenos de don Mel vivimos un período de tiempo, como por tres años. Ahí vivía mi padre Adolfo, mi madre Adela y mis hermanos, Meme, Rudy, Osveli, mi hermana Fulvia y Osmar —el autor de este manuscrito—.

En ese lugar estábamos viviendo cuando, por razones desconocidas, mi hermana Fulvia falleció a los cuatro años. Su sorpresiva muerte afectó a toda la familia, a tal extremo que, a la fecha, aún me causa mucha tristeza hacer recuerdos de ese momento.

Años más tarde, en la casa construida en terrenos de mi abuela nació mi hermana Érika, la última de nuestra familia.

En los dos o tres años que vivimos en los terrenos de don Mel disfrutamos de nuestra niñez en compañía de Edgar —hijo de don Ismael Méndez— y de Arturo —hijo de don Mincho—.

Ellos compartieron con nosotros nuestras mejores aventuras en los cafetales, en las corrientes que se formaban en la carretera después de un fuerte aguacero.

Sin tomar en cuenta el peligro que pudiera existir, nosotros nadábamos en esa corriente desde el cementerio municipal, hasta donde estaba construida la casa de don Mincho. Era una diversión llena de peligros, pero nos gustaba.

Los accidentes que sufrimos mientras jugábamos nunca fueron llevados a casa; esa era la promesa del grupo de patojos, las quejas no existían para nosotros.

En una oportunidad pasó frente a la casa de don Mincho un camión viejo, que iba hacia la aldea La Cumbre a cargar almácigo. Como era costumbre, mi amigo Arturo y los demás patojos nos colgábamos en la parte de atrás de los camiones que transitaban por esa carretera.

En esa oportunidad íbamos tres patojos colgando en la parte de atrás de la carrocería del viejo camión. De repente, el camión pasó sobre una piedra grande y el salto que pegó fue exagerado. Las dos compuertas de madera se salieron de sus ensambles y una de ellas me calló sobre el dedo meñique de la mano izquierda, cortándome la punta del dedo.

Mis amigos se asustaron al ver la cantidad de sangre que brotó de la cortada; sin embargo, todo quedó ahí, ninguno hizo comentarios.

Mis padres nunca se enteraron de mi accidente, jamás les conté lo que me había sucedido, a pesar de que la cortadura fue considerable. Estoy seguro de que no me habría ido nada bien si yo me hubiera quejado con ellos.

Finca Varsovia

Yendo hacia la Cumbre, al lado izquierdo estaba la entrada a la pequeña finca Varsovia, propiedad de la finca nacional El Porvenir. La administraba don Fidelino Romero. Ahí vivía él con su esposa, de apellido Leiva, y sus tres hijas, Marta, Sandra y la menor de ellas.

Después de que la familia Romero Leiva desocupara la casa de Varsovia, inmediatamente llegó la familia Gonzales.

Don Rogelio Gonzales y su esposa. Rubén, Víctor Alex y Juana, ellos eran los hijos de la pareja de esposos.

Todos ellos vivieron por muchos años en esa casa. Rubén Satán —el hijo mayor en la familia— fue el único que se quedó en el pueblo; los demás tomaron diferentes caminos y nunca se supo más de ellos.

A lado derecho de la casa de la finca Varsovia había un corral alambrado, esa era la división de los terrenos del área.

Al fondo de esa vereda (corral) se encontraba la casa de don Tomás Rodríguez. Ahí vivía él con su esposa, doña Emilia, y sus hijos, Eleazar, Güicho (*Ornato*), Ademia (*Mema*), Everildo y Arturo. Don Rafael Rodríguez también era hijo de don Tomás, pero él ya se había casado y no vivía con ellos.

En un árbol, que estaba plantado en un pequeño paredón del lado derecho del camino hacia La Cumbre, había un rótulo amarillo con letras negras:

LIMITE CASERILLO LA CUMBRE, SAN PABLO

Camino hacia el caserío La Cumbre

En el trayecto hacia el caserillo La Cumbre, las casas estaban construidas unas muy distantes de las otras. Los habitantes eran de muy pocos miembros en las familias, y esa era la razón por la que había muchos terrenos sin construcción.

Sin mayores comentarios, serán mencionadas las siguientes familias del caserillo La Cumbre.

A partir del límite entre San Pablo y La Cumbre, yendo hacia el caserillo, al lado derecho se encontraba construido un rancho más en los terrenos de don Luis Mazariegos. Acá en este lugar vivían trabajadores (mozos) de los Mazariegos.

Un poco más abajo, al lado izquierdo, en la misma carretera, estaba la casa de Basilia y Nolberto Clemente.

A pocos metros, en la misma dirección, vivía don Julio Solano y su esposa, Silveria Escobar. La pareja de esposos procreó a los siguientes hijos: Feliciano (Chano), Pancha, Socorro, Oswaldo y Telma.

En la misma área estaba la casa de don Astolfo y de doña Lucila. Esta había sido construida a pocos metros de la casa de don Julio.

Los hijos de don Astolfo y doña Lucila eran los siguientes: Josefina, Gregorio, Édgar, Ana, Leonel. Todos de apellido Morales.

Al momento de hacer entrega del parcelamiento Santo Domingo, don Astolfo y su familia se trasladaron a ese lugar.

Al lado derecho de la carretera, yendo hacia el final del caserío, ahí se encontraba la casa de doña Munda. Unos metros más hacia abajo, en la misma dirección, estaba la casa de don Mundo Solano.

En esa área se encontraba la casa de don Enrique Díaz, construida muy cerca a la casa de don Mundo.

Don Enrique Díaz era esposo de doña Emilia y hermano de José, Chepe Buche.

Después de la casa de don Mundo, al lado derecho yendo hacia abajo, estaba construida la escuela del caserillo La Cumbre.

Inmediatamente después de la escuela, había una pequeña vereda al lado derecho. Al final de ese pequeño camino estaba la casita de Trinidad Orray Misay y su esposa Goya.

Casa de Trinidad Pérez y Goya, su esposa

Orray Misay.

Historia del sobrenombre Orray Misay.

Cuando los alemanes llegaron a la finca El Porvenir a sembrar quina contrataron mano de obra en San Pablo y otros municipios cercanos. Ese proyecto ayudó económicamente a la clase trabajadora del área, debido a que su contratación no requería ninguna experiencia laboral.

El problema que tuvieron los alemanes fue el idioma: ellos no hablaban español, únicamente se comunicaban por medio de alemán o inglés.

Poco a poco, los alemanes fueron enseñando las palabras más elementales a los jornaleros, para poder trabajar con ellos.

A cada trabajador le asignaban un surco. Cuando el alemán les preguntaba si todo iba bien, el jornalero únicamente tenía que decir: «*All right my side*» («Todo bien por este lado»).

Cuando Trinidad estaba con tragos, sin lugar a duda le daban deseos de hablar en inglés, y por esa razón él decía: «Orray Misay».

Definitivamente eso fue suficiente para que los muchachos de su época lo bautizaran con ese sobrenombre, y este fuera heredado a las generaciones venideras.

A pocos pasos de la escuela y la entrada a la casa de Trinidad estaba la casa de don Gregorio Díaz, al lado izquierdo de la carretera.

Era esposo de doña Polonia Vargas, doña Pola. La pareja había procreado a una hija, la que fue esposa de Güicho Camarón.

Un poco más abajo de la casa de don Goyo, al mismo lado izquierdo, se encontraba la casa de Teófilo López, nada más y nada menos que el dueño del grupo musical Los Hermanos López o Cumbreña, cariñosamente llamados Los Chorizos.

Teófilo habitaba esta pequeña casa con su esposa y sus hijos: Beto, Arturo, Arnulfo, Josefina y Rafael.

Cerca de la casa de los hermanos López, pero al lado opuesto, se encontraba la casa de la Pola, una señora trabajadora y muy querida por todos los del pueblo. Sus tamales de carne la hicieron inmortal.

Neto, uno de los hijos de doña Pola, era el encargado de salir a las calles del pueblo a vender los tamales de carne que su señora madre cocinaba.

Neto, en más de una ocasión, colocaba en el suelo el canasto de tamales y nos acompañaba a jugar canicas o a jugar un partido de futbol. Él pasaba vendiendo sus tamales y, al ver que nosotros nos divertíamos, la tentación lo comprometía y él jugaba con nosotros.

En esa misma dirección estaba la casa de don Nancho de la Cruz y doña Soledad.

Ellos tenían una pequeña tienda en la misma casa donde vivían, así como también vendían granizadas en el parque del pueblo, tal y como se mencionó anteriormente.

Al final de la carretera estaba la familia de doña Beta y don Bernardino Ochoa. Ahí vivían ellos con toda su familia: Carlota, Víctor, Roberto y César. Lidia y Héctor —Alejandro— eran hijos del primer matrimonio de doña Carlota. Unos años más tarde, doña Carlota se unió con don Jacinto Fuentes y procrearon a los siguientes hijos: Juan, Jacinto, Cota y otros. La mascota de la familia fue la inolvidable Mariposa.

La familia Ochoa tenía vacas. Las ordeñaban y vendían leche y quesos en el pueblo. Ese era el pequeño negocio de la familia.

PARTE CUATRO
(de Beto López a Escuela de Arriba)[4]

Después del pequeño paseo por el caserío La Cumbre, continuamos nuestro recorrido a partir de la esquina de Los Tres Leones, rumbo a la salida a la finca El Porvenir.

Don Beto López y su esposa doña Juliana

Después de la nueva casa de don Beto de León, siempre al lado derecho yendo hacia el parque, se encuentra la casa de don Beto López. Ahí vivía él con su esposa, doña Juliana, todos sus hijos y algunos nietos.

En la casa vivía Teresa y Chalo Cárdenas su esposo. Consuelo y Güicho —Camarón—, hijos de Teresa. Marta (ella nunca se casó), Marcela y Genaro con su hijo Manfredo y posteriormente dos hijos más.

La cantina de doña Fadilia

A la par de la esquina de la municipalidad, donde se encontraba la oficina de la policía nacional, estaba construida una casita pequeña hecha de madera rústica —como la mayoría de las casas del pueblo—, con una media agua en uno de los extremos que quedaba en dirección a un árbol de dulces naranjas, plantado frente al portón de metal de la municipalidad.

En esa pequeña media agua estaba la cocina de la casa donde vivía doña Fadilia con su mamá doña Lolita, don Temo —su hermano— y sus hijas: Mélida, Magaly y Nery.

---

4   Ver mapa en página 8

Doña Fadilia tenía una cantina en uno de los dos cuartos de la casa. El negocio consistía en un mostrador de madera sin pintar y una estantería del mismo material. En esta estantería había un radio marca Sanyo, con muchos años de uso. Eso era lo que entretenía a los clientes cuando le hacían la visita al negocio.

Ella vendía aguas gaseosas, cervezas y licor por octavos. En la misma área había una máquina de coser marca Singer. Ella y su hermana Elsa confeccionaban prendas de vestir a encargo.

En este pequeño negocio fue donde don Oswaldo Elizondo conoció a doña Elsa, una señora como de cuarenta años. Ellos se hicieron novios y meses más tarde unieron sus vidas. Vivieron en pareja durante el periodo que don Oswaldo fue jefe de la Policía Nacional en San Pablo. Luego lo trasladaron a otro municipio y nunca volvieron al pueblo.

El lustrador de zapatos en la finca El Porvenir

Para la gente de escasos recursos económicos, la feria anual de los municipios, aldeas o fincas es como disfrutar de unas vacaciones sin tener que salir de casa.

La diversión llega al patio del domicilio cada doce meses y cada uno disfruta a medida de sus posibilidades. Las fiestas patronales muy poco varían una de otras; sin embargo, eso no tiene ningún impacto en la felicidad que sienten los que participan en ellas.

Lo poco o mucho que hay en las celebraciones es suficiente para que algunos de los que participan en los festejos pasen el resto del año haciendo comentarios de los momentos más emocionantes vividos en los salones de baile, las zarabandas, el campo de futbol o en alguna de tantas cantinas que había y sigue habiendo en las localidades.

Parte de la celebración de la feria requiere que los habitantes tengan algún dinero disponible, para tener acceso a juegos, encuentros deportivos, salones de baile y otros. Nosotros los patojos hacíamos cualquier trabajo para ganar ese dinero y así tener oportunidad de participar en las diferentes actividades, en las que nos divertíamos a lo grande.

Para conseguir el ansiado dinero, mi hermano Osvelí y yo dábamos en arrendamiento a los comerciantes de la feria la mesa y los pocos bancos que había en la casa, sin preocuparnos por el castigo que íbamos a recibir de nuestros mayores.

Por esa razón, a los siete miembros de mi familia nos tocaba tomar de pie nuestros alimentos durante los seis días de la feria, algo así como cuando en las tamaleadas llega más gente de lo planificado y a los últimos en llegar les toca comer de pie.

Justo después de haber celebrado una de las ferias del municipio, mientras Edu paseaba por el parque, sorpresivamente se encontró con su amigo Nery.

Nery era un chico con normas de conducta contrarias a las de Edu y a la de otros muchachos del grupo, su comportamiento era diferente.

Esa diferencia de patrones culturales no fue impedimento para que Nery y Edu mantuvieran una bonita amistad durante su niñez y adolescencia, hasta que cada uno cumplió la mayoría de edad y tomara su propio camino y se perdieran de vista por toda una vida.

Edu era un chico inquieto, travieso, peleador callejero y con una personalidad formada en la calle, con muy poco temor de llevar a cabo cualquier desafío que se le presentara en cualquier momento. Era de armas tomar.

Edu sentía satisfacción de ser como era, no se arrepentía de lo que hacía, posiblemente porque en sus travesuras no había actos de vandalismo ni maldad hacia otras personas, ni daños a la propiedad privada. Se divertía poniendo en riesgo su vida, eso era todo.

Hasta el día de hoy a él le gusta revivir todos y cada uno de los momentos de sus mejores aventuras y sus actos de conducta desordenada. En sus ratos de soledad, a Edu le gusta repasar mentalmente sus vivencias, que aún deambulan en sus pensamientos y con tintes de otros colores le gusta disfrutar de sus recuerdos. Él se divierte haciendo renacer esos pasajes de su vida, como si la existencia de ese niño se tratara de alguien diferente.

Nery era hijo de la dueña de la cantina de la esquina que quedaba frente a la municipalidad y a la par de la escuela de varones, esquina opuesta al parque Isidoro Tobar.

Nery siempre se distinguió por ser un amigo tranquilo, alejado de cualquier conflicto de patojos. Casi no se le veía en la calle perdiendo el tiempo y muy poco participaba en los juegos callejeros con los demás muchachos de su edad. Siempre se mantuvo alejado de los problemas que originaban «los indeseables».

La mayor parte del tiempo lo pasaba sentado en una silla situada al otro lado del mostrador de la cantina, atendiendo a las personas que visitaban el negocio, con la intención de disfrutar de una cerveza al tiempo o posiblemente algo más fuerte como la que tiene la etiqueta del pajarito o la de María.

La dueña del pequeño negocio no tenía un refrigerador que le permitiera complacer el gusto de los más exigentes. Su nivel económico y la falta de energía eléctrica durante las 24 horas no le permitió realizar sus sueños, y esto no necesita mayor explicación.

Nery, el amigo de Edu, también se dedicaba a lustrarle los zapatos a los clientes que iban a la cantina. También, si alguien necesitaba sus servicios a domicilio, él iba a la casa de sus clientes y hacía el trabajo. Nunca ofreció sus servicios a personas desconocidas en la calle, mantenía su propio criterio de labores.

Cuando Nery y Edu se encontraron en el parque, Edu pensó que Nery le iba a proponer otra cosa, pero esto no fue así. A Nery le gustaba tomar bebidas fuertes. La tentación la tenía al alcance de su mano y, al menor descuido de su mamá, él se apoderaba de uno o dos octavos de licor. Edu era el que le hacía compañía. Era la única falla que se filtraba en la buena conducta del amigo de Edu. Por suerte ellos nunca se llegaron a emborrachar al grado de perder la conciencia.

Nery le preguntó si quería ganar algún dinero y le propuso que fueran a lustrar zapatos a la finca El Porvenir. La feria comenzaba ese mismo día y era una buena oportunidad para hacer clientes y trabajar los seis días que duraba la feria.

En la breve charla que tuvieron, Nery le ofreció que él proporcionaba todo lo necesario para ir a trabajar; incluso dijo que le daba una capacitación corta e intensiva para que Edu pudiera aprender a hacer el trabajo. A Edu le gustó la idea y cerraron el trato con un choque de manos empuñadas, como el saludo que se puso de moda en la pandemia del covid-19.

Juntos se fueron a la casa de Nery, prepararon la caja para Edu con todo lo necesario y Nery inició su entrenamiento relámpago. El corto tiempo no le permitía entrar en mayores detalles, optó por enseñarle a Edu solamente lo más elemental.

Le enseñó a Edu cómo hacer el trabajo y, para que él quedara satisfecho, le pidió a Edu que le demostrara que había aprendido la lección y le dijo que le lustrara los zapatos, y así fue como él pasó la prueba. Edu no tuvo oportunidad de servir de ejemplo en dicho adiestramiento, él era descalzo.

En el momento que Edu y Nery salieron a la calle con su herramienta de trabajo, en ese mismo instante pasaba el carro de la municipalidad. Inmediatamente Nery, con mano hacia arriba, le hizo el alto y pidió jalón a El Porvenir.

Don Carlos Barrios conducía el Patrol Nissan descapotado, color azul. Don Raúl Rodas le hacía compañía. Ambos iban con playeras blancas, anteojos obscuros y gorra deportiva cada uno. Daban la sensación de que andaban de paseo por la playa de Miami, o de vacaciones de verano en cualquier otro lugar. Se notaba que los dos estaban pasando por un buen momento.

Ellos siguieron platicando. Nery y Edu iban sentados en la parte de atrás del Nissan, tratando de acomodarse la cabellera. El fuerte aire le sacudía a capricho la melena a ambos pasajeros.

En el momento que don Carlos bajaba la velocidad del auto, se sentía olor como el del producto que vendía la mamá de Nery, mezclado con el aroma a chicle Adams, el cual el piloto y copiloto masticaban aceleradamente.

Cuando llegaron a la finca El Porvenir ya se veía mucha gente caminando por todos lados. La feria ya había empezado y el olor a churros y garnachas se sentía por todos los rincones. Los vendedores de nieves hacían sonar sus campanitas y los adornos hechos de papel de china, colocados de un lado a otro por toda la carretera que va desde la casa principal hasta el campo de futbol, estos se balanceaban al compás del fuerte viento, anunciando con aleteos el primer encuentro deportivo.

La algarabía emocionó al par de lustradores, sin que ellos pudieran demostrar con alguna acción los pensamientos que cruzaban por su mente. No fueron capaces de mencionar una sola palabra, caminaban distraídos.

De repente, un señor llamó a Nery para que le lustrara los zapatos y Edu siguió caminando solo. Él no sabía qué hacer, estaba muy nervioso y se sentía inseguro debido a su inexperiencia. Se imaginaba muchas cosas al pensar que se iba a enfrentar a su primer cliente.

Sin embargo, él siguió caminando sin rumbo fijo y poco a poco se iba acercando donde había más gente, unos probando puntería al tiro al blanco, otros tirando argollas a unas botellas y varios patojos recogiendo tapitas de refrescos de cola. Estos últimos no veían a Edu con buenos ojos.

Edu llevaba en su mano derecha, sin mucho estilo, la caja para lustrar zapatos. Con el brazo completamente hacia abajo, como quien lleva una cubeta llena con agua. El brazo izquierdo lo llevaba sujeto a la espalda, alcanzando a sostener con esa mano el bíceps o gato del brazo derecho. Su pinta era la de un muchacho tímido y nervioso, como cuando alguien es sorprendido en una fechoría, o algo parecido.

Edu lucía muy inseguro, sin embargo, bajo esa postura incómoda no renunció a la llamada que le hicieron unos muchachos vestidos con ropa nueva, perfumados, riéndose de las tonterías que alguno de ellos decía, todos fumando un cigarrillo sin mucha experiencia. La tos los delataba en cada jalón que le pegaban al cigarro y la risa que brotaba de sus rostros no era normal.

Ellos necesitaban de los servicios de Edu y él tuvo que enfrentarse al reto al cual se había expuesto.

Mientras Edu lustraba los zapatos del primer cliente, soportó innumerables bromas que el grupo de muchachos le hacía. Se reían de él y uno de ellos llegó a golpearlo de vez en cuando en la cabeza para que pudiera hacer su trabajo más rápido. Él aceptó todo sin la menor reacción violenta. Según él ahí aprendió que la necesidad no se puede mezclar con la violencia, él supo controlar sus emociones.

Al terminar de lustrar los zapatos del último muchacho, todo el grupo hizo una bulla. Se veían unos a otros los zapatos con expresiones de aceptación y como que se habían puesto de acuerdo. A la cuenta de tres, todos gritaron: «¡MUY BUENO!».

Edu recibió el pago de los cinco muchachos y ahí mismo fue a buscar a Nery. Cuando lo encontró, él se le quedó viendo y le causó mucha risa ver que las manos, brazos y hasta la cara de Edu estaban manchadas de color negro. La poca o ninguna experiencia en el arte saltaba a la vista.

El adiestramiento relámpago recibido horas antes por parte de su entrenador no había sido suficiente, algunos detalles sobre seguridad e higiene habían pasado desapercibidos.

Buscaron un lugar para que Edu se limpiara las manchas de tinta negra y borrara las huellas de su inexperiencia, y luego continuaron trabajando dos horas más, porque el Nissan los iba a estar esperando en el lugar acordado, tenían que volver a casa.

El trabajo no les había permitido comprar algo para comer, cada minuto contaba en la tarea que hacían. El único momento que Edu tuvo libre fue mientras se estaba lavando las manos y la cara, ahí aprovechó para tomar agua de la pila.

Al volver al pueblo, se dirigieron a la casa de Nery para dejar el equipo de trabajo. Ahí Nery le agradeció a Edu por haberlo acompañado y le dijo que sin él no hubiera ido solo a El Porvenir y que tampoco hubiera ido con alguien más. Dijo que con Edu se sentía protegido.

Nery le dijo a Edu que podía quedarse con el dinero que había ganado ese día y le pidió que también se podía quedar con la caja de lustrar. Edu aceptó el dinero, pero no así la caja, él no quería aprovecharse del aprecio que el amigo le tenía.

Edu estaba muy feliz por lo que había hecho y no veía la hora de estar con su madre para decirle que había ganado dinero lustrando zapatos, pero Edu no sabía cómo lo estaban esperando, desafortunadamente el encanto para él se había terminado, en su casa no iba a ser bien recibido.

Cuando Edu entró, vio enojados a los cuatro miembros de su familia. Había una discusión en la casa de Edu y el ambiente no era nada agradable.

Al lado de una de las dos puertas, la madre de Edu estaba llorando y su señor padre estaba sentado cerca de la mesa del comedor sin decir una palabra. Él estaba un tanto nervioso, fumando un cigarrillo, y en su fumada se veía su inconformidad.

Los dos hermanos mayores de Edu estaban con el semblante de no muy buenos amigos. Ellos, al ver a Edu, le cayeron a golpes. Con él se desquitaban cuando ellos tenían algún problema.

Después de que los dos hermanos mayores de Edu le habían pegado hasta lograr que él llorara, le preguntaron por qué se había desaparecido todo el día sin pedir permiso. Pero Edu no respondió nada, con paso lento se dirigió al lugar donde se encontraba su señora madre.

Edu iba con hambre y sed. Hubiera querido que el recibimiento hubiera sido diferente, pero fue todo lo contrario, y tuvo que aceptar de alguna manera su desobediencia.

Llorando amargamente por los golpes que le habían propinado sus hermanos y aún con las manos manchadas de pasta de lustrar, producto de la segunda ronda de trabajo que había realizado ese día, abrió su mano y le entregó a su madre los 55 centavos que había ganado.

Ella no mencionó ni una palabra. Lo abrazó con fuerza y le dijo que lo quería mucho y que estaban preocupados porque nadie daba razón de él.

Cuando Edu dirigió la mirada hacia atrás, sus dos hermanos estaban con la cabeza caída y los ojos llorosos, por lo injusto que habían sido con él.

La herramienta de trabajo de los dos amigos quedó en el olvido, ya no volvieron jamás a El Porvenir.

Don Mincho Barrios

Era un señor de una edad muy avanzada. Tenía su casa frente a un árbol de morros o jícaras, al lado derecho del callejón sin salida, de la calle que pasa frente a la municipalidad.

Don Mincho ya no salía de su casa, se pasaba cuidando sus gallinas y recogiendo las frutas que caían de los árboles. Siempre estaba vigilando que los patojos no llegaran a hacer algún daño, pero nosotros en el menor descuido le hacíamos la visita y ya se pueden imaginar lo que pasaba.

Doña Úrsula se veía más activa. Ella llevaba una vida normal, visitaba a sus amigas y en las tardes se les veía fumando sentadas en la banqueta frente a la casa de doña Olimpia y don Ramón Gálvez. Doña Úrsula también vivía en la casa de don Mincho junto a otros familiares.

Doña Olimpia y don Ramón Gálvez

La casa de don Ramón quedaba al lado izquierdo del callejón, frente a la vivienda de don Mincho.

La casa de los Gálvez era una casa muy bonita con flores chinitas por todos lados y tres árboles de naranja, uno cerca del árbol de morros o jícaras y los otros dos en medio de la escuela de varones y la casa de los Gálvez.

Don Ramón era un señor que se veía con edad cerca de su retiro; sin embargo, dentro de sus actividades aún cultivaba su parcela de diez cuerdas de terreno en Santo Domingo.

En la casa de don Ramón vivían sus hijos, Betsabé, Naldo, Alicia, Mardo, Gilberto, y sus nietos Sergio y Vilma. Sergio era hijo de Alicia y Vilma era hija de Betsabé —la esposa de Humberto Maldonado—.

Por alguna razón, los dos nietos se quedaron viviendo en casa de los abuelos.

Don Ramón y doña Olimpia tuvieron dos hijos más: Israel y una hermana. Ellos decidieron salir del pueblo a muy temprana edad y llegaban esporádicamente a visitar a sus padres. Ambos vivían en Quetzaltenango.

Escuela #1 para varones —escuela de abajo—

La escuela llevaba ese nombre, pero las aulas eran mixtas, había hembras y varones, desde el primer grado hasta sexto.

Nosotros le llamábamos «la escuela de arriba» y «la escuela de abajo». Cuando nos referíamos a la de arriba era la escuela para mujeres y cuando decíamos la escuela de abajo era la escuela de varones.

En la escuela de abajo había tres clases o aulas. Don Manfredo Fuentes impartía la clase de quinto año. Esta quedaba en el espacio de en medio. Seguidamente estaba la clase de don Edgar Castillo. Él tenía el grupo de cuarto grado y a la entrada del edificio al subir las gradas de acceso estaba primer grado; el maestro era don Alfonso

Orozco. En este salón estudié mi primer grado de educación primaria. Don Alfonso Orozco fue mi primer maestro.

En medio de la cantina de doña Fadilia y la escuela de varones, estaba un callejón sin salida —al fondo de esa área vacía, tal y como se mencionó anteriormente—, donde estaba el árbol de morros o jícaras. En ese árbol jugábamos de Tarzán a la hora de recreo.

En este espacio de terreno, jugaban futbol los de cuarto a sexto grado. Los menores jugábamos futbol en la calle frente al parque.

En esa época no había ningún problema, había muy pocos carros en el pueblo y no había que temerle a tráfico. Cuando se celebraba el día del chofer, era novedad ver desfilar seis carros juntos y la ruta que se recorría era del pueblo a la plaza de Tocache, eso era todo.

Durante el ciclo escolar, no nos permitían jugar en el parque en horas del recreo. Esa era la razón por las que nosotros jugábamos en las calles, en el callejón o en los terrenos de don Nayo Solano, ahí todo era permitido.

En medio de la propiedad de don Ramón Gálvez y la escuela para varones había un palo de nances y dos árboles de naranjas. Estos inofensivos árboles sufrían durante el ciclo escolar, no los dejábamos en paz, con frutas o sin ellas, nosotros le hacíamos la vida imposible a las infortunadas plantas.

Don Elías de León

Antes de mudarse a la esquina de Los Tres Leones, don Elías y doña Rosalba vivían en la casa de madera de dos niveles —casa de altillo—, así le llamábamos a esa casa propiedad de don Nayo Solano.

Los hijos de los esposos de León fueron mis vecinos por muchos años y con ellos conviví muchas cosas agradables, muchos juegos de niños y gracias a esa etapa de la vida. Nuestra amistad aún se mantiene viva.

En el primer nivel vivía la pareja de esposos con sus hijos Saul, Graciela, Yolanda, Aracely, José y María (par de gemelos). Letty nació en esta casa, y desde el momento que nació la bautizaron con el sobrenombre de «la Negrita».

Miguel Ángel (el primer Miguel Ángel) falleció, pero le pusieron el mismo nombre al último de los hijos varones que nació en la casa de dos niveles. Lola nació en la casa de la esquina de Los Tres Leones, fue la última hija en la familia.

En el primer nivel de la casa de altillo, don Elías instaló su barbería y cobraba diez centavos por cada corte de cabello a los niños y quince centavos a los mayores.

Mi corte de pelo y el piojo

Yo tenía ocho años y necesitaba un corte de pelo.

—Don Elías, buenas tardes. Necesito que me corte el pelo.

Él dijo:

—De acuerdo. ¿Te bañaste? Muéstrame tu dinero.

Esa fue la expresión de don Elías un día que yo necesitaba que él me hiciera un corte de cabello.

En su barbería había un sillón especial, que reclinaba cuando un cliente le pedía que lo afeitara o lo ponía en posición de 90 grados si se trataba de un corte de pelo normal.

Él les aplicaba a sus clientes un talco aromático antes y después del corte de pelo, y eso era lo que nos gustaba a los patojos de esa época: después del corte de cabello uno salía de la peluquería con un olor agradable.

Esa tarde yo entré a la peluquería de don Elías y no había ninguna otra persona en el lugar. Le pedí que me cortara el pelo y él con mucho gusto se prestó para realizar su trabajo.

Me cubrió la parte frontal del cuerpo con una manta con un blanco impecable, con olor a limpio, me aplicó talco y dio inicio al corte con una su maquinita manual.

Como a los dos minutos de haber iniciado el corte, yo vi que algo se movía entre el pelo que estaba en la manta blanca que cubría la parte de mi cuerpo. Poco a poco este insecto fue saliendo a la superficie y me di cuenta de que se trataba de un tremendo piojo negro.

No encontraba manera de deshacerme del piojo sin que don Elías se enterara. Lentamente fui metiendo mi mano derecha entre la manta blanca y mi cuerpo. Cuando calculé que mi mano estaba en dirección al piojo, tomé mi dedo medio con mi dedo pulgar y con fuerza extendí mi dedo medio y le pegué al piojo, con tan mala suerte que este le quedó prendido en el oído derecho a don Elías.

El piojo le empezó a caminar a don Elías por la parte superior del oído. Él se rascaba donde el piojo iba caminando y eso me causó mucha risa.

Yo solté la carcajada cuando el piojo entró en el cuero cabelludo de don Elías. Él me pegó dos veces en la cabeza y yo no podía dejar de reír.

Don Elías, al ver que yo continuaba con la risa y él no podía hacer su trabajo, me pidió los diez centavos del corte de pelo, me quitó la manta blanca y me sacó corrido de su barbería. Me dijo:

—Vete a reír a la mierda.

Yo salí corriendo de la casa de don Elías, matándome de la risa.

Los patojos se reían de mi corte de pelo, porque don Elías solamente me había cortado en uno de los dos lados, y yo sin poder explicarles lo que me había sucedido.

Ningún patojo se enteró del origen de mi corte de pelo. Sentí vergüenza tan solo de saber que ellos se iban a enterar de que yo tenía piojos, por eso no quise hacer ningún comentario en su momento.

El precio de los desayunos y los almuerzos

En una oportunidad don Elías y cuatro muchachos más fueron a Tocache a cargar un camión. El transporte ese día había llegado de San Pedro, con el fin de llevar banano verde a la capital.

Por estar afanados en cargar el camión en diferentes sitios en la aldea Tocache, la hora del desayuno se había pasado tres horas y ya eran las once más unos minutos, cerca del mediodía.

Don Elías le pidió al chofer que parara frente a un pequeño comedor. Al entrar don Elías al humilde lugar, saludó y le hizo la siguiente pregunta a la dueña del negocio:

—Disculpe, señora, ¿ya tiene almuerzos?

—Sí, don Elías. ¿Cuántos quiere?

—¿Y qué precio tienen los almuerzos?

—Le cuestan veinticinco centavos cada uno.

—¿Y desayunos, aún tiene?

—Sí, don Elías, aún tenemos desayunos.

—¿Cuál es el precio de los desayunos?

—Los desayunos le cuestan quince centavos cada uno.

—Bueno, entonces me da por favor seis desayunos y aquí tiene el dinero.

Dijo uno de los muchachos:

—Don Elías, pero ahorita ya es hora del almuerzo.

—¡Usted se calla! Usted lo que tiene es hambre... Coma y compórtese...

Hermano en espíritu y no de la carne (un cuento más del buen humor de don Elías)

Carlos López era el carnicero del pueblo, vendía la carne en una de las carnicerías situadas en los locales del mercado municipal.

Los domingos y otras noches entre semana, don Carlos se congregaba en una iglesia evangélica con otros miembros cristianos.

Todos los hermanos de la iglesia lo conocían. Él era muy amable con todos. En otras palabras, el trato de hermandad era recíproco entre los miembros de la iglesia.

En una oportunidad, una de las hermanas llegó a la carnicería de don Carlos y le dijo:

—Don Carlos, como usted y yo nos conocemos y somos hermanos en la iglesia, quería que por favor me diera a crédito cinco libras de carne. El fin de semana le pagan a mi esposo y ese día yo le pago a usted.

Le respondió don Carlos:

—Señora, recuerde que nosotros somos hermanos solamente en espíritu y no de la carne, o sea, que lo siento mucho, pero no le puedo dar la carne. Yo vendo solamente al contado.

Don Elías, ¿ustedes cuántos son de familia?

Una mañana muy temprano, don Elías se encontró con una señora del pueblo. Ella tenía mucho tiempo de no saber nada de él.

—¡Hola, Elías! ¡Mucho gusto! ¡Es un placer encontrarte de repente! Buenos días.

—Gracias, igualmente. Muy buenos días —dijo don Elías.

—¡Elías, créeme que te ves muy bien! ¿Qué te has hecho? Mucho tiempo sin saber de tu persona. Cuéntame, ¿cuántos de familia son ustedes?

Dijo don Elías:

—Bueno, hay ocho vivos, un muerto y dos heridos. Entre ellos hay dos pálidos, pero comen muy bien...

Con mucho aprecio a don Elías de León, persona a quien recuerdo con mucho cariño, por haberme dado trabajo en el momento justo cuando necesité de su ayuda.

Osmar E. Maldonado

En el segundo nivel de la casa de altillo

En la planta alta de la casa vivía doña Piedad Paz, madre de César Ruiz. Allí vivía ella con sus hijos mayores, Cesar Ruiz, Adolfo Reyna y Humberto. Con ellos también vivía Calico, hijo de doña Angélica Ruiz.

Cuando nació Calico, doña Angélica se fue para Tapachula y nunca más volvió a San Pablo. Por esa razón Calico se formó sin el amor de sus padres, prácticamente él fue hijo único.

La esposa de César se llamaba Esperanza. Ellos habían procreado cinco hijos: Julio —el primero de ellos—, seguidamente nació Eloísa, Amabilia, Aníbal, Sandra y Melvi.

La mayor parte del tiempo César lo pasaba al lado de doña Piedad y Esperanza hizo lo mismo. Ella y sus hijos vivían en casa de doña Eloísa, su señora madre. Después del fallecimiento de doña Piedad, la pareja de esposos vivió bajo el mismo techo, al lado de sus hijos.

Rosendo Maldonado y Petronila González

Entre la casa de altillo y la municipalidad estaba construida la casa de mis dos abuelos.

En esta casa vivía mi abuela, mi abuelo y mi tía Sofía, con sus hijos Guayo y Maco. Con ellos también vivía mi primo hermano, Wilfin, hijo de mi tía Estelvia.

Estelvia era hija de Petronila y Rosendo Maldonado, hermana de Sofía y Adolfo Maldonado, mi padre.

El esposo de Estelvia era Ramón Barrundia, originario del departamento de Escuintla.

La pareja de esposos procreó a los siguientes hijos: Juan Ramón, Arturo, Hortensia, Ada, Jorge y José —Pepe—. La familia Barrundia vivió en la finca Tanemburgo, Tocache.

A principios de los 50 la casa de mis abuelos (tipo ranchón con techo de hojas de palma) estaba situada en el área donde están construidas las cárceles de la municipalidad actualmente.

Para ampliar el área de la alcaldía del pueblo, la corporación municipal negoció con mi abuela para que se trasladaran al terreno de al lado, área en la cual está construida la casa actualmente.

Antes de la negociación entre la junta municipal y mi abuela, el área de la municipalidad era muy reducida. Esa fue una de las razones del convenio, ampliar el área para prestar un mejor servicio a los residentes del pueblo y al resto de la comunidad.

En el lugar donde estaban las primeras cárceles —con puertas que tenían cuadros hechos de madera rústica—, con vistas al salón municipal, ahí fue construido el registro civil, la secretaría y la oficina del alcalde.

La mala higiene en ese lugar era el reflejo de un descuido total de la administración municipal. El mal olor del sanitario de los reclusos se expandía por toda el área.

Todo eso se solucionó después de haber ampliado el área municipal en el terreno agregado.

Bajo palabra, mi abuela prestó esa parte de terreno y, pasados muchos años, no hubo ninguno de la familia que hiciera el reclamo correspondiente y dejar todo escriturado para beneficio de ambas partes.

En el año 1957, después de que en unión de mi familia vivimos en tres lugares diferentes, mi padre tomó la decisión de hacer su casa en el pequeño terreno de mi abuela —en el pueblo—. Acá la vida cambió totalmente para todos los miembros de mi familia.

En esta casa nació mi hermana Erika —la última hija de mis padres—. También nació Otilia, la hija de Clemencia, y mi hermano Meme, y Myllor, el hijo de Olga, y mi hermano Rudy.

La municipalidad de San Pablo

Vista desde el portón de metal (parte sur del edificio).

Al fondo están dos cárceles. Frente a estas se encuentra una amplia pila para diferentes usos.

Al lado izquierdo en esa misma área hay dos cárceles más. Estas celdas nunca las usaron para encarcelar delincuentes, más que todo servían de bodega cuando la municipalidad compraba algún material para construcción.

En la esquina de la última cárcel, al lado izquierdo, había un gran riel de acero que servía para que tío Jacobo tocara una por una las doce horas del día. Empezaba todos los días a las seis de la mañana y terminaba a las seis de la tarde. Estas campanadas no incluían los fines de semana.

Ese riel era un pedazo de metal que había sobrado de la construcción del puente Cutzulchimá. A alguien se le ocurrió darle un buen servicio y lo usaron como campana.

Las campanadas del día eran un servicio que la municipalidad prestaba para que los jornaleros entraran sin retraso a sus labores y los niños de la escuela cumplieran con la entrada y salida, respetando los horarios establecidos. La hora de entrada a la escuela era a las ocho de la mañana, con un recreo de treinta minutos a las diez. La salida era a las doce.

Nuevamente entrábamos a las dos, con un segundo recreo de treinta minutos a las tres. Salíamos a las cuatro o cinco de la tarde.

Después fue establecida la jornada única, horario escolar impuesto por el Ministerio de Educación.

Cuando el riel quedó fuera de uso, el tío Jacobo se lo llevó al parcelamiento Santo Domingo. Desde su parcela él seguía con la misma tradición. Ninguno le pagaba por el servicio que él prestaba, lo hacía únicamente por costumbre o por pura distracción.

Al lado izquierdo del área, vista desde el portón de metal, a la misma altura de la superficie de la calle, se encontraba estacionado en el garaje el Nissan Patrol color azul.

Después de que el alcalde Fridolino Licardie lo chocara en la esquina de la tienda de doña Luz Hernández, este carro nunca pudo ser reparado por falta de repuestos. Ese fue el final del famoso auto de la municipalidad.

Al lado derecho, cerca al portón de metal —casi en la esquina—, había un poste de madera. Ahí amarraban a los animales que sorprendían haciendo daño en algún terreno o andaban deambulando por algún lugar del pueblo. El nombre que tenía la multa que pagaban los dueños de los animales le llamaban «pago de poste».

Después del portón de metal, por el lado de la calle que va rumbo a la finca El Porvenir, la municipalidad tenía tres ventanas de madera, instaladas sobre la última de tres hileras de *block*, construidas sobre una gran base de concreto.

El cuarto de la primera ventana estaba lleno de libros viejos. Las otras dos ventanas eran las de la Tesorería Municipal. Ahí salían a fumar un cigarrillo los trabajadores de turno, Rubén —Satán—, Mario Tobar y Enrique —Tina—.

La Municipalidad vista de frente (lado del parque)

Al lado izquierdo, en la esquina del edificio, se encontraba la estación de la Policía Nacional. Al fondo, en ese pasillo, se encontraba el cuarto lleno de libros viejos nombrado anteriormente. En medio de la policía y el cuarto bodega estaba la puerta de la Tesorería Municipal. Acá se pagaban las multas y los impuestos municipales.

En el área interior —lado izquierdo visto desde la puerta de la tesorería— estaba el Registro Civil, la secretaría y la oficina del alcalde, en ese mismo orden.

En la parte de en medio del edificio estaba el salón municipal, el que servía para llevar a cabo los actos escolares del 15 de septiembre. También lo usaban de salón de baile los días de feria y cuando había festejos varios. Por último, este salón se lo rentaban a don Maco, el dueño del cine Tikalito.

Por muchos años, don Maco llevó al pueblo el único entretenimiento de los fines de semana. Él llegaba a nuestro municipio a exhibir películas en blanco y negro, y eso se había hecho una costumbre. Cuando él no llegaba, todo el mundo lo extrañaba.

En la parte de enfrente de la municipalidad había un corredor con varias bancas de madera. Esa era el área de espera para las personas que llegaban a hacer algún trámite a cualquiera de las oficinas municipales.

En la esquina opuesta a la estación de la Policía Nacional —al lado derecho, vista desde el parque— se encontraba la Oficina de Correos y Telecomunicaciones. Unos pasos en dirección a las cárceles, había tres cuartos dormitorios, uno de los cuales lo ocupaba el telegrafista y los otros dos eran para los policías municipales.

En esta oficina de correos la gente podía enviar de manera certificada dinero en efectivo o documentos importantes a cualquier parte del país o fuera de él. La certificación consistía en colocar en un sobre el dinero o los documentos. Este sobre lo sellaban con lacre de color rojo.

El lacre lo calentaban y, cuando estaba en estado maleable, dejaban caer una gota de regular tamaño sobre los dobleces del sobre. Le ponían un sello especial de acero y, al estar frío, el lacre se endurecía y quedaba inviolable.

Esa era una de las tareas del mensajero de la oficina de correos.

Los pequeños sacos con la correspondencia los sellaban con plaquitas de plomo tipo marchamo. Este metal hacía el trabajo de candado. Los sacos podían ser abiertos únicamente por el destinatario.

Don Tavo y su Florecita eran los encargados de transportar las bolsas del correo de San Pablo a la cabecera departamental y viceversa. Esa tarea la efectuaban todos los días.

El telégrafo en la oficina de correos

En esta oficina de correos también se enviaban telegramas a cualquier lugar del país. Eran muy seguros y su contenido era privado, no podía ser divulgado por ningún motivo por los empleados de la oficina de correos. Se pagaban tres centavos por palabra y el mínimo de palabras era cinco. Esa fue la razón por la que se hizo famoso en el pueblo los siguientes mensajes:

Espérote mañana temprano sin falta.

Deséote feliz cumpleaños, abrazos cariñosos.

Había algunos telegramas que no eran muy explícitos, no dejaban muy clara la noticia:

Mamá grave, sigue mejor.

La transmisión de los telegramas de una oficina de correos a otra muy distante se hacía por medio del telégrafo, empleando el alfabeto morse (conjunto de signos que establece una correspondencia entre letras y combinaciones de puntos y rayas o señales cortas y largas; se utiliza en sistemas de comunicación por medio de impulsos electrónicos).

El teléfono en la oficina de correos

El servicio de llamadas por teléfono que prestaba la oficina de correos no era eficiente y por esa razón carecía de muchos clientes.

Había que esperar un largo tiempo para que la línea se despejara. Luego, al hacer la llamada, había que subir el tono de voz para que la otra persona escuchara. Todas las personas que estaban cerca de la oficina se enteraban del contenido de la llamada de un cliente, no había privacidad.

Cuando llegaba un telegrama urgente para alguno de los finqueros, la oficina de correos buscaba a una persona voluntaria para llevar el telegrama a su destinatario. Este —el destinatario— pagaba un quetzal por el servicio prestado.

Dentro de las obligaciones del mensajero de la oficina de correos no estaba esta tarea, él se encargaba de la distribución de la correspondencia a nivel local solamente.

Al frente del edificio y a la orilla de la banqueta había un tubo fundido. Este tubo era el asta para enarbolar la bandera nacional o la del pueblo, de acuerdo con la fecha, así era la celebración que se llevara a cabo en el municipio.

Los días de la independencia, los alumnos de las escuelas hacían acto de presencia frente al edificio de la municipalidad, entonaban el himno patrio y hacían actos protocolarios en presencia de las autoridades municipales. En un par de oportunidades nos visitaron escuelas de Tuxtla Gutiérrez, del estado de Chiapas, México, para compartir la celebración de la independencia de ambas naciones.

Más o menos a la altura donde ondeaba la bandera enarbolada, el consejo municipal reformó la parte frontal del techo de la municipalidad. Hicieron un caballete en la parte de en medio de la longitud del edificio, le agregaron una pequeña ventana con pequeñas rejas de la misma madera y colocaron una bocina en la parte interior. Esta reforma fue hecha con el fin de que los ciudadanos del pueblo pudieran escuchar radioemisoras del departamento o de la ciudad de Tapachula, México.

El policía municipal sintonizaba la emisora a las seis de la tarde y apagaba el radio una hora antes de que apagaran la luz del pueblo. Los radioyentes se iban para sus casas poco antes de las diez de la noche. A esa hora apagaban la luz eléctrica y todo mundo se tenía que ir para sus respectivas casas.

Los patojos que estaban en el parque y veían a don César Ruiz caminar a orillas del área con una lámpara en mano, todos salían corriendo para sus casas. Don César era el encargado de desconectar la planta eléctrica.

La Vialidad, años después la cooperativa

Seguidamente después del edificio de la municipalidad, yendo hacia la parte norte, había una casa pequeña a la que le llamaban Vialidad (conjunto de servicios pertenecientes a las vías públicas).

Esta casa estuvo vacía por mucho tiempo, hasta que fundaron la cooperativa de los caficultores del pueblo.

En este espacio de terreno es donde se encuentra actualmente el edificio de Banrural.

Escuela #2 para niñas -1955

Después de la Vialidad o cooperativa, se encontraba la escuela para niñas.

El nombre que le habían asignado a las dos escuelas —de niñas y de varones— fue únicamente para identificarlas, las dos eran mixtas.

En la ventana del lado derecho —visto desde la casa de doña Goya— era el salón de seño Lucinda Pereira —segundo grado—. En la ventana del lado izquierdo era el salón de seño Juana V. de Newell —tercer grado—.

La ventana que estaba cerca de la puerta al lado izquierdo —vista desde el parque— era el salón de sexto grado, seño Alva Teresa Castillo.

La historia del león puma

La especialidad de don Natalio era la de preparar cuero de animales para confeccionar variedad de artículos de dicho material. Por esa razón fue llevado a su taller un puma que fue cazado en las faldas del volcán Tajumulco, para que él hiciera los arreglos correspondientes y remover el cuero del cuerpo del animal.

Mientras el animal muerto se encontraba en el taller de don Natalio, el consejo municipal, en común acuerdo con el dueño del taller, envió una invitación a los alumnos de la escuela para Niñas y varones, para que hicieran una visita al lugar, para que tuvieran la oportunidad de conocer a un animal salvaje y enriquecer sus conocimientos en ciencias naturales.

Las dos escuelas, la de niñas y varones, organizaron la visita por grupos, grado por grado.

Todo iba bien hasta que les tocó el grupo a los alumnos del segundo y tercer grado de primaria. La maestra en turno, seño Lucy y seño Juana, nos formaron en una sola fila. Nos dirigimos a la casa de don Natalio. La distancia era de cuadra y media, la cual nos tomó tres o cuatro minutos en llegar al taller.

Nuestro grupo había sido el último de las dos escuelas. Don Natalio ya estaba cansado y ya no nos prestó mucha atención. Su plática duró solamente cinco minutos. La mayoría de los del grupo se dedicaron a ver los trabajos de don Natalio y a llevarse cualquier suvenir del lugar. Al puma, por el mal olor que tenía, muy pocos se le acercaron.

Cuando volvimos a la escuela, la plática de las maestras se concentró en mencionar las diferentes clases de león que existían en la selva, su peligrosidad y cómo se alimentaban.

Escuchando la plática de la maestra estábamos cuando don Natalio y Avelino —un agente de la Policía Municipal— entraron a la escuela. A don Natalio le temblaba la voz y se sostenía de las paredes o cualquier objeto que encontraba al ir caminando, iba muy enojado.

Después de escuchar el motivo de la presencia de don Natalio en la escuela, algunos alumnos tratamos de huir, pero fue imposible, la puerta principal había sido cerrada. Nos obligaron a que sacáramos todas nuestras pertenencias de las bolsas de nuestro pantalón y nos pidieron que las colocáramos en una mesa grande que estaba en una de las aulas.

Al final del desalojo de nuestras pertenencias, en la mesa había clavos de diferentes medidas, suelas de zapatos, pedazos de cuero de diferentes colores, una herradura de caballo, un par de hebillas de cinturón... Por si todo hubiera sido poco, también estaban los anteojos de don Natalio, uno de los alumnos se los había llevado como recuerdo.

Don Natalio, enfurecido, se colocó los anteojos, se llevó todas sus demás cosas y se marchó. Dijo que no quería saber más acerca de nosotros.

A seño Lucy le dio un ataque de risa y no pudo permanecer con las otras dos maestras, seño Tere y seño Juana. Seño Lucy abandonó el salón porque no pudo soportar lo que había visto, le causó mucha risa ver que uno de los alumnos se había llevado como recuerdo los anteojos de don Natalio.

El castigo impuesto por parte de las maestras fue que los alumnos no podían salir a recreo durante un mes.

Una señora que vendía arroz en leche frente a la escuela y otras tiendas cercanas al lugar presentaron una queja a la municipalidad, porque sus ventas habían bajado por falta de compradores. El castigo impuesto por las maestras fue suspendido. Este solamente duró cuatro días y todo continuó normal.

PARTE CINCO
(De Nayo Solano a La Nobleza)[5]

La casa de don Nayo Solano

Don Nayo Solano y doña Lucinda Pereira fueron maestros en el pueblo. Debido a su profesión, se ganaron el respeto y la admiración de los habitantes.

En la casa vivía don Nayo, seño Lucy, Pilar, Raúl, Rolando, Betty y Mario. También vivía en la casa de don Nayo don Carlos Méndez, hermano de don Nayo. Por un periodo de dos años, Julia y Chepe, sobrinos de don Nayo, también formaron parte del grupo de la familia Solano.

Años después la pareja de esposos procreó a dos hijos más, Coqui y Gladys.

Todos ellos eran miembros de tan bonita familia. Siempre les tuve una admiración muy especial.

La familia Solano Pereira fueron los primeros que tuvieron televisión a color en San Pablo en la década de los 60.

En la casa de la familia Solano Pereira existieron un par de mascotas, dos perros de raza pastor australiano. Eran de un color dorado, muy bonitos. Por nombre les llamaban Perla y Duque.

---

5   Ver mapa en página 8

Un triste atardecer en la vida de don Nayo

A finales de los 50 se estaba construyendo la carretera desde aldea Colima hasta el puente Cabús, punto donde se conecta la carretera con San Rafael Pie de La Cuesta y aldea Chayen.

Este nuevo tramo de carretera facilitó desde esa fecha el trayecto hacia la cabecera departamental San Marcos.

Muchas personas de diferentes lugares de Guatemala llegaron a trabajar en el proyecto de la carretera y se acomodaron en casa de varios vecinos en el pueblo. Entre ellos se encontraba el señor Carlos Samayoa, quien años más tarde uniera legalmente su vida con Marina Mazariegos, una señora elegante muy querida por todos los habitantes del municipio.

A la casa de doña Amalia Mazariegos llegó un señor con su esposa y dos niñas pequeñas, una tenía cinco años y la segunda niña tenía dos o tres años. Ellos eran oriundos del oriente de nuestro país.

El señor padre de las niñas era uno de los camineros —así le llamábamos a los obreros que trabajaban en la carretera— que habían llegado a trabajar bajo contrato en la obra que se había iniciado en ese tramo carretero.

A pesar de que la tarde estaba soleada, esta marcó en la existencia de don Nayo Solano el momento más oscuro de su vida, dada la naturaleza del accidente en el cual se vio involucrado.

Él venía conduciendo su camión de retorno de Malacatán, rumbo a su casa, con tan mala suerte que, al pasar frente a la residencia de doña Amalia —parte norte del parque—, la niña más pequeña del señor caminero salió corriendo repentinamente queriendo agarrar una pelota. Para mala suerte de don Nayo, él no se dio cuenta de la presencia de la niña y la atropelló, causándole la muerte instantáneamente.

El pesado camión pasó sobre el cuerpecito de la niña, con el fatal resultado ya descrito. Esto causó una consternación indescriptible en cada uno de los habitantes del municipio, ensombreciendo la tranquilidad de todos. Fue algo espantoso que jamás se había visto en nuestro pueblo.

Gracias al apoyo de toda la comunidad, don Nayo no tuvo que ir a la cárcel, únicamente estuvo en arresto domiciliario por un tiempo mientras se seguía el juicio correspondiente.

A partir del desafortunado momento, el señor Solano ya no fue la misma persona: se le veía triste, preocupado y en algunos momentos su mirada reflejaba el lamentable momento de aquella tarde.

La comunidad entera estuvo al lado de don Bernardo, prestándose a testificar a su favor en el juzgado local, así como también ante un juez en la cabecera departamental. Fue precisamente en esos días cuando los habitantes del pueblo le demostraron al señor Solano el gran aprecio que le tenían, brindándole el apoyo moral que él necesitaba.

Las pocas veces que a él se le vio por alguna de las calles del pueblo después del accidente, toda la gente, por medio del acostumbrado saludo, le transmitía el mismo cariño y afecto de siempre, demostrándole que no estaba solo.

Esa era la mejor cualidad de los pobladores en esos tiempos: cualquier problema o dolor ajeno era percibido y sufrido por todos, sin importar el nivel social o económico de cada uno de los habitantes del pueblo.

Al final del juicio seguido en su contra dejaron absuelto a don Nayo, imponiéndole una multa; además, tuvo que cubrir todos los gastos ocurridos y posiblemente una indemnización económica a la familia de la niña.

Así fue como el caso quedó cerrado. Conforme el paso de los años, el lamentable accidente pasó al olvido —aparentemente—, sin descartar la posibilidad de que este percance le haya causado mucho daño a la existencia del señor Solano.

El hijo de la cocinera

Eran los años 50 en un pueblo solitario, situado en las faldas del gran coloso de San Marcos, el volcán Tajumulco.

En el tranquilo pueblo había una familia respetable, querida por los habitantes del lugar. El señor, con facciones de extranjero y con pinta de finquero, se ganó el respeto de los habitantes del lugar debido a que era miembro del consejo municipal y maestro de la pequeña y humilde escuela hecha de madera, construida en uno de los terrenos del pueblo que colindaba con otros de su propiedad.

Su esposa también se dedicó a la enseñanza a nivel primario, y aunque ella no tenía una certificación otorgada por el Ministerio de Educación, se ganó el aprecio de todos los niños y de toda la comunidad. Ella impartió clases en una pequeña escuela del pueblo y más tarde continuó brindando sus conocimientos en una escuela moderna, con sus equivalencias al día, algo que le dio solidez a su trabajo, hasta alcanzar su retiro a finales de los 60 o quizá a principios de los 70.

La casa de esta pareja de esposos, maestros del pueblo, estaba situada en una esquina opuesta al parque, con la vista frontal hacia la iglesia católica y uno de sus costados hacia un terreno baldío. Al fondo estaba construida la escuela para varones. Ese costado de la casa la compañía tabacalera lo usaba como pantalla para exhibir películas gratuitas a la población.

Al lado izquierdo de esa vista lateral había una puerta, la cual servía de acceso a la pequeña tienda. En ese espacio de la tienda había un mostrador de madera rústica en forma de L y sobre ese mismo mostrador había una pequeña balanza. En uno de los dos extremos del mostrador, esporádicamente, un gato dormía la siesta.

En la pequeña sala había dos butacas de madera, en la cual el señor de la casa y un hermano suyo pasaban las tardes platicando sus aventuras y quién sabe qué más cosas, con un cigarrillo Víctor sin filtro en los labios, disfrutando sus momentos de descanso. A veces él se quedaba dormido y alguien de su familia lo despertaba cuando el cigarrillo casi llegaba a su final.

La vista frontal de la casa tenía tres ventanas y una puerta al lado derecho, que también hacía conexión con el área de la tienda.

Casi enfrente de la cocina, al otro lado de la calle, estaba situada la planta eléctrica. El motor de combustible que le daba energía al alumbrado del pueblo lo ponían en funcionamiento a las seis de la tarde y lo desconectaban a la diez de la noche —datos mencionados anteriormente—.

La cocina de la casa estaba construida en la misma vista frontal, uno o dos pies hacia adentro de la línea de la casa. Había una puerta que daba acceso a un pequeño corredor. A la izquierda estaba la cocina y comedor; al lado derecho estaba la sastrería de don Carlos, hermano del señor de la casa.

Una casa muy ordenada, con sus camas separadas y a la vista de quien tuviera la oportunidad de caminar por ese pequeño corredor, con un piso de concreto repellado fino, de un color gris brilloso. Las plantas de buganvilla de color rojo y otras flores de diferentes colores, plantadas pegadas a la pared de la casa, algunas subiéndose al tejado como muestra de su mayoría de edad; un árbol de anonas pegado a la pared de la sastrería de don Carlos y otras plantas más pequeñas alrededor del área verde.

Al fondo de la casa se encontraba construido un pequeño patio con su superficie un tanto desnivelada. Ahí secaban el café y lo almacenaban en una pequeña casilla construida a un lado de dicha área cementada.

El patio general de la casa estaba empedrado, para evitar que la tierra hiciera de las suyas en tiempo de lluvias.

En la cocina se encontraba la señora de oficios domésticos, haciendo su trabajo como empleada de la casa, y su hijo llamado Edu, con la edad de un año. El niño no comprendía absolutamente nada de lo que sucedía en su entorno. No encontraba explicación a por qué su madre estaba trabajando en ese lugar y no estaba en el hogar donde estaban sus demás hermanos.

Edu jugaba con el hijo mayor de los señores de la casa, llamado Roly. Los dos niños mantenían muy buena armonía, no peleaban y compartían todo; sin embargo, la mayor parte del tiempo Edu lo pasaba en el área de la cocina, agarrado con una de sus manos del vestido de su señora madre. Ella haciendo su trabajo y el niño haciéndole más difícil la tarea laboral. Así fueron pasando los meses y Edu cumplió su segundo año.

En ese tiempo, en las casas no se usaban estufas de gas corriente, ni mucho menos gas natural o gas propano. La cocina o poyo era de leña rajada en pedazos, como se acostumbraba en todo el vecindario, y esta era una de ellas.

En la cocina de la casa en la que trabajaba la madre de Edu había un poyo con parrillas de hierro, hechas en diferentes círculos intercambiables, de acuerdo con el diámetro del recipiente. Así era la forma del metal que se quitaban o ponían para poder cocer los alimentos a mayor o menor contacto con el fuego.

En la misma cocina había un sistema para calentar el agua, el cual consistía en lo siguiente: hacían circular agua por medio de tubos de metal galvanizado, los cuales pasaban por las paredes a pocas pulgadas donde estaba el fuego. El agua que pasaba por los tubos se calentaba y se acumulaba automáticamente a un depósito. Así podían disfrutar de baños de agua caliente a toda hora.

Este sistema térmico no era muy común en el pueblo. Lo tenían instalado en el área de la cocina únicamente las casas de personas que gozaban de solvencia económica estable.

Un día la madre de Edu puso un recipiente con agua caliente a orillas del poyo y Edu accidentalmente tomó el recipiente por el asa y lo jaló. Toda el agua caliente que estaba dentro de dicho recipiente se derramó y le quemó parte del brazo izquierdo y un costado de su cuerpo. Las quemaduras fueron severas y la madre de Edu sufrió mucho por ese accidente, ella se sentía culpable por la tragedia de ese día.

Con remedios caseros lograron que las quemaduras no se infectaran y poco a poco estas fueron sanando.

Cuando Roly se enteró del accidente que Edu había sufrido, lo trató con más cariño. Él lo tomaba de la mano para cualquier lado que ellos fueran a jugar, para demostrarle que lo estaba protegiendo y que Edu no se lastimara el brazo donde tenía las quemaduras.

Una mañana, Roly tomó a Edu del brazo y lo invitó a cruzar la calle sin que alguien de la casa se enterara de ese corto paseo. Al cruzar la calle los dos niños desaparecieron de la vista de todos los que habitaban en la casa.

Poco tiempo había transcurrido y sonaron las alarmas. Todos empezaron a buscarlos, vieron en todos los cuartos, fueron a revisar a la casilla de café. Al mismo tiempo se dirigieron al pequeño río que corre cerca de la casa hasta llegar al palo de mango, y nada, los dos niños habían desaparecido.

Después de revisar dentro del perímetro de la casa, todos salieron al parque a ver si estaban jugando en ese lugar. Le preguntaron a toda persona que pasaba por la calle y ninguno daba razón de los dos niños perdidos.

La señora de la casa, madre de Roly y todos los demás, en su desesperación y angustia por la desaparición de los niños, se dirigieron a la iglesia a pedirle al patrón del pueblo para que los niños aparecieran.

Al entrar todos a la iglesia se llevaron la gran sorpresa: encontraron a los dos niños hincados, con los brazos hacia arriba, pidiéndole a los santos para que sanaran las quemaduras de Edu. De alguna manera, a Roly también le había afectado lo que a Edu le había sucedido y, para demostrar su amor hacia Edu, lo llevó a la iglesia para encontrarle algún alivio a las quemaduras sufridas.

Con mucho aprecio, Lic. SP ER.

Osmar E. Maldonado

La Marimba Maya —mal llamada «Costillas del Diablo»—

Después de la cocina de la casa de don Nayo Solano, yendo hacia El Porvenir y al lado derecho, se encontraba una casita pequeña y ahí era donde guardaban la marimba y hacían sus prácticas los integrantes de La Marimba Maya. Don Carlos Méndez era uno de ellos y él facilitaba el espacio sin pagar ninguna renta.

De los integrantes de La Marimba Maya, el grupo uno correspondía a la marimba grande y el grupo dos a la marimba pequeña:

Grupo uno: don Pedro Mendoza, don Lico Mendoza, Arturo Rodríguez y don Carlos Méndez

Grupo dos: Alfonso Orozco, Roderico Rodríguez (Cheque) y don Nancho de la Cruz.

Salvador Rodríguez (el de la batería)

Beto Barrios (cumba, el del violón)

Al mismo tiempo que la marimba hacía sus prácticas, daba inicio el culto evangelístico en una iglesia cerca de la casa donde tocaba la marimba. Esa fue la razón por la que el pastor de esa iglesia les llamó «Costillas del Diablo» al conjunto marimbístico. Según el pastor, el demonio los había enviado para interferir en su culto religioso.

Doña Marina Carredano

Después de la casita donde estaba La Marimba Maya estaba la casa de los Carredano.

En una de las dos áreas de la pequeña casa vivía doña Marina Carredano. Los hijos de doña Marina eran Lupe, Romeo, Dorly y María, hijos de don Lupe Flores. Por alguna razón don Lupe y doña Marina se habían separado.

Doña Marina y sus hijos vivían en esa pequeña sección de la casa.

El segundo esposo de doña Marina fue don Teodoro Fuentes y con el procreó varios hijos, el primero de ellos llamado Víctor.

Cuando yo me encontraba en segundo grado de primaria, llegó una invitación al aula para que todos los alumnos asistieran al funeral de un niño recién nacido en la casa de doña Marina y que por alguna razón había fallecido. El sufrimiento de doña Marina por la pérdida de su pequeño niño fue muy grande, a tal grado que marcó una huella de mucho sentimiento en mi corazón. Hasta la fecha lo recuerdo como si hubiera sido ayer.

Doña Lucila y don Manuel Carredano

La casa donde vivía doña Marina estaba pegada a la casa don Manuel Carredano, su hermano; eran dos casas en una.

Antes de llegar al copante del río San Pablo, estaba la sección de la casa donde vivía don Manuel Carredano y doña Lucila. Don Manuel trabajaba en la finca El Porvenir y doña Lucila era costurera, ella trabajaba en casa.

El único hijo de la pareja de esposos era Rolando. Ella permanecía la mayor parte del tiempo en su casa, casi no salía, pero él siempre estaba rodeado de amigos. A los muchachos de su edad les gustaba hacerle la visita porque él hacía reparaciones de cualquier aparato eléctrico o lo que fuera. Era muy activo, y eso era lo que llamaba la atención de sus amigos. En las noches jugaban a la lotería y la pequeña sala de la casa se llenaba de jugadores. Se notaba que doña Lucila era muy comprensiva con él, lo quería mucho y lo trataba con todas las consideraciones.

La casa de la familia Barrios

Don Benedicto y doña Juanita eran los señores de la casa. El único hijo varón era Beto (cariñosamente llamado Beto Cumba o Beto Loco). Las hijas mujeres eran las siguientes: doña Alicia, doña Romelia, doña Amparo y otras. El único de la familia que se casó y tuvo hijos fue Beto. Las hijas mujeres se quedaron solteronas, a pesar de que eran atractivas y trabajadoras; a ellas no les llamó la atención vivir en pareja.

Además de los miembros de la familia Barrios, en la casa vivía un señor llamado Pilo, el que se encargaba de mantener la casa en orden. También vivía América, era la que hacía los oficios domésticos y cocinaba para el pequeño comedor abierto al público en casa de las Barrios.

Las hermanas de Beto, que vivían en la finca El Porvenir, se enteraron de que él era portero en un equipo de futbol en el pueblo y que habían ganado un encuentro un fin de semana. Inmediatamente se pusieron de acuerdo e hicieron viaje al municipio, para ir a felicitar a Betillo —así le llamaban las hermanas—.

Ese día, las hermanas le hicieron un almuerzo especial a Betillo por los triunfos que estaba alcanzando en el deporte.

Después de que terminaron la pequeña ceremonia, las hermanas que vivían en la finca El Porvenir tenían deseos de llevarse una foto de Betillo y le pidieron que se vistiera con el uniforme de portero. En seguida le pusieron una gorra, le pidieron que tomara una pelota y que se acostara en la calle empedrada frente a la casa donde vivían. Ahí le tomaron la foto.

La esposa y los hijos de Betillo se sentían orgullosos de él, así como también las hermanas y la demás familia.

La iglesia católica

La iglesia del pueblo estaba en mal estado: la madera con la cual había sido construida ya estaba deteriorada, las láminas del techo ya tenían algunas perforaciones y, en tiempos de invierno el agua, se filtraba en varios lugares. Era muy incómodo para los feligreses estar colocando recipientes en cada gotera y hacer limpieza en cada aguacero que caía. En la parte exterior, una de las tres esferas que decoraban cada uno de los picos del campanario ya se había caído y se corría el riesgo de que, al caer una más, causara algún accidente lamentable.

La llegada del padre Luis Diez de Arriba sorprendió a toda la comunidad. Él llegó de sorpresa al pueblo y se quedó por varios años haciendo cambios y reorganizando las actividades religiosas que se llevaban a cabo en el municipio.

El padre Luis Diez de Arriba, en compañía de don Moisés, su sacristán, y Chonita, la perrita —la mascota del cura—, se acomodaron en la dañada casa parroquial. Los tres fueron los primeros huéspedes de la dañada iglesia católica.

Con la ayuda de varias señoras residentes del pueblo, el padre Luis pudo realizar la obra para la cual él había llegado a nuestro municipio.

El padre Luis realizó muchas actividades religiosas, gracias a la colaboración de las siguientes personas: doña Lucinda Solano, Amable Solano, Ilse Arreaga, Alicia Barrios, Roselina Mendizábal, Vila Mendizábal, Cándida Barrios, María Arreaga, Alfonsina Arreaga, Angélica Arreaga y otras señoras que esporádicamente se daban cita a la iglesia.

Don Moisés, el sacristán, formó un grupo de *boy scouts* y un equipo de futbol. Más tarde abrieron un casino y lo instalaron en la desocupada escuela para varones, la escuela de abajo.

Uno de los requisitos para ser miembro del casino era asistir a la iglesia todos los domingos y llevar un banco o banca al casino. El casino no tenía muebles para que los miembros se sentaran, únicamente había unas mesas que quedaron después de que los alumnos se trasladaran a la escuela Marroquín.

Después de que el padre y el sacristán lograran reunir a varios patojos, los invitaron a que hicieran la primera comunión y los que no aceptaron los expulsaron del grupo de *boy scouts*, del equipo de futbol y ya no tuvieron acceso al casino. Como era de suponer, yo fui uno de los inaceptables, junto a mi amigo Chus, Mardo y Gilberto.

Años más tarde, Mardo volvió a la iglesia y se convirtió en el sacristán, después de que este puesto quedara vacante debido al retiro de don Moisés.

El padre se valió de muchos medios para poder construir la iglesia católica: pidió donaciones a los finqueros, hacía rifas en el pueblo, cobraba por los bautizos y las ceremonias religiosas —hasta los repiques de campanas eran pagados—. De alguna manera había que reunir dinero para la construcción de la iglesia.

Don Roberto Guirola Batres, dueño de la finca Buena Vista y muy amigo del padre Luis Diez de Arriba, al darse cuenta de la necesidad que había en la iglesia, hizo la donación de un Land Rover nuevo para que este fuera rifado y todos los fondos recaudados sirvieran para construir la iglesia católica.

Después de más de un año, los números de la rifa no se lograban vender en su totalidad y don Roberto Guirola se hizo presente nuevamente, comprando los más de cuatrocientos números restantes.

El día de la rifa, cada uno de los participantes mantenía la esperanza de ganar el carro, pero para ellos fue simplemente una ilusión: el carro se lo ganó don Roberto Guirola. Nuevamente don Roberto donó el carro a la iglesia y este quedó para el servicio del padre Luis Diez de Arriba.

En el pueblo hay un dicho de don Élfego Hernández y en esa oportunidad lo aplicaron. La gente no quedó muy conforme y sin hacer mucho ruido gritaba: «¡Eso fue compuesta!».

Con el dinero que se había recaudado, el padre decidió comprar los moldes y todo el material necesario para la fabricación del *block*. También tomó la decisión de suspender todas las actividades deportivas y recreativas.

Así fue como todos los integrantes del equipo de futbol, los *boy scouts* y los miembros del casino —incluyendo a los indeseables— se dedicaron a la fabricación del *block* para la construcción de la iglesia.

Adentro de la escuela de varones —casino en ese momento— se colocaron los moldes y todo el material requerido, y empezamos a construir.

El padre nos pagaba cinco centavos de quetzal por *block* terminado. Así fue como se logró construir gran parte de lo que hoy es la iglesia católica.

A un lado de la vieja iglesia había un anexo, el lugar de la sacristía. Ahí vivió temporalmente el cura mientras se construía la casa parroquial.

En horas de la tarde, al señor cura le gustaba leer, pero nosotros le hacíamos la vida imposible. Todos los días íbamos a bajar limas al árbol que estaba pegado a la sacristía y le quitábamos su concentración.

Para evitarse problemas, el cura dio órdenes de que botaran el palo de lima y ahí se terminaron nuestras visitas al lugar.

Después de un corto tiempo, el padre construyó la casa parroquial, antes de iniciar la iglesia. De ahí en adelante las cosas fueron diferentes para el señor cura, vivió con más comodidad.

En el año de 1955, antes de la construcción de la iglesia, llegaron las primeras pacas de ropa de los Estados Unidos a la iglesia católica del pueblo, designadas única y exclusivamente para la gente pobre, gente de escasos recursos, y que estas fueran favorecidas de alguna manera.

Debido a que las personas encargadas, por no hacer la distribución justa entre los pobres, favoreciendo únicamente a sus familiares y amigos, las donaciones fueron suspendidas definitivamente y jamás volvió a llegar esta clase de ayuda a la comunidad en forma gratuita.

Sesenta años más tarde volvieron a llegar al pueblo las pacas de ropa desde los Estados Unidos, pero en estos envíos las prendas de vestir ya tienen un costo en dólares o quetzales.

Durante los años que el padre Luis estuvo en el municipio le sucedieron algunas cosas desagradables. Ese fue el motivo principal por el cual el padre no pudo terminar de construir la iglesia y tomó la decisión de abandonar el pueblo antes de que esta fuera terminada totalmente.

La llegada al pueblo de misioneros evangélicos, la decisión de cambiar de religión de algunos fieles católicos y la poca colaboración de algunos habitantes impactó la buena voluntad del cura. Y por si lo anterior hubiera sido poco, alguien de mala entraña le dio veneno a su perra llamada Chonita, lo que le causó la muerte instantáneamente. Todo eso fue suficiente para que el padre se fuera del pueblo.

El grado de su tristeza se vio reflejado en el libro, *Un pueblo en la montaña*, que escribió en el año 1967, donde hace mención del impacto emocional que sufrió debido a la ausencia de la perrita.

Así fue como se dio por terminada la presencia del padre Luis Diez de Arriba en el municipio de San Pablo, dejando en cada uno de sus habitantes más de algún recuerdo por sus obras realizadas.

Motor que generaba luz eléctrica en el pueblo

Inmediatamente después de la iglesia se encontraba la planta de energía eléctrica, en medio de la iglesia y la planta estaba el árbol de lima.

Los patojos hicimos lo que quisimos con ese árbol, hasta que llegó el cura a poner orden, tal y como se mencionó anteriormente. (Don César Ruiz era el encargado de hacer funcionar el motor de la luz por un período de cuatro horas, a partir de las seis de la tarde a las diez de la noche.)

Cuando hacían falta cinco para las diez, no era necesario ver a don César, todos salíamos corriendo para nuestras casas. Sabíamos que era hora de ir a dormir, a oscuras no podíamos seguir jugando.

Si la planta eléctrica —motor— sufría un desperfecto, Alfonso Escobar se encargaba de hacer las reparaciones del caso. Con la ayuda de un libro de Hemphill School encontraba las fallas. Si el desperfecto requería una reparación más minuciosa, llamaban a don Roberto Lam para hacer funcionar nuevamente la planta.

Terreno de don Carlos Escobar

En el terreno que quedaba cerca de la planta eléctrica, en una de las esquinas de esa propiedad de don Carlos Escobar, había unos cimientos con columnas de hierro de una casa que jamás fue terminada de construir, por la forma como fue abandonada. Daba la idea de que había un error de trazo o de diseño. Así permaneció por muchos años, hasta que Tono, uno de los hijos de don Carlos, removió totalmente esa vieja construcción y construyó su casa en el mismo sitio.

En ese terreno baldío, un grupo de patojos nos reuníamos todas las tardes para jugar de Tarzán. Los árboles plantados en ese lugar se prestaban para tal propósito. Por si eso hubiera sido poco, también teníamos a la mano las aguas del río San Pablo. Julio Lam hacía el papel de Tarzán, Armando —el hermano— era Boy, el hijo de Tarzán, y Miguel, un muchacho de las parcelas al que llamábamos Esquipulas, hacía el papel de mono.

Tono Escobar era el jefe de los indios y todos los demás patojos lo seguíamos a él. Tono, hijo del dueño del terreno, era el que daba las órdenes. El que se portaba mal lo corría del lugar sin estar dando muchas explicaciones. Desde esa fecha ya demostraba su carácter fuerte.

En una oportunidad, a mí se me fue la mano y con una lanza le pegué en la frente al hijo de Tarzán. En el momento en que todos vieron sangre en el rostro de Boy, se pusieron furiosos. No tuve más que salir corriendo por toda la orilla del río. Detrás de mi iba Tarzán. El jefe de los indios, todos los indios, el elefante, el mono y los demás animales, todos me querían agarrar a golpes, pero me les pude escapar, jamás me aceptaron una vez más en ese lugar.

La casa de don Carlos López

Don Carlos López era el esposo de doña Amparo. Ahí vivían ellos con sus hijas Elida, Edelmira, Lilian, Wila y Míriam, y el último hijo de la pareja de esposos, llamado Carlos.

Don Carlos era chofer, peluquero, marimbero, hacía tambores, reparaba relojes, mecánico y negociante, le tiraba a todo lo que estuviera en movimiento.

Don Beto Méndez le estaba dando clases de manejo a don Carlos, pero por mala suerte habían elegido un lugar no indicado para tal propósito.

En esa oportunidad, don Carlos tuvo un accidente en el puente de La Laja y por poco pierde la vida en compañía de don Beto Méndez.

Don Beto era chofer de la Marylena, propiedad de don Beto Lam, y don Carlos era el ayudante. Don Carlos estaba aprendiendo a manejar en esa peligrosa bajada de La Laja. Esa noche o madrugada —el cálculo para tomar la vuelta del puente fue erróneo— perdió el control, la camioneta volcó y fueron a parar al río. Por suerte quedaron vivos.

En la esquina donde estaba construida la casa de don Carlos López y la familia Barrios quedaba el cantón de León, hacia el lado derecho.

El cantón de León

Al cruzar la calle, al lado derecho de la esquina de la familia Barrios, quedaba el cantón de León.

En el cantón vivía la mayoría de los familiares de don Vicente de León y doña Candelaria, su esposa.

La casa de don Vicente era la primera que se encontraba construida al lado derecho yendo hacia El Cerrito. En esta casa vivía Florindo, Baudilio, Rolando, Emilia, Vina y Samuel.

Acá también vivía don Erasmo, con su esposa doña Mercedes y sus hijos Misael, Elsira, Darío y otros. Era una persona muy amigable y respetuosa, y por esa cualidad que tenía se ganó el aprecio de la mayoría de los habitantes del pueblo.

Era muy colaborador y siempre estuvo a la orden de los más necesitados. Participaba en todos los acontecimientos que se llevaban a cabo para beneficio de toda la comunidad, eso fue algo que lo identificó desde muy temprana edad.

Estando don Erasmo con vida, yo le hice llegar la siguiente carta, con el único fin de saludarlo y hacer de su conocimiento el don de gente que lo hizo ser diferente para todos los que tuvimos la suerte de convivir con él.

18 de septiembre de 2014

Don Erasmo, no le pregunto cómo le va en la vida, porque los que conocen profundamente al más grande entre los grandes iniciados no les falta nada... ¿Es así o no?

Por supuesto que así es, pero no está de más desearle lo mejor y que todo a su alrededor sea a medida de sus buenos deseos.

Tengo tantas cosas que hablar con usted... Voy a empezar por decirle que me dio mucho gusto haber tenido la oportunidad de saludarlo el día que visité Mis Años Dorados, un sueño de amor en plena luz del día. Jamás pensé que me iba a llevar tan bonita sorpresa. Verlo entre tanta gente agradable, tanto el personal administrativo como los miembros activos del establecimiento...

Le voy a llevar algunos recuerdos a su memoria, es decir algunos pasajes de su vida los cuales yo recuerdo perfectamente. Claro, hay algunos momentos que se me escapan con lujo de detalle, porque la mente a nuestra edad ya no es la misma, pasados algunos años, la mente nos traiciona un poquito; sin embargo, hay algunos pasajes muy marcados.

Yo tenía 5 o 7 años y por allá a lo lejos me recuerdo que fuimos compañeros de trabajo. Yo ya le ayudaba a mi madre a llevar el sustento a la casa. Fue en el anexo Varsovia donde juntos cortábamos café, y esto no me lo estoy imaginando... Bueno, con decirle que hasta me recuerdo del tipo de sombrero que usted usaba... ¿Cómo la ve?

También me recuerdo cuando, en sus mejores momentos de romanticismo, usted le llevaba serenata a... ¿la luna o las estrellas? No sé a quién le dedicaba sus canciones, usted tocaba guitarra y cantaba. Era tanta la emoción... Y hasta amanecían, mayormente si era fin de semana.

Su compañero o amigo de música era don Fausto Ruiz, hermano de Hernán Ruiz, quienes vivían al dar la vuelta en dirección a su casa. Los mejores amigos son los que están cerca de uno, ¿no cree? Cerca de todo, aquellos que comparten con unos hasta las más grandes locuras cuando uno empieza a sentir que el amor es más que una canción.

Parcelamiento Santo Domingo

A mediados de los años cincuenta hubo un soplo de vida para las más o menos ochocientas cabezas de hogar que habitaban en nuestro pueblo. Gracias a la colaboración directa de don Roberto Guirola, el parcelamiento Santo Domingo fue fundado y cada parcela de 10 cuerdas fue entregada a cada señor de la casa. Me recuerdo muy bien cuando usted, mi padre Adolfo, don Astolfo, don Rómulo Robles, don Román Ramírez, mi abuelo Rosendo, don Nayo Solano, etc., participaban en las reuniones y la celebración que se hicieron cuando esto se llevó a cabo.

Por la manera como yo veía su participación, me imagino que usted era parte del comité encargado de la distribución de las tierras. Siempre lo vi optimista, alegre y con la sonrisa que siempre lo ha caracterizado. ¡Ah!, y por si eso fuera poco, también le gustaba silbar. Era sinónimo de persona alegre y, por ese don de gentes que aún posee, invitaba a los niños a que se acercaran a usted.

Me recuerdo la primera limpia que le hicieron a esos terrenos, fue algo que jamás he visto. Cada mata de escobillo era como de dos metros de altura, pero la ilusión y la felicidad de la gente dominó cualquier obstáculo. Así fue como empezó la primera siembra de maíz y frijol.

Cuando se levantó la primera cosecha de maíz, todos fuimos a dormir en champas hechas de cualquier material. En la noche hubo intercambio de tamales y los más adultos se entonaban con algo más fuerte.

Cuando se desgranaba el maíz, se apartaban las mazorcas más grandes para la próxima cosecha y se le daba gracias a Dios por su bendición. Era algo así como el Día de Gracias que se celebra actualmente acá en los Estados Unidos de América. Me recuerdo que hacían una cruz adornada con flores y la colocaban en el brocal del pozo. Y como que tenía una relación con la cosecha o con no sé qué, lo cierto es que había fiesta.

Déjeme contarle que en todo movimiento veía yo a don Erasmo de León. Era así como el señor de más confianza para todos los amigos de su época, llamémosle un líder de talla para ellos, de eso yo estoy convencido.

Las primeras familias que se trasladaron a las parcelas fueron las siguientes: don Juan Fuentes con su esposa y sus hijos, varios de ellos en diferentes parcelas, don Julio Sandoval, doña Amparo y sus hijos Gilda, Tereso, Ingracia y Salvadora. Juan Niz, su esposa e hijos.

La historia de la moto o motocicleta

Esta es otra de las cosas que quiero recordarle. Me imagino que usted se las ha platicado a sus hijos o amigos, y si no pues yo se las voy a decir para que vea de qué manera lo llevo en mi memoria.

No me atrevo a decir el día exacto, pero por la hora en que todos los niños de la escuela Marroquín Rojas veníamos corriendo por la carretera, calle poco más tarde, avenida años después y ahora un bulevar que impresiona a cualquiera, iluminado, y con adoquín. Creo que fue día viernes. En todo caso yo iba corriendo más o menos frente a la casa de don Francisco Cansinos cuando usted venía en su moto o motocicleta frente a la casa de doña María Lam. Al escuchar el ruido de su moto yo le puse más atención y me di cuenta de que usted venía manejando, pero se le veía alguna dificultad para hacerlo. Empezó a cruzarse de un lado hacia el otro, y ya cuando venía frente a la casa de los Arreaga, se subió a la banqueta de la casa de don Manuel Guillén/Beta Zamora. Al llegar a cierta altura de la banqueta, perdió el equilibrio y se cayó. No me recuerdo las heridas de su cuerpo, pero corrimos a auxiliarlo e inmediatamente salieron todas las señoras del vecindario con la misma intención.

Estando todos alrededor suyo, se escuchó una voz con un español quebrado, pero se interpretó que él también quería prestar su auxilio.

Un tipo alto, delgado, espigado, pelo rubio, de aquellos cabellos que no necesitan peinarse, el viento se encarga de buscarles posición. Un señor muy amable y con una educación envidiable. Su pinta era más o menos como la del vaquero americano Clint Eastwood. Era nada más y nada menos que don Guillermo Spark.

Él fue un enviado de Dios a nuestro querido pueblo, un señor que llevó y repartió la palabra de amor a todos los habitantes del municipio, que, como muestra a su buena labor, tuvo que dejar a una de sus dos hijas gemelas en el cementerio de la localidad.

Ellos fueron de paseo al río La Laja. Tuvieron la mala suerte de que una de sus dos hijas gemelas se ahogó, arrastrando su cuerpecito por todo ese río, hasta llegar a la poza del río Cutzulchimá. Eso fue algo que lastimó profundamente el sentimiento de todos y cada uno de los que vivíamos en San Pablo en ese tiempo.

Después de haber saludado a todos los que estaban alrededor, don Guillermo lo tomó entre sus brazos, lo levantó y le preguntó a usted si aceptaba su ayuda, la cual usted no rehusó. Él se lo llevó a Malacatán a que lo atendieran.

En ese tiempo circulaban un total de 15 automóviles en el pueblo, contando con los que iban y venían a los lugares vecinos. Por lo escaso del transporte la ayuda de don Guillermo fue como caída del cielo.

Después de pasados unos meses, su hermano Baudilio sufrió un problema de intoxicación en las parcelas y por alguna razón especial también se hizo presente la ayuda de don Guillermo Spark.

A lo que quiero llegar con ese mi pasaje por la vida es que, a raíz de esas dos experiencias suyas, usted conoció y se entregó al evangelio, fiel a su palabra.

Jamás supe que usted diera un paso atrás de la decisión que había tomado. Este es otro ejemplo para mí de su vida por esta linda tierra, lo cual a mis años no he podido imitar.

Don Erasmo y su sastrería

Tal y como mencioné anteriormente, la mente me traiciona en ciertos momentos y por tal motivo no tengo fecha exacta de algunos acontecimientos. Para consuelo propio, llego a la conclusión de que esta no es necesaria en este mi relato.

El alcalde de turno en una de sus obras hizo los locales comerciales en el mercado municipal, pero, antes de la construcción de esos locales, al lado derecho visto de frente, quedaba el improvisado rastro. Este consistía en un poste de madera, con un círculo de concreto como de dos metros y medio de diámetro en su base.

El carnicero en esos tiempos era don Augusto Gramajo.

Al lado izquierdo era área verde, allí descargaban su mercancía los arrieros que bajaban de Tajumulco. Su medio de transporte eran los machos, burros o asnos, como quiera llamárseles. En esa área verde dejaban a los burros o asnos, mientras los llevaban a los terrenos de don Nayo Solano para que estos pasaran la noche, pagando cinco centavos por animal. En ese terreno de don Nayo fue construida posteriormente la cancha de básquetbol —el área de múltiples usos—.

Ya estando terminados los locales comerciales, Macario Pérez instaló una venta de granos básicos, el cual no duró mucho tiempo abierto al público.

Después de que Macario cerró el depósito de granos, fue usted quien tomó rentado el local de la esquina y abrió su taller de trabajo. Como su popularidad creció asombrosamente, al poco tiempo tomó el siguiente local para ampliar su negocio.

Eliminaron la pared de enmedio y así fue como su local tomó un aspecto de negocio formal.

Por mala suerte no me recuerdo el nombre que le asignó a su lugar de trabajo, pero llamémosle Sastrería San Pablo. Era el único lugar de esa categoría, abierta al público en el municipio.

Usted era el número uno, el jefe del grupo de trabajadores. En su lugar de trabajo también estaba su hermano Rolando, Baudilio y más tarde Rodolfo Robles, Nicolás Ardiano Rodríguez, quien formó parte del equipo de su labores diarias.

Me recuerdo que su competencia en ese tiempo era Silvio, don Carlos Méndez, Samuel de León (familiar suyo) y otros, pero todos preferíamos a don Erasmo.

Siendo yo un niño, ya admiraba su liderazgo. Usted era el que guiaba a su familia. Prueba de eso, usted sacó adelante a todos sus hermanos y a otros familiares cercanos y, de paso, a otros no muy cercanos. Les enseñó a ellos una profesión para que se ganaran la vida honradamente, «una profesión con sello de control de calidad aprobada» no solo por los habitantes del pueblo, sino que también por muchas personas de cuello blanco de la capital de Guatemala.

Aunque usted no lo crea, el fruto de su enseñanza ha cruzado fronteras y gracias al buen trabajo que llevó a cabo Rolando y Baudilio, sus dos hermanos, así como también Rodolfo Robles. Ellos pusieron muy en alto su mensaje de maestro en nuestro país, Guatemala, y en el estado de California, en los Estados Unidos de América, algo digno de admiración.

Por alguna razón muy especial, su sastrería se prestaba para que, por las tardes, todos los patojos nos reuniéramos en su lugar de trabajo, y ver cómo ustedes confeccionaban las prendas de vestir, mientras caían aquellos fuertes aguaceros. Ahí disfrutábamos de sus pláticas y uno que otro chiste de buen gusto que se le ocurriera a cualquiera de los presentes.

Cuando a mí me tocó emigrar de mi pueblo hacia la capital, ya llevaba algunas pequeñas armas de ataque sobre la vida. Lo que yo aprendí solo con verlo trabajar... Me sirvió para planchar un pantalón, una camisa, poner un botón y hacer un ruedo con puntada X. Eso lo aprendí de usted, sin que usted lo supiera. Hasta la fecha lo puedo hacer si es que fuera necesario.

Su amigo, mi padre Adolfo

Me recuerdo que mi padre, cuando conversaba con algún amigo y mencionaba su nombre, lo hacía con mucho respeto. Ahí era donde yo me daba cuenta de que él le tenía mucho aprecio. Sin lugar a ninguna duda, ese sentimiento hacia usted me lo transmitió él, y a eso se debe a que usted es para mí una persona muy querida y admirada. No dudo que en el pueblo haya más amigos sentados en el mismo graderío donde yo me encuentro —literalmente hablando—, aplaudiendo y dándole el visto bueno a su buena conducta como ciudadano agradable.

Ocho días antes de que mi padre fuera asesinado, tuve la suerte de visitarlo en la ciudad de Escuintla, donde él vivía con el resto de mi familia. En esa oportunidad permanecí con ellos como cinco días. Justo un día antes de que dieran inicio las clases en San Pablo, tuve que volver al pueblo para presentarme en la escuela el primer día de clases.

Mientras yo me encontraba en una esquina de una de las calles de Escuintla —salida hacia la costa—, esperando el autobús de los Transportes Fronterizos hacia San Pablo.

Como cosa rara en mi padre, me fue a dar el último saludo y, entre lágrimas y suspiros —cosa no muy común en él—, me dijo: «Le das mis recuerdos a Erasmo».

Quién se iba a imaginar que había sido el último recuerdo de mi padre hacia usted...

Debido a no sé qué otras cosas, yo no tuve la oportunidad de encontrarme con usted para darle el saludo de mi padre, posiblemente porque ese tiempo para mí fue muy difícil en todo sentido y perdí comunicación con mucha gente.

Yo estaba sintiendo el peso de la vida en mis hombros y me vi obligado a tomar un camino desconocido a costa de lo que fuera. Por esa razón ya nunca lo volví a ver a usted.

Pasaron dos o tres años después de la muerte de mi padre y yo me fui a la capital. Años más tarde decidí hacer viaje a los Estados Unidos y cuarenta años después, en un viaje que hice a Guatemala, fui a visitar a mi familia a San Pablo. Ese día en mi pueblo yo me encontré con usted afuera de una ferretería que está ubicada frente al parque. Fue precisamente hasta esa fecha cuando yo le di el mensaje que mi padre le había enviado.

Usted se sorprendió y me dijo:

—Pero Adolfo hace años que falleció...

—Si, así es, pero yo hasta ahora lo vi a usted y por eso le estoy dando el mensaje antes de que se me olvide.

Nos reímos y pasamos unos minutos agradables en esa oportunidad.

Sentí una satisfacción muy bonita haberlo encontrado y haber tenido el gran gusto de saludarlo, después de muchos años.

Iglesia cristiana

Una de las cosas que siempre me agradó fue ver a mi madre en su iglesia cuando estaba ubicada en sentido opuesto a la casa de Carlos López.

Todos los días, en las últimas horas de la tarde, en el momento de iniciar el culto de oración, ella hacía acto de presencia en su iglesia.

En esa época, yo contaba con catorce años y jamás le quise acompañar a las reuniones, pero ese no fue motivo para que yo no hubiera recibido la bendición de Dios por medio de las oraciones de todos ustedes.

Yo he sido muy bendecido por Dios, esa es otra de las cosas que yo quiero agradecerle a usted y a toda su congregación. Porque fue allí, en su iglesia, donde sin lugar a duda mi madre derramó lágrimas —quién sabe cuántas— pidiendo a Dios por mí y mis otros hermanos.

Cuando mi madre falleció, desde acá de California hice lo que pude. Gracias a mi primo hermano Wilfin mi madre fue llevada a San Pablo. Justo un día antes de que mi madre falleciera, yo había sido operado de un pie y eso fue lo que me impidió ir a su última despedida. Yo le pedí a mi primo Wilfin que hablara con usted y que le hicieran un culto de cuerpo presente, pero desconozco los motivos por los que eso no se realizó. Sí me enteré de que usted había ofrecido la iglesia para tal propósito. Desconozco la razón por la que el buen deseo que usted tuvo tampoco se llevó a cabo.

Como usted se puede dar cuenta, mi querido amigo, su vida estuvo presente en varios pasajes de mi existencia. Por esa razón nuestra amistad no es fruto de un accidente, es el resultado de tantas cosas buenas que usted hizo por el bien de mis padres y por el pueblo... Por lo mismo, quiero aprovechar esta oportunidad para darle las gracias por sus actos de gente honorable, no solamente con mi familia, sino también con los demás miembros de la comunidad. Posiblemente hay otros hechos que yo ignoro, pero nuestro ser supremo ya los ha reconocido. Esa es la principal razón que hemos tenido Erasmo a la fecha y para muchos años más.

Gracias a mis Años Dorados, porque, si no es por mi visita al establecimiento, yo no hubiera tenido la oportunidad de reencontrarme con usted.

Quiero aprovechar para extender mi saludo a todos cada uno de los miembros de Mis Años Dorados, a quienes recuerdo a cada momento.

Don Erasmo, con todo el respeto y aprecio que usted se merece.

Atentamente,

Osmar E. Maldonado

Don Virgilio y doña Vina

En esa pequeña casita vivía don Virgilio con su hija Edy. Solamente eran tres miembros en la familia. Más tarde Edy contrajo matrimonio con Samuel y procrearon varios hijos. El primero de ellos se llamaba Robin, el cual fue muy querido por todos los muchachos de su edad.

Don Laureano de León

Inmediatamente después de la casa de don Virgilio estaba construida la casa de don Laureano.

Ahí vivía él con su esposa María y sus hijos, Inés y Elvira.

Inés fue uno de los alumnos que compartió con el grupo de estudiantes de los 50 en la escuela de arriba.

Doña Emilia y don Nacho

Esta pareja de ancianos vivió muchos años en el cantón de León. Eran muy queridos por todas las familias vecinas a ellos.

En esta casa vivían Eugenio y Belisario, hijos de la pareja de esposos.

Esta casa estaba construida al dar la vuelta hacia la finca El Cerrito, era la última casa construida al lado derecho en el cantón.

Finca El Cerrito

La pequeña finca El Cerrito era propiedad de don Pedro Cáceres, dueño también de la finca Monte Alegre.

Don Santiago Baltazar era el señor que estaba a cargo de la finca El Cerrito. Ahí vivía con su esposa y sus hijos.

Al lado derecho de la calle, de El Cerrito yendo hacia el pueblo, se encontraban las siguientes casas:

Don Felipe García y su esposa doña Elvia

Don Felipe originalmente tenía su casa situada frente a la familia Mazariegos, en el camino a El Porvenir, pero años más tarde tomaron la decisión de aprovechar que el terreno de su propiedad colindaba con el cantón de León y construyeron su nueva casa en ese sector.

En la casa vivía don Felipe con su esposa, doña Elvia, y sus hijos, Felipe, René, Jorge, Ermelinda y Rodolfo.

Don Matías, el papá de la esposa de don Felipe, por alguna razón no fue a vivir a la nueva casa, se quedó solo habitando la vieja casa y ahí pasó sus últimos años.

Doña Eloísa

Doña Eloísa era hermana de don Vicente de León. Era la madre de Esperanza López —la esposa de César Ruiz—, Víctor Silva, Juan Silva, Rodolfo Robles, Rebeca y otros.

Don Raúl de León

Don Raúl era el esposo de doña Socorro, hijo de don Vicente y sobrino de doña Eloísa.

Don Raúl dedicó su vida al trabajo de albañilería dentro del pueblo, así como también en algunas fincas.

Sus hijos fueron Ecloí, Héctor, Milo, Tulo, Carolina, América, Lacho y Yoli. Todos ellos formaron una bonita familia.

Don Cleto Hernández

Era una persona solitaria. N nunca se casó y tampoco tuvo hijos. Fue una persona pacífica, nunca se supo que él hubiera estado involucrado en algún problema con algún vecino del pueblo. Fue un vecino muy querido y respetado por todos.

La iglesia evangélica

Doña Marta Mazariegos era la propietaria de la casa donde estaba el templo evangélico. Ahí se congregaba don Erasmo, su familia y todos los demás miembros de la congregación evangélica.

Al lado derecho, después de la iglesia, ya no había casas construidas. Todos los terrenos estaban baldíos, no había ninguna construcción formal.

Casa a media construir propiedad de don Herminio

Al dar la vuelta, frente a la casa de don Rómulo Robles, había una casa propiedad de don Herminio Maldonado. Esta casa la dejaron a medio construir. Tenía sus paredes y divisiones de los cuartos hechos de *block* sin repellar, le faltaba el techo y el piso.

En tiempos de la feria del pueblo, don Herminio habilitó un par de cuartos, le puso unas láminas al techo y llevó a unas cuantas muchachas para que ejercieran la profesión más antigua del mundo. Esto no fue bien visto por la comunidad; sin embargo, lo repitió varios años seguidos, debido a que le generó buenos ingresos económicos.

A la par de la iglesia evangélica, al otro lado de la calle, se encontraba la casa de don Ramiro Arreaga.

Don Ramiro Arreaga

En la casita de madera que estaba opuesta a la esquina de la familia Barrios vivía don Ramiro Arreaga y su familia. En esa casa vivió doña Adelfina, don Fausto, Blanca Lidia, Diocelina y Violeta.

La casa era un tipo de construcción parecido a las demás casas del pueblo, pintada con cal. Las gradas que conducían hasta la puerta de entrada estaban mal formadas, daban la apariencia de necesitar ser reconstruidas.

Don Alfredo Licardie

Era un señor alto y delgado. Usaba pantalones largos acampanados color caqui, como los de don Félix y don Augusto Gramajo, o don Manuel Mendizábal y otros señores que mantuvieron esa moda hasta el final de sus días.

Don Alfredo vivía en esa casa con su esposa, con su hermana Mencha y sus hijos Velo, Rodolfo, Mela, Mauricia, Thelma, Rubén —hijo de doña Mencha—, y posteriormente, Dagoberto y Rodolio. Ellos contrajeron matrimonio con las hijas de don Alfredo y formaron parte de la familia.

Doña Carmela —casa vecina a don Rómulo—

Antes de que doña Tina Barrios ocupara esa casa, allí vivió doña Carmela y sus hijos: Óscar Cano, Verena y Berta.

Doña Carmela frecuentemente mataba coches (marranos), ese era el medio de ingresos para la familia.

Doña Tina Barrios

Doña Tina era hermana de don Lico Barrios.

A pesar del problema de alcoholismo que don Lico tenía, nunca se supo que ella lo hubiera echado a la calle, como ha sucedido en otras familias. Por alguna razón muy especial ella le tuvo mucha paciencia a su hermano.

Don Lico era el dueño de la Cusca, nombre que los muchachos le asignaron a la carreta de don Lico. El diámetro de la rueda de la carreta estaba deforme, así como también su eje. Al estar en movimiento, la carreta hacía movimientos disparejos. Ese fue el origen de su nombre, Cusca.

En la casa vivía doña Tina, don Lico, Maco, Guayo y Estela. Fue una familia muy unida.

Estela se casó con un fotógrafo de Malacatán. Durante los años que vivió con su esposo se dedicó a tomar fotos en cualquier evento religioso, deportivo o educativo que se llevara a cabo en el pueblo o en lugares vecinos. En todo momento y por motivos de su trabajo, ella portaba una cámara fotográfica bajo su brazo derecho.

En esos años, existía un radio-periódico en la ciudad capital titulado La Mosca.

Debido al tipo de trabajo que Estela llevaba a cabo, los muchachos del pueblo la bautizaron con el sobrenombre de Mosca. Ella nunca se pudo deshacer de ese segundo nombre o apodo.

Don Rómulo Robles

En esta vuelta vivía don Rómulo Robles. En su casa había una tienda muy bien surtida. Había dulces de todas clases, artículos de consumo diario. Lo que más compraban los patojos eran manías saladas envueltas en pequeños cartuchos de papel. El precio era de un centavo de quetzal.

En esta vuelta estaba situada una pileta de agua potable para el servicio de la comunidad.

A un lado de la pileta estaba la entrada de la vereda para ir a la casa de doña Celia Licardie. Ella vivía con toda su familia en esos terrenos. La casa de doña Celia tenía dos vías de acceso, una frente a la casa de doña María Lam —en medio de las dos casas de don Félix Gramajo— y la otra en esta vuelta, cerca de la casa de don Rómulo.

Don Enrique Gramajo

Después de que don Enrique se mudó de Tocache a San Pablo, fue a vivir a esa casa con toda su familia. Ahí vivía Rosa, Carlos, Mito y los demás familiares.

Después de la casa de don Enrique había una pequeña vereda, con corral alambrado en ambos lados. En este sector se encontraba la casa de las siguientes personas:

Doña Angelina, mamá de los Cotón

A medio camino yendo hacia la casa de don Félix Gramajo se encontraba una casita donde vivía doña Angelina, mamá de Chalo, Guicho, Hilda y Mamerto. Todos sus hijos llevaban el apellido Cotón.

Don Félix Gramajo

Doña Margarita era su esposa, una señora elegante y muchos años más joven que don Félix; sin embargo, siempre se les vio que disfrutaban la vida en pareja, la diferencia de edad entre ellos no era tomada en cuenta.

La pareja vivía sola en la tremenda casa. Ellos tenían crianza de pollos. También se dedicaban a destazar reses y tenían su propia carnicería, ubicada frente a la pensión de doña María Lam. Era una pareja muy trabajadora.

Además, don Félix era el comisionado militar de la zona. Se encargaba de agarrar personas para que prestaran el servicio militar. Por ese motivo era que, cuando a don Félix se le veía por las calles, todos los jóvenes se corrían de él, a ninguno le gustaba prestar ese servicio.

Don Pancho Maldonado

Don Pancho era el padre de Rubén y Ángel.

Todos ellos vivían en familia. Cada uno de los hijos de don Pancho compartía la misma casa, en compañía de sus respectivas esposas y los hijos de cada pareja.

Francisco Pérez, Chiquet

En este sector también se encontraba la casa de uno de los hijos de Chema Chiquet. Su nombre era Francisco. Acá vivía él con su esposa y sus hijos.

Él fue el único que se independizó de la demás familia de Chema. Rehusó a hacer su casa en la misma área donde vivía su señor padre con sus demás hermanos.

Después de haber nombrado a las familias que tenían construida su casa fuera del perímetro del trazo del municipio, nos encontramos nuevamente en la salida de la carretera que conduce a la finca El Porvenir.

Familia Mazariegos

Esta fue una familia muy querida y respetada en el pueblo. En la familia había miembros de todas las edades. Por ese motivo, siempre había invitados en la casa. Todas las mujeres de esta familia eran muy bonitas y alegres, les gustaba participar en los bailes que se celebraban en el pueblo.

La familia se componía de los siguientes miembros: don Pedro Mazariegos y doña Adelina, los padres de Amable, Marta, Blanca, Marina, Pedro y Manuel.

Amable casi toda su vida vivió en Escuintla con su esposo José y sus hijos.

Era una señora muy trabajadora, de muy buen corazón, entregada totalmente a su familia y a los principios de Dios.

Desafortunadamente, el final de dos de sus hijos fue muy lamentable y llenó de consternación a todos los que conocíamos a la familia, perdieron la vida siendo muy jóvenes. Sin embargo, doña Amable nunca renunció a sus principios religiosos.

Doña Amable, la llevo en mi corazón.

Doña Marta era la madre de Carlos, Gustavo, Aura, Flor y Marta. El esposo de doña Marta fue don Eduardo Escobar (Misho).

Todos los miembros de la familia vivieron en el pueblo. Poco a poco cada uno tomó su propio camino conforme iban cumpliendo la mayoría de edad, o sea, el mismo patrón seguido por otras familias.

Después de muchos años tuve la buena suerte de encontrarme con Gustavo, el segundo hijo de doña Marta.

En esa oportunidad compartimos momentos muy bonitos que reforzaron nuestra olvidada amistad, construida en nuestra escuela primaria de San Pablo, Clemente Marroquín Rojas.

Blanca, una muchacha muy bonita, de mirada penetrante y cabello negro ondulado, fácil de inquietar a cualquier muchacho de su edad en esos tiempos.

Ella siempre vivió en el pueblo y ahí fue donde contrajo matrimonio con Mario García y tuvo a su hija Begli, la mayor de ellas.

Si Marina ella hubiera vivido sus años dorados en estos tiempos, cualquiera habría dicho o pensado que su figura era el resultado de costosas cirugías. Era una señora muy atractiva, hermosa y alegre.

Le gustaba bailar, brindar un vinito con sus amigos, platicar con las señoras de su edad. En fin, era algo de lo que posiblemente hace falta en nuestro pueblo en estos tiempos.

Violeta Díaz era la mayor de sus hijas.

Pedro y Manuel fueron los hijos varones de la familia Mazariegos. Fueron compañeros de escuela y juntos vivimos muchas aventuras dentro del edificio escolar.

Don Matías

Frente a la familia Mazariegos estaba construida la casa de don Matías.

En esa casa vivía don Matías completamente solo. Anteriormente compartió esa casa con su hija Elvia y su yerno, don Felipe García.

Tal y como se mencionó anteriormente, la pareja de esposos construyó una segunda casa al final del cantón de León. Por alguna razón, esa casa pasó muchos años sin ser habitada; parecía que a la familia le costó mucho tiempo tomar la decisión final de cambiarse de casa y dejar viviendo solo a don Matías.

Árbol de papaturria

Don Matías se hizo muy famoso en nuestros tiempos debido a que, en el terreno de su propiedad, cerca de su casa había un árbol de papaturria. Los patojos, a toda hora y como hubiera sido, íbamos a cortar la sabrosa fruta.

La papaturria era un árbol muy grande y frondoso. La fruta brotaba de sus ramas como racimos de uvas. Su color era morado y con un sabor parecido a la cereza. Jamás en mi vida vi otro árbol de la misma especie, ese era el único en el pueblo.

Don Herminio Maldonado

Para los patojos de esos años don Herminio era muy famoso, debido a que, cuando queríamos ganar algún dinero, acudíamos a su casa y él siempre tenía algún trabajo para nosotros.

Nos ponía a chupar cacao y por cada dos libras nos pagaba tres o cuatro centavos. El problema era cuando, estando en casa, nos enfermábamos del estómago. El dolor era muy fuerte. En nuestra casa nunca supieron el origen de nuestro dolor de estómago, no nos habría ido nada bien si se hubieran enterado.

Cuando era la época de cortar café, también hacíamos esa tarea. Él siempre andaba detrás de nosotros, sabía que en el menor descuido hacíamos cualquier travesura.

Don Herminio vivía con su esposa, con sus hijos Fausto, Arturo, Chapina, Milo, y otros miembros de la familia.

Don Julio Barrios y Lina

Después de la entrada a la casa de don Herminio, al lado izquierdo yendo hacia la finca El Porvenir, estaba construida una casita de madera de un solo cuarto. En la misma área estaba la cocina, el comedor y el dormitorio, no tenía divisiones.

En esta pequeña casa vivía Julio Barrios y Lina. Julio era hijo de don Pancho Barrios y Lina era hija de Cipriano. Juntos formaron una bonita pareja y procrearon varios hijos, todos muy queridos por el pueblo.

Casa de don Élfego Hernández

A pocos metros de la casa de Julio estaba construida la casa de don Élfego, al lado derecho de la carretera.

En el patio de la humilde casa de don Élfego había un árbol de mango cuya sombra regulaba la temperatura en el interior de la casa, haciendo más confortable el área.

Don Élfego vivía con su esposa Lucila, Ovidio —Bomby— y Berta.

Casa de Teófilo y doña Rosita

Don Teófilo y doña Rosita vivieron juntos toda su vida, en la misma casa que habían construido en los terrenos de don Pancho, el señor padre de don Teófilo. Don Pancho también tenía construida su casa en el mismo terreno.

La pareja de esposos procreó varios hijos, Enrique fue el mayor de ellos. Él y los demás hermanos vivieron con doña Rosita y don Teófilo hasta alcanzar la mayoría de edad. Después poco a poco se fueron independizando, hasta dejar nuevamente sola a la pareja de esposos.

La familia Barrios también se había apegado al mismo patrón de vida experimentado en el pueblo, vivían en comunidad.

Don Teófilo era carpintero de profesión, al igual que su señor padre. También hacía reparaciones de cualquier aparato eléctrico o mecánico que le llevaran sus clientes. Además de trabajar en carpintería, era relojero, ebanista, albañil, cerrajero y otros. Reparaba todo lo que llegara a su pequeño taller.

Don Teófilo era conocido con el sobrenombre de Chompipa. Todo mundo lo conocía por ese apodo. Como sucedía con muchos otros habitantes del pueblo, era más fácil ubicarlos por el sobrenombre que por el nombre.

Al paso del tiempo, a toda la familia de don Teófilo le habían asignado el mismo sobrenombre. Este no llevaba la menor intención de ofender al miembro del círculo familiar de don Teófilo. Todos los habitantes del pueblo le tenían un afecto muy grande a la familia Barrios.

Cuentos inventados

Cuentan que en una oportunidad don Teófilo se enojó con doña Rosita, su esposa, y así como estaba echando chispas, se fue rumbo al pueblo. Estando allá, se encontró con unos amigos y, después de una corta plática, se acomodaron alrededor de una mesa de cantina y se tomaron varios tragos de licor. Hasta que él perdió el juicio.

Cuando volvió a su casa, doña Rosita no le quería abrir la puerta para que entrara a dormir, ella ya sabía que iba bajo los efectos del licor.

Don Teófilo tocó la puerta expresando unas palabras romanticonas para que doña Rosita sintiera el amor de cerca y le permitiera entrar a su casa.

—¡Rosi, mi amor! ¡Abre la puerta, cariño!

—¡Mi currucucú, paloma! Abre la puerta...

—¡Mi jilguerillo mañanero! Déjame entrar, cariño.

Y nada... Ella ignoraba todo, estaba muy enojada.

—¡Mi guardabarranco! Por favor, abre la puerta, tengo frío.

—¡Mi sensontle mexicano! ¡Mi Calandria! *Please, open the door, baby* (Por favor, abre la puerta, cariño).

Doña Rosita, al escuchar que le estaba hablando un poco raro, abrió la puerta.

Don Teófilo, muy enojado al entrar a su casa, dijo:

—¿Por qué no me abrías la puerta, Chompipa...?

Familia Barrios

Doña Adela había construido su casa al fondo de un pequeño camino que iba desde el lado derecho de la orilla de la carretera, bajando pequeñas gradas empedradas, con descansos distantes uno del otro, hasta encontrar la puerta de entrada principal a la vivienda.

La entrada a la casa corría en sentido paralelo con el pequeño camino que conducía a la finca Génova, propiedad de don Chepe Barrios.

Doña Adela compartía la casa con don Temo, su hijo, y con doña Amparo, una de sus hijas.

También vivía un niño llamado Mario, a quien todos los de la casa trataban con mucho cariño y casi no dejaban que le pegara el sol. Lo trataban muy bien, era el preferido de la casa.

En la casa de la familia Barrios también vivió don Óscar y doña Amada García. Ambos trabajaban en los negocios propiedad de doña Goya García.

Las fotos de Mario

Por la manera como cuidaban al niño Mario daba la idea de que era el único nieto, o posiblemente era el niño más pequeño en la familia.

En las oportunidades que llevaban a Mario al pueblo siempre iba bien vestido, con una gorrita en su cabeza para protegerlo del sol.

A él no lo dejaban que jugara con los callejeros —así le llamaba a los patojos que hacían de todo—. Era un niño muy sano y querido por toda la familia.

En los primeros días de una feria de San Pablo, doña Adela, la abuelita de Mario, lo llevó al parque para que le tomaran unas fotos montado sobre un caballito.

En esos tiempos en las ferias del pueblo no había fotógrafo sin su respectivo caballito de madera.

El fotógrafo, muy amable, subió el niño al caballito y, con toda la delicadeza del caso, le tomó las fotos y le pidió de favor a doña Adela que le diera un tiempo considerable para que pudiera revelar las fotos.

Doña Adela, después de haberse puesto de acuerdo con el fotógrafo, tomó de la mano a Mario y se marcharon hacia la casa donde vivían.

Chus, Mardo y Gilberto estaban cerca del lugar donde tomaban las fotos. Ellos observaban detenidamente al fotógrafo para ver como llevaba a cabo el proceso hasta tener las fotos terminadas.

El fotógrafo sacó de la cámara la hoja con las fotos de Mario y las colocó dentro de una cubeta con agua que tenía en su lugar de trabajo. En la cubeta había varias hojas con fotos de otros clientes que se habían fotografiado anteriormente. Después de unos minutos y en un descuido del fotógrafo, uno de los tres callejeros sacó una de las hojas de la cubeta y salieron corriendo en dirección a la casa de don Ramón Gálvez, el señor padre de Mardo y Gilberto.

Al llegar a la casa de don Ramón, vieron detenidamente la hoja con las fotos y se dieron cuenta que pertenecían a Mario, el nieto de doña Adela.

Esperaron unos minutos más hasta que las fotos estuvieran totalmente legibles. Después de cortarlas individualmente, las colocaron en un sobre y se fueron a la casa de doña Adela para hacer la entrega.

Doña Adela recibió las fotos e hizo el pago correspondiente, sin hacer preguntas. Era una señora que no se complicaba la vida, así que no perdió su tiempo en interrogar a los patojos.

Esta clase de actos delictivos era practicada esporádicamente por algunos patojos en el pueblo y eran llevados a cabo sin medir las consecuencias, sin imaginarse que, en el momento que hubieran sido sorprendidos, podrían haber sido castigados por la ley.

Según algunos patojos de esa época, esa clase de fechorías la realizaban por pura diversión.

Familia Carreto

Después de la entrada a la casa de doña Adela estaba construida la casita de madera de la familia Carreto. Ahí vivía el señor de la casa con su esposa y con sus hijos, Eugenio y César, quienes fueron compañeros de la escuela del pueblo, primero en la escuela de abajo, de varones, y luego en la Marroquín.

La Nobleza

Después de la casa de los Carreto ya no había viviendas construidas hasta llegar al copante de la entrada a la casa de la familia Arreaga.

Familia Arreaga

Juan Silva, esposo de Marta Carlota Arreaga —llamada Blanquita—.

Arturo, Pilo y Dorita eran los hijos de la pareja.

En esta casa también vivió doña Ilse y sus hijos, Flor de María, Pedro y Mario Muñoz. Así como también Chus —hijo de crianza de la familia Arreaga—, quien vivió en esta casa toda su vida.

Entrada a La Nobleza, la finca de los Arreaga

Ese pequeño copante que está en la entrada a la casa de los Arreaga fue construido a mediados de los 50 por mi señor padre Adolfo. Su ayudante fue mi primo Guayo Maldonado.

Todos los días yo les llevaba el desayuno al lugar de trabajo y me divertía a lo grande cuando iba de retorno a casa. Las lagartijas pagaban el precio.

Familia Almengor

A un lado de la casa de los Arreaga estaban construidas dos o tres casas. Ahí vivía don Román Almengor, su esposa y todos sus hijos.

En esas casas también vivía don Beto con su esposa Anastasia. Baudilio era el mayor de los hijos de la pareja.

PARTE SEIS
(De Milo Montes a Posa de La Minga)* [6]

Después del recorrido por La Nobleza, retornamos a las siguientes familias ubicadas en las calles del pueblo.

Don Milo Montes

La casa de don Milo Montes estaba después de la esquina donde estaba la casa de don Ramiro Arreaga.

Don Milo vivía con su esposa, doña Esperanza Ruano. Ella era madre de Arturo y Paco, hijos de su primer matrimonio. Después, en pareja con don Milo procrearon a Milo y a Alfredo. Años más tarde la familia aumentó, llegaron a la familia dos o tres hijos más.

Don Milo Montes trabajaba en la finca Monte Alegre cuando fue nombrado bajo elección popular alcalde del municipio en dos periodos, cosa no muy común en el pueblo.

Estando él como alcalde construyeron el parque Isidoro Tobar, nombre asignado al parque en honor al primer alcalde de San Pablo.

La obra fue llevada a cabo bajo la supervisión de Mundo Camarita, un albañil que había llegado de San Pedro Sacatepéquez, San Marcos, y cuya capacidad y conocimiento le permitió construir el parque sin la intervención de un ingeniero titulado.

También participaron en la construcción Cándido y Genaro, entre otros.

---

6   Ver mapa en página 8

Aunque Mundo no era ingeniero, sin embargo el error de cálculo fue como de dos pulgadas únicamente. El error estaba visible en un pequeño espacio del piso del parque, frente a la casa de doña Rumualda Solano; o sea, que el margen de error no fue tomado en cuenta, dada la complejidad de la construcción.

Fue una obra que le dio una vista atractiva al municipio entero.

En esta administración también fue construido el puente sobre el río San Felipe, lugar que queda entre Barranca Honda y La Vega.

Así mismo se construyó el puente que queda entre la casa de don Julio Lam y don Milo Montes. Al frente de la casa de don Julio Lam se encuentra la casa de don Carlos Escobar. Esta residencia también se benefició en la construcción del puente sobre el río San Pablo.

Entre otras obras hechas por don Milo Montes se encuentran las modificaciones que hicieron en el área del mercado municipal.

Don Milo se ganó la simpatía de todo el pueblo por las obras que había hecho, y por esa misma razón no fue cuestionado, porque en ese mismo periodo de tiempo había construido su casa, una de las más modernas en el sector.

Don Julio Lam y doña Ángela

Don Julio era hijo de doña Irene, hermano de doña Sofía y doña María Lam.

Era una familia emprendedora. Les gustaba tener negocios y de esas ganancias vivían.

Él tenía en su casa venta de granos básicos, por menor y al por mayor. Abastecían a algunas tiendas del pueblo.

Los hijos de don Julio Lam eran Julio Jr., Jorge, Armando, Rudy y Sonia.

El entretenimiento de Julio, Jorge y Armando era el siguiente:

La casa de ellos estaba construida al final de la calle principal. Justo en el tope de la calle se encontraba la puerta de acceso a la casa/tienda.

Esa es la calle que viene de Malacatán y cruza a la izquierda rumbo a Aldea Tocache.

Los tres muchachos, acostados en los quintales de maíz que estaban en el piso, frente al mostrador de la tienda, en las primeras horas de la noche apostaban para ver quién reconocía los carros que iban llegando al pueblo. Los identificaban por alguna de las luces frontales o algún daño que estos tenían en la parte de la cabina.

Ellos conocían perfectamente uno a uno todos los carros del pueblo y los que iban para Tocache o a la finca El Porvenir, muy pocas veces se equivocaban. Las apuestas entre ellos eran reñidas.

Las dos casas de don Félix Gramajo

Seguidamente, después de la casa de don Julio Lam estaba una de las casas de don Félix Gramajo. Era una casa pintada de color verde oscuro, construida con madera machimbre, con sus puertas bien elaboradas y con piso de concreto de repellado fino. Normalmente esta casa era para dar en alquiler. En ella vivió la familia Orozco Castillo y muchas otras familias que llegaron al pueblo.

Entre la primera y segunda casa de don Félix existía una amplia entrada. No tenía portón y eso facilitaba el paso de las personas que vivían en la casa de doña Celia Licardie. El acceso a dicha casa lo hacían por medio de una pequeña vereda que habían hecho para tal propósito.

La casa de doña Celia Licardie

Esta casa estaba más o menos construida a cien metros de la calle principal. El terreno no tenía acceso directo a las calles del pueblo, y esa era la razón por la que hacían uso de dos veredas. Una de ellas es la que está en medio de las dos casas de don Félix y la otra era la que estaba a un lado de la casa de don Rómulo Robles.

Doña Celia vivía junto a todos sus hijos y nietos. Ahí vivía Marta, Pancho —el esposo de Marta—, Mina, Edwin, Tavo, Luis, Aminta —la esposa de Luis—, Olimpia, Carlos, Armando, Víctor y otros niños.

La segunda casa de don Félix

Esta casa estaba construida sobre un nivel de terreno un poco más alto que las otras. Por ese motivo había un par de gradas para llegar hasta la ventana grande con forma rectangular. Allí vendían la carne de res. Esta era una de las dos carnicerías del pueblo, antes de que las carnicerías formales hubieran sido construidas en el área del mercado municipal.

A un lado de la vereda que iba hacia la casa de doña Celia estaba un pozo con su respectivo brocal, con su lavadero y lazos para secar la ropa. A un lado del pozo estaba un poste grande. Ahí era donde mataban las reses los sábados, o sea, que ese era el día en que la gente con mejores posibilidades económicas comía carne de res.

El precio por libra de la carne con huesos era de veinticinco centavos. La libra de carne sin huesos tenía un costo de cuarenta centavos de quetzal.

El salario mínimo en esos tiempos era de treinta centavos de quetzal diarios por persona, o de ochenta centavos por quintal en el corte de café en tiempos de cosecha. Un tiempo después, el pago mínimo subió a cincuenta centavos de quetzal por día y el corte de café lo pagaban a un quetzal por quintal. Esto quiere decir que una familia con un salario de este nivel muy raras veces se daban el privilegio de comer carne.

Después de que la carnicería fue trasladada al mercado, esta casa la rentaban por mes a familias que llegaban al pueblo. Varios jefes de la policía nacional fueron inquilinos de esa casa y en toda esa cuadra se sentía más seguridad.

Casa para dar en arrendamiento de la familia Sosa

Inmediatamente después de la carnicería de don Félix estaba construida una pequeña casa con una sola área en su interior. No había divisiones formales, estas las hacían con canceles movibles y así era como la gente formaba los cuartos. Normalmente las casas pequeñas no tenían una sala de espera, las visitas eran recibidas en la cocina o en bancas que había en los patios.

Después de que doña Fadilia dejara la cantina que tenía cerca de la municipalidad, ella y su familia fueron inquilinos de la pequeña casa de los Sosa.

En esta misma área los Sosa tenían el beneficio para despulpar el café. Ahí hacían todo el proceso y lo ponían al sol en un patio de concreto especialmente para ese fin.

Casa de doña Beta Zamora

Doña Beta Zamora era nuestra competencia en la venta del chocolate de canela. Algunas veces nos encontrábamos con ella en la carretera de Tocache y mi madre gozaba platicando no sé de qué cosas con ella. La competencia no llegaba al grado de rivalidad, el sentido común dictaba que cada uno tenía derecho a subsistir en aquellos tiempos difíciles.

En esta casa vivía doña Beta con su esposo, don Vicente, y sus hijos, Julio y Mundo.

Doña María Morales y sus hijos Rogelio —Sansón—, Carlos —Tarzán— y Santos también vivían en la casa de doña Beta.

La sección dos de la casa la ocupaba don Manuel Guillén con su esposa doña María, su hijo Víctor y sus hijas Nidia, Blanca y Rosita.

En el patio de la casa de doña Beta estaba plantada una inmensa palma, la cual se prestó para que los muchachos hicieran algunas bromas.

Por alguna razón, a don Meme le llamaban «Pescado» de sobrenombre, y esto fue aprovechado por los del pueblo para hacer valer el buen humor.

El pescado, la palma y la rosa = lotería. En la casa había una oportunidad más —como quien dice reintegro—, también existía el mundo.

Continuemos con nuestro recorrido, desde la esquina donde se encuentra la casa de don Carlos López.

Casa semiconstruida y abandonada

Después de la casa de don Carlos López, frente a don Milo Montes, había otra a medio construir.

A esta casa solamente le habían hecho sus bases y tenía todas las columnas preparadas para realizar la fundición. Nunca se supo cuál había sido la razón de la suspensión de la construcción de la casa.

En total, había tres casas a medio construir en el pueblo y nunca salió a luz el motivo por el cual las obras no fueron concluidas.

Casa de don Carlos Escobar

Don Carlitos, así le llamábamos al dueño de la tienda y cantina construida en la esquina frente a la casa de dos niveles de doña María Lam.

En la tienda de don Carlos vendían productos de primera necesidad tales como frijol, maíz, arroz, azúcar, gas por botella y otros. También tenía servicio de cantina (venta de licor).

Don Carlitos era muy paciente con sus clientes, los recibía a cualquier hora de la noche o la madrugada. Normalmente los días de fiesta don Carlitos atendía a sus clientes por medio de una pequeña ventana. Todos los que tenían deseos de una bebida alcohólica inmediatamente iba a casa de don Carlitos.

Don Carlos era esposo de doña Socorro Hernández y su hijo mayor era Alfonso. Los otros hijos de la pareja de esposos eran los siguientes: Herminia, Jorge, Mauricio y Tono. Todos vivían en la misma casa.

Alfonso, el hijo mayor de don Carlitos, se casó con Magdalena —la Mesha, como cariñosamente le llamábamos—. La pareja de esposos procreó varios hijos: Marly —el mayor de ellos—, William y otros.

Don Carlos también se dedicaba a la caficultura. Todo el café que cosechaban en diferentes terrenos lo despulpaban y lo secaban en un pequeño patio que habían construido en la parte de atrás de la casa, donde vivía toda la familia.

Los fines de semana doña Socorro se dedicaba a hacer las compras para la tienda: iba a Malacatán en compañía de su hijo Tono. Este era el que ayudaba a doña Socorro en esa tarea.

Casa de doña María Lam

Doña María siempre se identificó por ser una señora de negocios.

Doña María vivió sola, no tuvo esposo a su lado que le ayudara en sus negocios. Don Raúl Rodas Moreno fue el único novio de doña María después de haber procreado a Enrique, pero por alguna razón este noviazgo terminó y todo quedó en el olvido.

Doña María vivía con su señora madre, doña Irene, su hijo Enrique y su hermana Sofía.

En el primer nivel de su casa tenía una farmacia, una tienda de productos varios y también una cantina y un comedor. Al fondo de la casa había un espacio grande y allí tenía instalada una rockola para que los consumidores escucharan música. La rockola funcionaba con una moneda de a cinco centavos (moneda de los Estados Unidos).

También tenía panadería. Todos los días en las tardes hacían pan y lo ponía en los mostradores de la tienda para su venta. Por medio de una camioneta van hacían entrega del pan en varias fincas y caserillos del pueblo.

Además de los negocios mencionados anteriormente, doña María era dueña del transporte Flor de Mayo. Estos buses recorrían de San Pablo a San Marcos todos los días.

En el anexo de la casa, en dirección a la casa de doña María Arreaga, doña María tenía tres locales que eran los que ella alquilaba como hospedaje o pensión. Estos locales habían sido edificados después del portón del garaje, al lado izquierdo en dirección a aldea Tocache.

Doña María solamente tuvo un hijo, llamado Enrique. Él, desafortunadamente, no supo aprovechar la fortuna de su señora madre y se convirtió a muy temprana edad en un adolescente alcohólico, con tan mala suerte para él que, en un momento de descontrol mental, decidió lanzarse a un pozo abandonado que estaba en los terrenos de don Félix Gramajo. Ese terreno estaba ubicado frente a la casa de doña María, justo a un lado de la vereda que conducía hacia la casa de doña Celia Licardie.

Ese fue el triste final de Enrique.

A raíz de la accidentada muerte de Enrique, doña María sufrió una depresión muy grande, la cual no pudo controlar. Todos sus negocios se vieron en la quiebra. Ella terminó prácticamente en la calle y, después de unos años, murió prácticamente sola.

Doña María Arreaga / Familia Sosa

Después de los locales de la pensión de doña María Lam está ubicada la casa de doña María Arreaga. Era una señora muy respetable en el pueblo por el trato que le brindaba a todos los vecinos y el estilo de vida de toda su familia, una familia muy apartada de los problemas comunes de toda la población.

En la tremenda casa vivía doña María y sus hijas Alfonsina y Angélica. También sus nietos, Rolando, Alfonso, el Negro, Mario Fernando, Gilda y Keka.

Esporádicamente tenían la visita de don Armando Rodríguez y don Tono.

Los patojos del pueblo le teníamos mucho cariño a don Armando. Él tenía un proyector y, cuando él llegaba al pueblo, exhibía sobre una pantalla pequeña figuras llamativas o partes del cuerpo humano. Su fin era instruir a los patojos, motivarlos a que continuaran en la escuela.

Don Tono era un señor miembro de la familia de los Sosa. Él era quien nos llevaba dulces y nos regalaba a todos los patojos cada vez que llegaba al pueblo. Trabajaba distribuyendo dulces a las tiendas en una camioneta panel de su propiedad. Esa era la razón por la cual siempre llevaba lo que más gustaba a todos los niños.

La familia Solís

En la esquina frente a la casa de doña María Arriaga estaba construida la casa de la familia Solís. En esta casa vivían Armando, Hugo, Ovidio, dos o tres hermanas y los padres de ellos.

Una de las muchachas de la familia Solís se casó con Paco Mexicanos y procrearon varios hijos.

La familia Solís llegó a vivir al pueblo procedentes de un lugar no muy lejos del pueblo. Era una familia muy querida por todos.

Don Flavio Ochoa

Seguidamente de la casa de los Solís estaba una pequeña casa donde vivía don Flavio Ochoa, su señora y un perrito lanudo. En el corredor de la casa de don Flavio estaba un loro en una pequeña jaula. Nosotros los patojos lo pasábamos molestando en el momento que íbamos camino a la escuela. Don Flavio y su esposa no tuvieron hijos, fue una familia de dos miembros solamente.

Doña María Pérez

Doña María, madre de Blandina —hijastra de doña María—, Raúl, Nidia y Lesbia.

Doña María era madre soltera. Compartía la pequeña casa únicamente con sus hijos, no tenía esposo. Después de muchos años, se unió legalmente o contrajo matrimonio con Alfonso Barrios y vivieron muchos años juntos.

Una casa antigua en terrenos de don Beto Maldonado

En ese mismo lado izquierdo de la calle, frente a la casa de doña Mina Gramajo, estaba construida una casa muy antigua.

Esa casa estaba edificada sobre unas bases como de un metro de altura, para evitar que las corrientes de agua entraran al área habitada.

A esta casa le habían hecho gradas de madera desde la superficie del terreno, para poder tener acceso al área habitada.

En ese tiempo había nacimientos de agua por todos lados en el pueblo. En épocas de invierno la fluidez del agua era más pronunciada, se formaban pequeños ríos en medio de las viviendas. El subsuelo se fue secando con el paso de los años y ese problema de las pequeñas inundaciones desapareció.

Casa #1 – En terrenos de don Nayo

Don Nayo tenía cuatro casitas construidas en el área de su propiedad, una de las cuales estaba a la salida de la vereda, cerca de la casa de don Viviano.

Antes de la vuelta hacia el lado derecho, yendo hacia la escuela Marroquín, estaba construida, al lado izquierdo de la calle, una de las cuatro casas que don Nayo Solano tenía en sus terrenos para que vivieran las personas que trabajaban para él, en el cuidado, preparación y cosecha del café.

Doña Candelaria vivía en esta pequeña casita, en compañía de sus hijas, Pabla, Chabela y Sofía.

Sobrevivían trabajando como empleadas domésticas en algunas casas del pueblo y, en tiempos de cosecha del café, se dedicaban al corte y a hacer otros trabajos derivados del mismo producto.

Pabla se unió con Lucero, un policía nacional que llegó al pueblo. Él fue el padre de Güicho Pilla, quien desafortunadamente perdió la vida debido a la pandemia del covid-19.

Los muchachos del pueblo bautizaron con el sobrenombre Pilla a Güicho, el hijo varón de Pabla, debido a que a él así le llamaba su tía Sofía cuando apenas podía pronunciar las primeras palabras.

Vereda hacia las parcelas

Después de que repartieron las tierras nacionales de Santo Domingo, entre los habitantes del pueblo, se crearon muchas veredas para cortar camino. Esta era una de ellas. Esta quedaba justo al dar la vuelta, antes de la casa de don Viviano de León.

Tanque de agua potable

Los habitantes que tuvieron la dicha de vivir en el pueblo, unos años antes de la década de los 50 en adelante, disfrutaron del servicio de agua potable, uno de los primeros pasos al progreso del municipio.

Cuando fueron construidas las primeras casas en la población, uno de los requisitos para cumplir con los estatutos municipales era la construcción de un pozo en el patio de cada casa.

Como todo, las mejores familias diseñaban el brocal de los pozos a capricho de la más anciana de la casa, quien era la que verbalmente le indicaba al constructor todos los detalles de la obra. Por supuesto, el diseño incluía las respectivas macetas en el área, con flores de diferentes clases y colores.

Había unos pozos con un brocal hecho de *block* bien repellado. En algunos casos, estos eran pintados al mejor gusto de la gran señora.

Unos pozos tenían una garrucha de color verde y otros de color rojo, con su respectivo lazo y cubeta traídos de Tapachula. Eran artículos que reflejaban el orgullo del fabricante: «Hecho en México».

Como bonita tradición, el Día de la Cruz adornaban los pozos y había fiesta en cada casa.

Después que las autoridades correspondientes autorizaran el proyecto del sistema de agua potable, inmediatamente el alcalde en turno con su respectivo consejo municipal dio luz verde para que se iniciara la obra.

El nacimiento del agua estaba ubicado en los terrenos de la finca La Concepción. Desde este sitio dio inicio la instalación de una tubería de acero inoxidable de cinco pulgadas de diámetro, pintados de color negro en la superficie exterior. Estos tubos transportaban el agua al tanque, que estaba construido cerca de la casa de don Viviano de León.

El nivel del agua era controlado por un flote y este se activaba de acuerdo con los niveles del tanque: mínimo y máximo.

Desde la ubicación de ese tanque la distribución de agua a cada residencia se hizo por medio de tubos galvanizados de media pulgada de diámetro.

El tío Jacobo Maldonado en esa época era el empleado municipal, el encargado de hacer el chequeo del agua por medio de muestras, de vigilar que el tanque estuviera limpio. Además, una o dos veces por semana hacía el recorrido por toda la tubería hasta el punto de origen, para inspeccionar que no tuvieran muestras de vandalismo, o alguna imperfección natural en los tubos.

El tío permanentemente portaba una llave de tubo en una de las bolsas de su pantalón, como para demostrarle al público que él era el mero —mero del agua—. Ese era su gafete de identificación.

Después de que el sistema fue inaugurado y oficialmente la fluidez del preciado líquido llegó a las casas, los vecinos del pueblo no pagaban por el servicio de agua potable, este era gratuito.

Además, el mantenimiento prestado a las tuberías en cada casa —incluyendo cualquier problema en los grifos— también era cortesía de la municipalidad.

Las autoridades municipales, al ver que existía desperdicio y uso indebido, decidieron poner una tarifa de Q2.00 por mes por muchos años.

Ese paso tan significativo realizado en el pueblo mejoró la calidad de vida de los habitantes.

Inmediatamente después de que el sistema del agua potable había sido puesto al servicio de todos los residentes, los pozos fueron declarados obsoletos.

Estos pozos fueron usados únicamente para decorar el patio de las casas. Al ver que era un peligro para los miembros de algunas familias, estos poco a poco fueron desapareciendo hasta quedar en total olvido.

Casa de don Viviano de León

En esta humilde casa vivía don Viviano con su esposa y todos sus hijos, nietos y otros. Entre ellos se menciona a Arnulfo, Beto, Abraham, Miguel y un niño mudito.

Don Viviano se dedicaba al cultivo de tierras y sus hijos heredaron el mismo oficio.

Arnulfo, uno de los hijos de don Viviano, se dedicó a vender nieves. El precio era de 2, 3 y 5 centavos cada una. Todos los fines de semana, Arnulfo se hacía presente en el pueblo vendiendo su producto, así como también llegaba al campo de futbol cuando había encuentros deportivos.

En la venta de nieves propiedad de Arnulfo fue donde yo abrí mi primer línea de crédito, cuando apenas era un niño, tenía diez años.

Ese domingo me encontraba en el campo de futbol. Me dieron deseos de una nieve y no tenía dinero para hacer la compra. Me llené de valor y le pedí a crédito a Arnulfo una nieve de a dos centavos. Él, muy generoso, me dijo que no había ningún problema, que me podía dar hasta un límite de cinco centavos y que podía hacer los pagos a cada fin de semana, de acuerdo con mi balance.

Por cumplir con la promesa de pago tal y como había sido acordado, él me subió el crédito a diez centavos, lo cual me dio oportunidad algunas veces a invitar a mi amigo Calico a una nieve, incluso sin tener dinero disponible.

Abra, hijo de don Viviano, sufrió un accidente muy grave a la orilla de un río. Él y otros amigos se fueron a tirar bombas al río y con tan mala suerte, una de esas bombas explotó antes de lanzarla al agua y le cortó las dos manos. Los otros amigos de Abraham también sufrieron lesiones, pero estas fueron de menor grado.

El otro hijo de don Viviano, llamado Beto, tuvo problemas de salud debido a una resaca o goma. Un día se pasó bebiendo sin control con varios amigos y, como era de suponer, al día siguiente se encontraba padeciendo de la resaca.

Esa mañana, en su desesperación por encontrar alivio a su provocada enfermedad, se tomó una AlkaSeltzer, sin que esta hubiera estado disuelta totalmente. Esto le causó trastornos estomacales y mentales. A raíz de ese problema, la mitad de su cuerpo quedó paralizado, lo que le impidió caminar normalmente por el resto de su vida.

Casa de don Efraín Serrano y doña Olimpia

Don Efraín y doña Olimpia todo el tiempo vivieron en el municipio de Tejutla, San Marcos, sin embargo tomaron la decisión de construir una casita de madera a la vecindad de doña Margarita, madre de doña Olimpia. Mi padre, Adolfo Maldonado, fue quien hizo el trabajo de albañilería, las bases y el piso. Don Tono Solano fue el encargado de hacer los trabajos de carpintería.

Después de que la construcción de la casita había sido terminada, toda la familia se fue a vivir al pueblo. Por esa razón, Gilda, la hija mayor, compartió con nosotros las aulas de la escuela Marroquín Rojas. Después de un tiempo, todos volvieron a Tejutla y pusieron en venta la casa.

Años más tarde, esa casa la compró don Natalio, el talabartero del pueblo. Él vivía con doña Elvia, su esposa, y Marco Tulio (Pishada), su entenado. Ahí vivieron ellos hasta el final de sus días.

Casa de don Gregorio Castro —don Goyo— y doña Margarita

Don Goyo era esposo de doña Margarita, una señora muy conocida por los patojos del pueblo. Ella vendía habas tostadas en su casa, en el mercado, y también llegaba a la escuela Marroquín. En la casa tenían una pequeña tienda y lo único que vendía era candelas de 1, 2 y 5 centavos, habas y arroz en leche.

Doña Margarita, antes de vivir en pareja con don Goyo, tuvo dos hijas, doña Teresa y doña Olimpia. Después procrearon a Lolo y a Humberto, los hijos varones de la familia.

Don Goyo fue el habitante más longevo del pueblo en esa época. A sus 90 años aún se le veía trabajar como una persona de 50 o 60.

Casa de doña Octavia y don Julio Lentes

Doña Octavia tuvo un hijo llamado Óscar. Este se fue del pueblo y nunca se supo más de su destino, muy pocas veces llegó a ver a su mamá.

Según comentarios en el pueblo, decían que doña Octavia era hija de mi abuelo, Rosendo Maldonado. Yo fui muy curioso, constantemente estaba tratando de comparar las facciones físicas de doña Octavia y las de mi tía Sofía. Mi escaso examen visual de ADN no fue suficiente para determinar el parentesco entre estas dos señoras. Mi veredicto fue que, efectivamente, sí había rasgos físicos parecidos entre una y otra señora, pero eso no fue suficiente para matar mis dudas.

Doña Rita era la madre de doña Octavia. Ella —doña Rita— fue muy conocida en el pueblo después del acontecimiento en una de las ferias patronales de enero.

Los graderíos de la barrera de una corrida de toros construida frente a la escuela Marroquín se derrumbó y todo mundo le cayó encima a doña Rita, fracturándole una de sus piernas. Desde esa fecha, no volvió a caminar normalmente.

Don Julio y doña Octavia no tuvieron hijos. Vivían solos y su única diversión era la venta de habas y manías. Ningún patojo pasaba a la escuela sin entrar a hacer la compra en la casa de don Julio y doña Octavia.

Poco a poco los patojos fueron tomando confianza e hicieron su primera línea de crédito en el negocio de doña Octavia y don Julio.

En una época, las compras al contado desaparecieron, todos los patojos pedían habas tostadas a crédito.

La deuda de cada uno de los patojos subió considerablemente y las hojas del libro de apuntes de doña Octavia habían llegado a su límite.

Paulatinamente, los deudores fueron desapareciendo y doña Octavia entró en sospecha. Todos los patojos se habían puesto de acuerdo en usar la vereda para no pasar frente a la casa de doña Octavia, ellos no tenían dinero para pagarle.

El día 15 de septiembre, por ley, el desfile tenía que pasar frente a la casa de doña Octavia. Ese día, ella y don Julio estaban esperando frente a su casa que el desfile apareciera por la carretera rumbo al pueblo y tener oportunidad de cobrar la deuda de muchos estudiantes.

Doña Octavia y don Julio se pararon a media carretera y le hicieron alto al desfile. Pidieron hablar con el director de la escuela y le entregaron a don Édgar Castillo, el director, la lista con el nombre de todos los patojos deudores.

Después del castigo impuesto por la escuela, todos tuvieron que pagar lo que debían en la tienda de doña Octavia y, por vergüenza, ningún estudiante se asomó a la casa de la pareja de esposos para hacer la acostumbrada compra.

Casa de Ramiro y Emilio de León

Cuando uno menciona a Milo de León en alguna plática con un amigo, uno necesita nombrar a varios Milos para que el interlocutor sepa a quién uno se está refiriendo. Pero, si al mencionar el nombre Milo le agregamos el sobrenombre Tacuatz, inmediatamente es reconocido.

Esa bonita manera de ver la vida es la que nos ha identificado a todos los que tuvimos la suerte de vivir en este bonito lugar.

El par de hermanos vivían con sus padres en esta humilde casita construida a la orilla de la carretera, cerca de una tremenda piedra, la cual los daba a conocer inmediatamente.

Por eso los patojos le llamábamos «la casa de la piedra grande».

Esta era la última casita construida al lado izquierdo antes de entrar a la escuela Marroquín.

Escuela Clemente Marroquín Rojas

Al lado izquierdo de la carretera, yendo hacia la aldea Tocache, se encuentran los terrenos donde fue construida la escuela Clemente Marroquín Rojas y el campo de futbol.

El tipo de construcción lleva por nombre *gallery*, palabra no muy común en nuestros tiempos.

La fiesta y el baile de la inauguración se llevó a cabo en el mismo edificio escolar, el sábado 15 de agosto de 1959.

Debido a la distancia, los estudiantes no se acostumbraban a que tenían que caminar todos los días hasta donde la escuela había sido construida. Poco a poco los estudiantes se fueron acostumbrando, hasta que la distancia no marcó ninguna diferencia.

Después de la salida de la escuela, era emocionante pasar a chicharrear, pajarear o hacer cualquier cosa en los terrenos de don Beto Maldonado, Carlos Escobar o los de don Nayo Solano. Esa aventura se llevaba a cabo todos los días.

Lista de maestros de la escuela Marroquín en los 60: Lucinda Pereira, Mirta Sánchez, Carmen Maldonado, Alba Teresa Castillo, Flor de María Muñoz, Óscar López Argueta, Cecilio Calderón, Edgar Castillo, Felipe Roldán y Alberto Menchú.

En el momento de la inauguración de la escuela, se hizo presente en el establecimiento el periodista Clemente Marroquín Rojas, su esposa y una de sus hijas.

El profesor Edgar Castillo, director del establecimiento educativo, decidió ponerle el nombre del destacado periodista a nuestra escuela.

Don Edgar Castillo escribió un poema dedicado al ilustre periodista, así como también fue el autor de la letra del himno a la escuela. El profesor Óscar López Argueta fue el compositor de la música de dicho himno.

El día de la inauguración todo el plantel cantó el himno por primera vez, en presencia de don Clemente y su familia, así como también Osmar Velasco recitó el poema dedicado al personaje.

Casa de don Lalo Rodríguez

Unos metros después de la casa de doña Beta Zamora se encontraba construida la casa de don Chanito, padre de don Lalo Rodríguez, quien fue alcalde del municipio en los 50.

Esta casa era de madera, con el mismo estilo de construcción como habían sido edificadas todas las demás casas de la época. Por la forma del terreno, esta casa estaba construida un poco más alto que la superficie de la calle.

Todas las familias de esa época —como se mencionó anteriormente— tenían un patrón único. Las familias construían sus casas cerca de la casa del señor padre, a manera de tener comunicación directa con él. El caso de la familia don Lalo no fue la excepción, cerca de él vivían sus hijos y otros familiares.

Poza de la Teófila

En medio de la casa de don Lalo y doña Alicia estaba la vereda que nos conducía a la poza de la Teófila.

En esa poza nos divertíamos todos los días. No nos importaba que el agua hubiera estado limpia o sucia, igual nosotros nadábamos dos horas o más todos los días, hasta que llegaba alguien y nos corría.

En el pequeño rancho que estaba cerca de la poza vivía Teófila y Damasio, que eran esposos. Las hijas de la pareja de esposos eran Berta y Ángela, muy conocidas por todos los muchachos del pueblo. El humilde rancho era el hogar de otros miembros de la familia de Teófila y Damasio, y a pesar de su pobreza, se veía que eran felices.

Casa de doña Alicia Rodríguez

Seguidamente a la casa de don Lalo, al lado derecho de la calle, estaba la casa de doña Alicia, hermana de don Lalo. Tenía una hija de nombre Emma, quien fuera esposa de Manrique Sandoval.

En esa misma casa también vivía Luis Rodríguez, a quien llamábamos Güicho Sabio.

Casa de Chalo Cotón

En esta casa vivió la familia de doña Angelina. Los miembros de la familia eran Chalo, Nery, Güicho, Ilsa y Mamerto, todos de apellido Cotón. Anteriormente ellos vivían por la vereda que iba hacia la casa de don Félix Gramajo.

Casa de don Francisco Cansinos

Después de la casa de la familia Cotón se encontraba la casa de don Francisco Cansinos. Ahí vivía él con su esposa, sus hijas, Ilsa, Irma, y su hijo Gustavo, y sus demás hijos, quienes nacieron posteriormente.

Casa de don Augusto Gramajo y doña Mina

Don Augusto y doña Mina eran los carniceros en el pueblo, eran los que mataban las reses y vendían la carne en las respectivas carnicerías construidas en el mercado municipal. Don Augusto heredó de su padre don Félix el oficio de carnicero y don Félix por muchos años hizo el mismo trabajo.

Don Augusto era un tipo bien parecido, alto y delgado. Siempre usaba sombrero fino, pantalón acampanado, cincho ancho de cuero y de hebilla grande, botas tacón alto y con punta. Tenía la pinta de un vaquero del Oeste.

La pareja de esposos procreó seis hijos: Efraín, Chayo, Josefa, Balo, Willo y Beto.

A la edad de veinticinco años, mi padre, Adolfo, estaba haciendo un trabajo de albañilería en la casa de los Gramajo y, por mala suerte, sufrió un accidente. A raíz de ese lamentable percance y por la herida que sufrió le tuvieron que practicar una operación quirúrgica de emergencia, con tan mala suerte que perdió la vista y quedó impedido por el resto de su vida.

Desde esa edad, mi padre sufrió una depresión severa, nunca pudo superar ese mal momento. Por esa razón y otros problemas que se sumaron en su camino, su vida fue ingobernable y se entregó al vicio del licor.

Tanto fue el infortunio de mi padre que, a raíz de ese vicio, a él le arrebataron la vida. Nunca quisimos saber los motivos ni el nombre del ejecutor. Yo creo en la justicia divina y por esa razón no tuvimos necesidad de tomar ninguna clase de venganza.

La alcantarilla de agua potable

Tal y como he venido haciendo mención, en cada salida del pueblo había una alcantarilla de agua potable para uso del público y esta era una de ellas. En este chorro pasábamos tomando agua cuando íbamos o veníamos de la escuela. Estaba ubicada en la vuelta justo frente a la casa de don Viviano.

Casa de don Timoteo Ruiz (don Timo)

Don Timo era un señor muy educado, amable y jovial. A su paso saludaba a los niños, jóvenes y ancianos.

Era un señor que usaba camisa de manga corta, pantalón de gabardina y zapatos bien lustrados. Siempre mantenía su cabello muy bien envaselinado y en todo momento portaba un lapicero en la pequeña bolsa de su camisa.

Se dedicaba a la compra y venta de café y otros productos que se pusieran a su paso.

Él fue muy amigo de don Paco de León, el dueño de la finca El Paraíso de la aldea Tocache.

Él y su esposa procrearon los siguientes hijos: Efraín —Rayo—, Carmelo, Lupe, Lina, Güicho y otros.

Al lado derecho, después de la casa de don Timo, ya no había más casas construidas. Eran terrenos con plantaciones de café, propiedad de don Beto Maldonado.

Efraín Ruiz —origen del sobrenombre Rayo—

En una época de invierno, en horas de la tarde, estaba cayendo un fuerte aguacero. Efraín venía de las parcelas por una vereda que salía a pocos metros de su casa, a poca distancia de la casa de don Viviano de León. Efraín estaba parado al lado de un árbol, esperando que el aguacero mermara, pero con tan mala suerte que en ese momento cayó un rayo a 50 metros de distancia de donde él estaba, lo impactó y lo lanzó a varios pies, dejándole severas quemaduras en todo el cuerpo y considerables golpes que sufrió en el momento de la caída.

Desde ese momento, los muchachos para referirse a Efraín le decían «Efraín Rayo».

Primera vereda

Al lado derecho yendo hacia Tocache, frente a la casa de Milo de León —Tacuatz— estaba la entrada de la vereda que pasaba a un lado de la casa de don Félix Gramajo, doña Angelina Cotón. Tenía su salida al lado izquierdo, a una cuadra de la casa de don Rómulo Robles, yendo hacia finca El Porvenir.

Segunda vereda

Frente al campo estaba la entrada de otra vereda. Este otro atajo iba hacia casa de Minga y en ese lugar —donde estaba el paso de un pequeño río— se formaba una poza de regular tamaño, suficiente para que nosotros nos divirtiéramos.

Esos terrenos o potreros pertenecían a la finca El Porvenir y pasar por ese lugar para ir a nadar a la poza de La Minga era una aventura, pues las vacas nos corrían. Nos valíamos de todo para que no nos atacaran.

PARTE SIETE
(De Roberto Rodríguez a Roberto Lam)[7]

Después de haber llegado a la entrada de la poza de La Minga, retornamos a la esquina donde se encuentra la casa de la familia Solís, los Sosa y doña Beta Zamora, para seguir nuestro recorrido por las principales calles del pueblo.

Casa de don Roberto Rodríguez y Julia Maldonado

Don Roberto Rodríguez era el esposo de Julia Maldonado. Ellos habían procreado a los siguientes hijos: Roberto, Armando, Ángel, Lidia, Marilú y Julieta. César —Nino—, era hijo de Julia Maldonado. Se había creado con la abuelita doña María Laparra, y por esa razón nunca se vio al lado de los demás hermanos.

Cuando fue inaugurada la escuela Clemente Marroquín Rojas, don Roberto era el guardián del centro educativo. Él y sus hijos le daban mantenimiento al edificio. Un tiempo más tarde llegó al municipio la ayuda de la Cooperativa Americana de Remesas al Exterior (CARE).

Cuando se recibió la ayuda de la CARE, en la escuela nos daban leche con trigo y pan. A un lado de la cocina había sido construido un horno y ahí era donde don Roberto elaboraba el pan.

Tía Julia era la encargada de repartir la leche y el pan a la hora del recreo. Por eso fue por lo que en la escuela Marroquín se hizo famosa la expresión «doña Julia con *shinga*».

---

7   Ver mapa en página 8

La cofradía en el pueblo

En una oportunidad, tía Julia había sido elegida para recibir a una imagen católica en su casa. Como de costumbre, al día siguiente tenía que enviar pan y una botella de horchata a la casa de cada una de las personas del pueblo. La botella de horchata llevaba un clavel rojo en lugar de la pequeña tapadera de metal.

Por supuesto que los nombres de las personas a quienes le entregábamos el pan y la botella de horchata eran nombres seleccionados por la anfitriona de la fiesta. En este caso fue mi tía Julia quien hizo la lista de los vecinos elegidos.

Ese día yo fui nombrado por mi tía como repartidor de los panes y la horchata por todo el pueblo.

Por cada entrega, tía me daba dos centavos si iba solo; si yo llevaba un acompañante, yo ganaba solamente un len (un centavo).

Ese día era como la una de la tarde y, en compañía de otro patojo, me enviaron a la finca La Nobleza a hacer entrega del codiciado refrigerio. Nosotros, mi compañero y yo, disfrutábamos del ambiente de la fiesta y por esa razón nos sentíamos felices haciendo la entrega de casa en casa.

En esa entrega a La Nobleza ya habíamos caminado como un kilómetro más o menos. Íbamos frente a la casa de don Élfego Hernández. Entonces a mí se me ocurrió una idea:

—¿No te has puesto a pensar en esto? —le dije a mi compañero—. Por un centavo no vale la pena caminar demasiado. ¿Por qué no hacemos lo siguiente? Nos comemos el pan, nos tomamos la horchata y nos regresamos a la casa de tía. De todas maneras, ella no se va a dar cuenta de si nosotros entregamos esto que llevamos. ¿Qué opinas?

No me costó mucho convencer a mi amigo, ahí mismo estuvo de acuerdo con mi opinión. Partimos el pan, nos comimos la mitad cada uno, nos tomamos la horchata y solucionamos el problema sin mucha complicación.

Contamos los centavos que íbamos ganando ese día, tiramos el clavel a la orilla de la carretera y retornamos a la casa de mi tía.

Tratamos de matar el tiempo en algún lugar, para que no sospecharan que habíamos hecho muy poco tiempo en la entrega. Incluso ya habíamos inventado las palabras de agradecimiento que doña Ilse había dicho a la hora de haber recibido el pan y la horchata.

Mi amigo y yo entramos corriendo a la casa de tía Julia. Jamás nos imaginamos a quién íbamos a encontrar en la sala de la casa al momento de hacer acto de presencia...

Fue tan grande el susto que llevamos que ahí mismo dejamos tirado el plato y la botella y nos corrimos, saliendo cada uno por la puerta más cercana.

Doña Ilsela, señora de La Nobleza, estaba platicando con mi tía Julia. El motivo de nuestra reacción no necesita mayores comentarios.

Después de la casa de don Roberto, estaba la pequeña casa de don Rogelio.

Rogelio Fajardo y doña Tancho

Doña Tancho era la esposa de don Rogelio. Sus hijos eran Alfa, Beto, Isaías, Gelo y otros.

Una falsa alarma

Una tarde, Chito, Calico y yo nos reunimos en el parque del pueblo. Después de una corta plática, tomamos la decisión de ir a bajar coyoles al potrero de Santo Domingo, un poquito más de un kilómetro de distancia.

Para ahorrarnos unas cuadras de camino, tomamos una de las tres veredas que estaban en la calle norte del pueblo. Justo al pasar frente a la casa de doña Chabela, la madre de mi amigo Chus, vimos a mucha gente salir de la casa de doña Tancho. Unos salían llenos de pánico y otros corrían llorando para cualquier lado, debido a lo que había sucedido dentro de la casa. Nosotros, un tanto curiosos, doblamos a la derecha y fuimos a investigar y a ver de qué se trataba el movimiento de gente.

Al llegar a la casa, entramos hasta donde doña Tancho estaba tendida en una cama. Muchas señoras le estaban prestando auxilio y la señora ya no respondía. A ella le había dado un ataque al corazón y, al ver que era imposible volverla a la vida, la declararon muerta. Todas las personas empezaron a llorar y a toda la gente le había dado tristeza por lo que había sucedido. A nosotros nos corrieron del lugar, éramos los únicos patojos en el grupo de gente.

Después de haber visto lo que sucedió en la casa de la familia Fajardo, continuamos camino hacia el potrero. Por supuesto que nuestro tema de conversación en todo el camino fue el de haber visto los últimos momentos de doña Tancho.

En el momento de ir frente a la casa de don Lico Mendoza, vimos a tres señoras platicando en el patio de esa casa.

—Patojos, ¿de casualidad ustedes no saben cómo siguió la Tancho? —nos preguntó doña Emilia, una de las tres señoras.

Betsabé y doña Lucila se quedaron en silencio, esperando nuestra respuesta.

—Ahorita que pasamos frente a su casa, la señora ya se había muerto. Había mucha gente y todos estaban llorando y, como nos corrieron, ya no vimos qué pasó al final. —Esa fue nuestra respuesta.

Después de eso, seguimos nuestro camino hasta llegar donde estaba el árbol de coyoles.

En todo el trayecto y el tiempo que estuvimos en el lugar donde estaba el árbol, más o menos nos había tomado como dos horas y media.

Nosotros volvimos por el mismo camino y, al pasar frente a la casa de don Lico, las tres señoras salieron con palos detrás de nosotros, con la idea de golpear al que agarraran. Mientras nos iban corriendo gritaban:

—¡Patojos mentirosos, abusivos! ¡Se burlaron de nosotras!...

Después de que nosotros pasamos rumbo al potrero y les habíamos dado la información del fallecimiento de doña Tancho, ellas fueron a comprar candelas y flores, y se dirigieron a la casa donde estaba el supuesto cadáver de la amiga para dar el pésame a los familiares.

La sorpresa más grande para las tres señoras fue que doña Tancho estaba sentada en una silla tomando un café. En el momento que ellas llegaron, la señora Tancho no se había muerto del todo en el momento que a nosotros nos corrieron del lugar. Cosa de patojos.

Casa #2

Esta casita estaba construida en la parte norte del pueblo, en el tope de la calle, en terrenos de don Nayo, ubicada frente a la casa de doña Chabela.

Acá vivían personas que le trabajaban a don Nayo en esos terrenos donde estaban construidas las otras tres casitas. Ellos trabajaban en esta área y en otros terrenos que él tenía en diferentes lugares del pueblo.

Casa #3

Acá vivía León y Pablo, un par de patojos que formaban parte del grupo de niños que jugaban de cualquier cosa con nosotros en el parque.

Ubicación de la casa #3: lugar donde vivían unos trabajadores más de don Nayo. Esta casita estaba en el tope de la calle que pasaba por la municipalidad y el parque, hacia la calle norte.

En las dos esquinas frente a esta casa estaba la casa de don Alejandro Maldonado y don Chepe Castillo.

Casa #4

Esta era la última de las cuatro casitas propiedad de don Nayo Solano. Estaba cerca de la casa de don Rigo de León.

La familia que ocupaba esta casita, en tiempos de cosecha del café, también trabajaba para don Bernardo.

Cuando se terminaba la época de la cosecha del café, los miembros de la familia buscaban otros trabajos para subsistir.

Unas trabajaban como empleadas domésticas, y otras hacían diversas actividades en las casas donde eran contratadas. Por ejemplo, en la casa de don Talco Miranda, ellas se dedicaban a diversas actividades en el negocio del señor Miranda.

Las mujeres jóvenes de esta familia cuidaban niños pequeños en diferentes casas de pueblo. Todos los miembros de esta familia eran muy trabajadores, responsables y honrados, y por esa buena cualidad nunca les faltó trabajo.

Acá vivía Chepa, mamá de Anselmo y Demetrio, Agripino, Nila y la Chilela.

Casa de don Rigo de León

Don Rigo era esposo de doña Pabla Solano. En esta casa vivieron ellos con sus hijos, Alma, Reyna, Sonia, Amílcar, Ménfil y otros.

La casa de esta familia estaba construida a un lado de uno de los chorros públicos de agua potable. A la par de esta casa vivía don Luis Barrios.

Las hijas de don Rigo se dieron a conocer en el pueblo porque les gustaba jugar basquetbol.

Sonia participó en el equipo de futbol femenino que don Salvador Rodríguez organizó en el pueblo. Reyna fue miembro del equipo de basquetbol Las Golondrinas.

Doña Antonia de León y Blanca, su hija

Frente a la casa de don Rigo de León iniciaba la vereda que conducía al parcelamiento Santo Domingo. A pocos metros de la entrada de la vereda estaba construida la casa donde vivía doña Antonia y

Blanca. Ellas vivieron por muchos años en esta casa, hasta que don Julio Orozco y doña Nolberta fallecieron.

Doña Antonia y Blanca se trasladaron a la casa donde vivió don Julio Orozco. Ellas eran dueñas de esa casa y de esos terrenos, además de esa residencia. También eran dueñas de la casa donde tenía la tienda doña Luz Hernández.

Volvemos a la esquina de la familia Sosa y doña Beta Zamora, para continuar con nuestro recorrido por el lado izquierdo de la calle, lado norte del municipio.

Casa de la familia Mérida

Después de la casa de los Sosa, en dirección oeste, está la casa de don Marcos Mérida y doña Adela del mismo apellido.

Luis Escobar (Misho), América y una hija más pequeña eran los hijos de doña Adela.

A principios de los 50, en esta casa vivió un joven, de nombre Chilano, miembro de la familia Mérida. El joven tenía problemas mentales y físicos, sin embargo jugaba canicas con los demás patojos de su edad y salía a las calles del pueblo a divertirse a nivel de su capacidad.

Falleció muy joven debido a los problemas de salud que tenía.

Doña Teresa

Era la madre de doña Hilda, la esposa de don Daniel de León.

La casa de doña Teresa tenía un piso que había sido elaborado manualmente y ella, doña Teresa, le daba un mantenimiento sin límites. Toda el área brillaba. Su superficie era impecable. Las personas que le hacían la visita a doña Teresa tenían que entrar descalzos para no causar daños al área que exageradamente cuidaba la señora.

Mariano Méndez

Después de que doña Teresa falleció, la casa fue ocupada por don Mariano Méndez, padre de Rubén, Milo y Julio y hermano de doña Teresa.

Casa de don Pedro Méndez y doña Higinia

En esta pequeña casa vivía toda la familia de don Pedro y doña Higinia. Los hijos de la pareja de esposos fueron los siguientes: Guayo, Rolando, Magnolia, Pedro, Violeta y otros. Todos ellos eran los que componían la familia Méndez.

A mediados de los 50, doña Higinia y don Pedro tomaron la decisión de llevar a toda la familia a la ciudad capital. Ellos radicaron en un lugar para personas de escasos recursos en la zona 5, pero eso no fue obstáculo para los miembros de la familia. Ellos fueron muy felices en ese lugar.

Para subsistir, abrieron una venta de comida en la estación de los autobuses en la capital. Ese medio de ingresos de doña Higinia fue suficiente para sacar adelante a sus hijos.

Doña Higinia fue una señora de muy buen corazón, siempre le tendió la mano a cualquier persona que llegaba a la capital, jamás le negó un plato de comida a la gente del pueblo.

Doña Chabela

Los hijos de doña Chabela eran Berta, Juan, Margarita, Evelio y Chus.

Maco Maldonado y Clarisa también eran hijos de doña Chabela, pero ellos se habían ido fuera de la casa a muy temprana edad, no convivieron en familia con los demás hijos de doña Chabela.

Doña Chabela era una señora muy trabajadora. Constantemente viajaba a Tapachula, en compañía de otras señoras, para comprar ropa y otros artículos, para revenderlo en el pueblo o en las fincas cercanas. También inyectaba, confeccionaba prendas de vestir. En fin, ella hacía otros trabajos que le generaran los medios económicos necesarios para que sus hijos subsistieran.

Casa de doña Luz Hernández

En la esquina a la par de la casa de doña Chabela se encontraba una casa sin pintar, hecha de madera, un poco más fina en comparación con las otras casas construidas en el pueblo.

Esta casa era propiedad de doña Luz Hernández. Ella y sus hijos e hijas ocuparon esa casa por muy poco tiempo. Después fue dada en alquiler por muchos años a diferentes familias del pueblo o las que llegaban al municipio a realizar algún trabajo a corto o a largo plazo.

Familias que vivieron en esta casa

Don Maco Paz y doña Piedad

Don Maco, doña Piedad y Mario Serrano, entenado de Maco.

Maco fue secretario de la municipalidad por muchos años.

Ellos vivieron en esa casa por mucho tiempo, hasta que don Maco fue trasladado a otro municipio por razones de trabajo.

Ángel y Virginia

Don Ángel y Virginia también vivieron en esta casa.

Don Ángel era telegrafista en el pueblo, donde llegó solo. Pero se enamoró de Virginia Escobar y formaron un hogar muy bonito, ellos nunca se separaron.

Don Alfonso Orozco y Teresa Castillo

Ambos fueron maestros por muchos años en la escuela de educación primaria del pueblo. Fue una pareja de esposos que llegó del departamento de San Marcos y jamás retornaron a su lugar de origen. La pareja de esposos y sus hijos también habitaron esta casa.

Don Felipe Roldán y su familia

Él fue maestro por mucho tiempo en la escuela Marroquín del pueblo de San Pablo. Él y su familia vivieron en esta casa durante el tiempo que él desempeñó su trabajo como maestro de primera enseñanza en el municipio.

Doña Erlinda y don David Zamora

En esta casa vivió don David, doña Erlinda y sus dos hijos, Luis y Tono. Posteriormente se trasladaron a la casa que construyeron en el parcelamiento Santo Domingo, localizada en carretera que iba hacia Tocache.

Más tarde, esta casa fue propiedad de don Chepe Castillo. En esa casa vivió don Chepe con su esposa y sus hijos: Jorge, Roberto, Hugo, Max y otros niños más pequeños de la familia. A la familia se unió Luis, hijo de don Chepe, procedente de la finca Tanemburgo de la aldea Tocache.

Don Chepe fue alcalde municipal del municipio a mediados de los 60. Fue electo por el pueblo de manera democrática.

Su buen trato a los empleados de la municipalidad y a los que trabajábamos en sus camionetas lo identificó como una persona de muy buenos principios. Por ese motivo nosotros le teníamos mucho aprecio.

Casa de don Alejandro Maldonado y doña Raimunda

Acá vivía don Alejandro y su esposa, doña Munda.

Esta casa también la habitaba Doris Licardie, su hermano Chepe y su señora madre.

Carmen, la hija de don Alejandro, contrajo matrimonio con Amado Barrios y procrearon varios hijos. Todos los miembros de la familia vivieron por muchos años en esta casita de madera.

En esta casa se celebraban las reuniones de espiritismo los miércoles por la noche. El espiritista era don Pedro Mendoza. Alfonso Escobar era quien le ayudaba en la lectura de las oraciones.

Casa de Julio Méndez y doña Fina

Esta casa fue habitada por la familia Méndez, Julio y doña Fina, y los hijos que procrearon en pareja.

Desafortunadamente a la pareja de esposos les tocó experimentar la desagradable experiencia de procrear un hijo con la enfermedad de poliomielitis. Por suerte para las demás familias del pueblo, no se supo ningún otro caso de esta terrible enfermedad.

Casa de Plutarco Miranda y doña Ilse Gamboa

Don Plutarco Miranda y doña Ilse Gamboa habitaron esta casa con sus hijos Lilian, Calín y Silvia. En la misma casa también vivió Edwin Gamboa y Nely Mérida, la negrita que llegó de visita al pueblo. Eran miembros de la familia de la esposa de don Talco.

Don Talco (así le llamábamos en el pueblo) fue por muchos años trabajador de doña Goya García.

Casa de don Luis Barrios

Don Luis Barrios y su señora esposa vivían en esta casa.

La esposa de don Luis falleció muy joven, dejando a sus hijos al cuidado de don Luis solamente.

Él era albañil de profesión y se dedicaba a hacer trabajos de construcción en el pueblo. Cuando estaba de descanso, ese tiempo lo dedicaba a ayudar en las tareas en la casa de don Benjamín, su señor padre.

Los hijos de don Luis eran Gloria, Arnoldo y Édgar.

Gloria, a la edad de veinte años, trabajaba en la casa de doña Goya García como empleada doméstica. Fue en ese periodo de tiempo cuando se conocieron con don Paco de León, dueño de la finca El Paraíso. A pesar de la diferencia de edad que existía entre ellos, 40 y 20, consumaron su noviazgo y contrajeron matrimonio.

Posteriormente ella se trasladó a la finca El Paraíso y ahí fue donde vivió el resto de sus años. Procrearon hijos e hicieron una vida normal.

Don Luis, junto a otros jóvenes del pueblo tales como Adolfo Maldonado —mi señor padre—, Raúl de León y otros, bajo la supervisión de don Beto Maldonado, construyeron el puente de Barranca Honda.

Según una plática con mi papá, él me contó que en una de las cuatro bases —dos por lado en los extremos del puente— habían colocado en una de esas bases de concreto una botella de vidrio y en ella colocaron una hoja de papel con la lista de todos los trabajadores que participaron en la obra.

Todo el tiempo esperé a que hubiera un valiente alcalde que construyera un nuevo puente al final de la recta de Barranca Honda, para evitar pasar por el viejo puente y ahorrar tiempo y distancia.

Mi curiosidad por saber quiénes estaban en la lista de trabajadores aún existe y por lo que veo serán otros los que saldrán de la duda. No existe ninguna señal de que el puente Barranca Honda quede fuera de uso.

Casa donde vivió Santiago López

Frente al terreno donde fue construida la casa de Fredy Solano estaba una pequeña casa, en los terrenos de don Maximiliano Solano, abuelo de Fredy. En esa casita vivió don Santiago López al lado de toda su familia.

Años más tarde, después de que don Santiago se trasladara con toda su familia al parcelamiento Santo Domingo, fue construida la casa de Roderico Solano, más o menos en la misma área del terreno.

La familia de don Santiago estaba integrada por los siguientes miembros: don Santiago, su esposa y sus hijos —Blanca, Antonio, Roberto y Maco—.

Don Santiago ayudaba a don Maximiliano a matar las reses los sábados y miércoles, y como no existían lugares destinados para la venta, la carne era vendida en la misma casa de don Max. Don Santiago ayudaba en todo ese proceso. Esa fue la razón por la que don Santiago vivió muchos años en esa propiedad de los Solano.

Don Santiago se hizo muy famoso en el pueblo, debido a que se encargaba de darle muerte a cualquier perro con rabia que apareciera en el pueblo.

Cuando había un perro con rabia en el vecindario, la noticia se regaba como pólvora e inmediatamente la gente corría a la casa de don Santiago a informarle del peligro que acechaba a los habitantes.

Él preparaba su machete y salía a caminar por todas las calles en compañía de un perrito. Cuando el perro con rabia trataba de atacar a su mascota, don Santiago sacaba su machete y de una vez por todas terminaba con el peligro.

De ahí nació el dicho *muerto el chucho, se termina la rabia*.

Cuando don Santiago caminaba por el pueblo, la gente lo veía con admiración. Él orgullosamente sacaba pecho en señal de valentía, por haber sido considerado el exterminador de la rabia en el municipio.

Casa de Fredy Solano

Fredy era esposo de Doris Licardie, nieta de don Alejandro Maldonado, y hermano de Carlos Solano.

Ellos eran dos hermanos que a temprana edad se quedaron huérfanos, pero contaron con el amor y el apoyo total de doña Lucinda, hermana de la madre de los dos hermanos.

Doris y Fredy se casaron y formaron un matrimonio. Procrearon dos o tres hijos y por razones especiales no vivieron juntos por mucho tiempo en esa casa.

Los trabajos de albañilería fueron efectuados por Manuel Maldonado, mi hermano mayor. Los trabajos de carpintería fueron llevados a cabo por varias personas hasta quedar terminada la pequeña casa.

Doña Margarita y don Miguel

Después de la casa de Fredy, ubicadas en la misma cuadra y pegado al rastro, se encontraba la casa donde vivieron por mucho tiempo doña Margarita —Mesha— y don Miguel.

Esta pareja de esposos no tuvo hijos ni familiares reconocidos en el pueblo, sobrevivieron por caridad.

Gracias a la buena voluntad de los habitantes del municipio, ellos pudieron sobrevivir y alcanzar la mayoría de edad, y posteriormente llegar al final de su existencia. Al otro lado de la calle de doña Margarita y don Miguel, se encontraba la casa de don Oswaldo Solano.

Casa de don Oswaldo Solano y doña Marta Motta

Don Oswaldo y doña Marta Motta procrearon a los siguientes hijos: dos hijas gemelas Judith, Nidia y Mabel. Posteriormente tuvieron otros hijos. Todos vivieron en la misma casa, construida frente al rastro municipal.

Doña Marta llegó muy joven al municipio y fue una de las trabajadoras en la tienda de doña Goya García. Su figura atractiva y su corte de cabello eran lo que llamaba la atención de todos los jóvenes de la época. A pesar de la constante vigilancia de su patrona, doña Goya, don Oswaldo se llenó de valor y la hizo su novia. Posteriormente unieron sus vidas hasta que don Oswaldo dejó de existir.

Don Oswaldo fue piloto de la recordada Chaparrita, tal y como se mencionó anteriormente. Posteriormente y por muchos años fue piloto de los Autobuses Fronterizos y tuvo diferentes ayudantes durante su estancia laboral en esa empresa: Chabelo, Marco Ruiz, Mamerto, Jacobo García, Israel y otros. Era un equipo de trabajo en el que siempre existió buen ambiente laboral. Don Oswaldo siempre fue muy comprensivo con las personas que trabajaron para él.

El rastro municipal

Antes de la construcción formal del rastro municipal, este estaba improvisado en el espacio del lado derecho, donde se construyeron los locales comerciales, justo en el lugar donde se instaló la panadería Bendición de Dios —dato mencionado anteriormente—.

Al dar inicio a la construcción de los locales comerciales, este improvisado rastro fue trasladado frente a la casa de don Miguel y doña Margarita.

Después de unos meses de continuar destazando las reses al aire libre en ese nuevo lugar, el alcalde de turno, don Milo Montes, decidió hacer en ese mismo sitio la construcción formal del rastro municipal. Desde ese día hasta la fecha actual no se le ha hecho ninguna reforma a dicho edificio.

El mercado municipal

El lunes, día de plaza

Un lunes en mi pueblo era fácil de distinguir entre los demás días de la semana, por ser este un día de plaza; mejor dicho, un día de ventas en el mercado.

Ese día tomaba un ambiente diferente, se veía más movimiento de gente por las calles y el tráfico de los pocos automóviles que había en el pueblo no era el acostumbrado. Se notaban los acelerones innecesarios de los vehículos, los choferes manifestaban su acto de competencia por los pasajeros que iban o venían de Malacatán.

Los pasos acelerados de las señoras que iban a moler el nixtamal para preparar las tortillas del desayuno eran más notables ese día por la mañana. Ellas tenían que ganar tiempo para ir a hacer las compras al mercado y esa era la razón del correr mañanero.

En aquel pintoresco pueblo de aquellos tiempos la gente que ponía sus ventas en el mercado iniciaba sus labores unas horas más temprano, en comparación con los otros días de la semana.

Conforme el sol se iba asomando al filo de la cumbre máxima del volcán, el movimiento de las personas era más visible, y en el rostro de algunas vendedoras se reflejaba el deseo ambicioso de ganar algún dinero por las ventas que se iban a realizar.

Al compás de la música ranchera, transmitida por la emisora XEKQ, y sintonizada por medio de un viejo radio de transistores colocado sobre una mesa llena de trastes, las señoras se divertían dentro del área de una cocina con paredes informales, hechas con cerco de palos rollizos. Se veían haciendo un discreto movimiento, acompañado con el respectivo aplauso mañanero. Unas moliendo el nixtamal en una piedra sobre un descuidado molendero y otras haciendo a mano las tortillas al mejor estilo de mi pueblo.

El canto de los gallos y uno que otro clarinero despertaban lentamente a los patojos. Conforme iba amaneciendo, los llamados a estar en pie eran más frecuentes. Ellos también tenían que levantarse temprano para ir a la escuela Marroquín.

Los sonidos que generaban los pitos de barro que vendían los comerciantes en el mercado etiquetaban a las 9 de la mañana el día comercial de cada lunes.

Ese día todos los patojos tenían oportunidad de comprar su entretenimiento. Este consistía en un pito con la forma de un pajarito, pintado todo menos la parte plana de abajo de la base. Había de color verde o color café, con un brillo llamativo. El sabor a barro que quedaba en los labios después de su uso no era tan desagradable; por esa razón algunos patojos se los comían por pedacitos, conforme les daban uso.

Ese día yo ayudaba a mi tía Sofía a vender arroz en leche en el mercado. Por esa ayuda ella me regalaba 5 centavos, para que yo tuviera la oportunidad de participar en la fiesta del lunes. Yo también compraba el respectivo pajarito de barro.

El mercado, tipo galera, era una simple construcción con piso liso de color verde y rojo, un techo con dos aguas horizontales, una a cada lado.

El caballete estaba construido ligeramente sobre las dos aguas, permitiendo el paso del aire para ventilar el área en su totalidad. Su fachada y construcción no exigió mayores conocimientos de ingeniería, todo fue hecho a capricho del mejor carpintero de la época y aprobado por el grupo del consejo municipal.

Los comerciantes y las personas que ponían sus ventas el día de plaza estaban distribuidos de la siguiente manera:

En la primera fila que quedaba frente a la calle principal, de derecha a izquierda, se encontraba doña Margarita con su venta de atol de haba o arroz en leche y habas tostadas. La señora Pola, oriunda de La Cumbre, deleitaba a sus clientes con la venta de tamales calientes. Doña Clementa tenía su venta de habas tostadas —ella le hacía la competencia a doña Margarita—.

Cabe mencionar que doña Clementa renunció totalmente a su venta de habas en el mercado, debido a que Carlos Escobar, Misho, disfrazado de diablo, le causó una fractura en la cadera. Desde ese momento ella ya no recobró su estado físico normal.

En la parte de en medio de ese lado del mercado se encontraba un mesón propiedad de Sebastiana. Ella vendía shecas sampedranas, chorizos y longanizas.

Sebastiana hizo del mercado su hogar. Ahí se instaló permanentemente con su esposo Osmundo —Mundo Camarita—, su hija Irma y Axel, el hijo varón. Posteriormente nació otro niño y, sin ningún problema, él fue creado en el mercado.

Seguidamente a ese lugar de ventas, había otras personas vendiendo manojos de yerba mora, güisquiles, zapotes, etc.

El espacio de enmedio del mercado era más amplio que las otras dos áreas, es decir, la del lado de la calle y la otra que estaba frente a las cocinas comedores.

En esta área, el espacio de enmedio, los comerciantes ponían sus ventas en el piso, pegado a las dos líneas de los postes que estaban colocados al centro. Estos dividían el total del área en tres tramos.

Los comerciantes colocaban sus ventas al lado derecho y al lado izquierdo de esa área y dejaban un pequeño espacio en el centro para el paso de los compradores.

Entre los comerciantes más conocidos se encontraba don Juanito, Agustín y Marcos. Todos ellos vendían productos varios, telas para confeccionar vestidos y variedad de prendas ya terminadas.

En una oportunidad, se pusieron de acuerdo los ocho o diez comerciantes que llegaban al pueblo, se asociaron y unieron sus ventas, ofreciendo al público precios más bajos a los ya acostumbrados.

Como parte de la innovación, la venta la hicieron en el área del parque, frente a la cooperativa. Al grupo de comerciantes le pusieron como nombre La Barata.

Todos los compradores se ausentaron del mercado y se fueron al parque a hacer sus compras. Este cambio representó pérdidas a los comerciantes menores. Debido a ese problema, La Barata desapareció después de tres lunes consecutivos.

En uno de los extremos del área de enmedio del mercado, parte oeste, se encontraba la mesa con la venta de arroz en leche de mi tía Sofía. Ahí era donde nosotros atendíamos a las personas que llegaban hacer la compra.

En el tercer espacio, frente a las carnicerías, se instalaban todos los vendedores de artículos de barro, como ollas, jarros, cantaros y otros recipientes fabricados a mano. La mayoría de ellos bajaban a pie por la carretera desde el municipio de Tajumulco.

En ese tiempo no había carretera que permitiera el acceso de vehículos a dicho municipio, esa era la razón por la cual los pequeños vendedores tenían que caminar varios kilómetros a pie para ir a realizar sus ventas al pueblo de San Pablo.

En el límite del terreno del mercado, en una pequeña entrada, aún se encuentra construido el rastro. Seguidamente están las 3 carnicerías y dos cocinas/comedores.

En medio de la tercera carnicería, o sea, donde estaba la venta de carne de marrano y las cocinas, se encontraba construido un cuarto. Ese pequeño cuarto dormitorio lo rentaba don Sabas del Toro.

Él había llegado del municipio de Catarina a trabajar al pueblo de San Pablo, como carnicero. Llevó a varios miembros de su familia a que le ayudaran en su negocio, entre ellos estaban los siguientes: doña Patrocinio López y su hijo Juan Manuel, sus hermanos Carlos López y María —Peluda—, y su hija Sheny.

Desafortunadamente una mañana corrió la noticia en toda la población: don Sabas había amanecido muerto en su pequeño cuarto dormitorio.

Nunca se supo qué fue lo que realmente le causó su muerte. Su compañero de cuarto era un niño llamado Tono —de cariño le llamábamos Perinolo—. Él no se enteró del fallecimiento de don Sabas hasta que escuchó que todos los clientes estaban tocando la puerta del cuarto donde él y don Sabas dormían.

Después de ese pequeño cuarto, donde falleció don Sabas, estaban las dos cocinas comedores.

Doña Patrocinio López

En la primera cocina que había sido construida en el mercado, doña Patrocinio instaló un comedor, al servicio de los comerciantes del lugar.

Ella vendía desayunos, almuerzos y cenas a los comerciantes y a todas las personas que llegaban al lugar. Los clientes del pueblo también hacían la compra en el comedor de doña Patrocinio, en días normales o en fechas especiales.

Doña Matilde Mazariegos y don Andrés Barrios

Por alguna razón muy especial, los nuevos empleados —maestros o trabajadores de la municipalidad— que llegaban al pueblo preferían los servicios de doña Matilde. Ella era la que rentaba la segunda cocina comedor, construida en el mercado.

Doña Matilde era una señora alta y delgada, de voz ronca y fumadora de primera. Era muy activa. Cuando caminaba por las calles del pueblo, siempre lo hacía a paso rápido y daba la idea que iba en busca de algo. Quien no la conocía pensaba que era de pocas palabras, pero no era así.

Doña Matilde fue una señora de muy buen corazón, bromista y amigable, muy querida por los habitantes de todo el pueblo.

Tan pronto como se modificaron las dos cocinas y se construyeron los locales comerciales a los lados del mercado, doña Matilde tomó rentado los dos primeros cuartos que estaban cerca de la cocina comedor para tener fácil acceso a su negocio. En esos dos cuartos de los locales comerciales instalaron camas y lo usaron como dormitorios por muchos años.

Doña Matilde y don Andrés procrearon dos hijos, Noemí y Otto.

Doña Matilde también era madre de Tono, Tancho, Guayo y René. Ellos fueron hijos de su primer matrimonio. Solamente doña Tancho vivió en San Pablo, los otros hijos le hacían la visita esporádicamente a doña Matilde, se habían ido lejos del pueblo.

Antes de que doña Matilde inaugurara su comedor en el mercado, todos ellos vivían en la pequeña casita de madera donde doña Fadilia tenía instalada su cantina.

Don Andrés era sastre y en esa misma casa tenía instalada su sastrería.

En esa época, don Andrés vivía al cuidado de su señor padre, don Benjamín Barrios. Las dos casas estaban construidas a pocos metros y, a la hora de cualquier emergencia, la ayuda estaba a la mano. Se comunicaban por medio de un caminito o vereda que estaba en medio de las dos casas, dentro del mismo terreno de don Mincho.

En la época en que la familia Barrios vivía en el área del mercado, por las noches todos los miembros de dicha familia instalaban sillas frente a la cocina comedor y, mientras platicaban de cualquier cosa, se fumaban varios cigarrillos. Saltaba a la vista de todos los del pueblo que entre ellos había armonía familiar.

Más tarde se sumó al grupo Mario René de León, nieto de doña Matilde, y Chayo Gramajo. Chayo se hizo novio de Noemí y también formó parte del grupo de la familia Barrios.

Chayo mantuvo su noviazgo con Noemí por varios años, hasta que tomaron la decisión de contraer matrimonio y formar una bonita familia.

Después que ellos se casaron, decidieron independizarse de los demás miembros de la familia de Noemí. Vivieron un tiempo en el pueblo y después se trasladaron a otro lugar, lejos del municipio.

Mientras Mario René terminaba la escuela primaria, él vivió al lado de doña Matilde. Posteriormente se fue a vivir a finca Tanemburgo, Tocache. En ese lugar vivía su señora madre, su abuelo y demás familiares.

Solamente Otto iba quedando en la familia de la pareja Barrios, los demás habían tomado su respectivo camino.

Después de unos años y de manera sorpresiva, Edna y Otto tomaron la decisión de unir sus vidas, y así lo hicieron.

En un momento inesperado nos llegó la noticia de que Otto y Edna Velasco se iban a casar, esa misma noche. Por suerte yo andaba de vacaciones en el pueblo y tuve oportunidad de estar con ellos y vivir ese momento especial en la vida de la pareja.

Después de la ceremonia religiosa, todos nos fuimos a la aldea Tocache a terminar la fiesta de la pareja de esposos. En el salón municipal de la aldea Tocache había baile y aprovechamos para pasar un tiempo más junto a la pareja de recién casados. Así fue como dimos por terminada la boda de mis amigos Velasco Barrios.

Después de la cocina de doña Matilde estaba una pequeña galera. Ahí estaba una pila grande con lavaderos. Seguidamente estaban los baños públicos, cuyo uso era cortesía de la municipalidad, no se pagaba ni un centavo por su uso.

Un nuevo agente de policía en el pueblo

Al cuerpo de la policía nacional del pueblo llegó un nuevo agente procedente de la parte oriental de Guatemala.

Era un tipo alto, delgado y con pinta de vaquero del Oeste. Tenía un parecido semejante al Michael Landon de la serie norteamericana *Bonanza*.

Usaba sombrero ligeramente hacia un lado. Siempre usaba botas vaqueras, camisa manga larga y pantalones pegados al cuerpo, con la cartuchera caída a ambos lados. Portaba dos pistolas.

Desde el primer momento que llegó al pueblo se ganó el cariño de toda la gente; era muy amable y atento con todas las personas, cariñoso con los niños.

Al poco tiempo que él llegó a San Pablo se enamoró de Esmeralda, la hija de don Beto Maldonado, el dueño de la tienda más grande del lugar. Ellos fueron novios por unos meses, pero el padre de la novia nunca estuvo de acuerdo con esa relación: no permitía que el agente de policía se acercara a la tienda, en todo momento les hizo la vida imposible.

En un día de desesperación el infortunado policía entró a la barra del negocio del padre de su novia y pasó varias horas tomando, sin tener oportunidad de ser atendido por la mujer que él más amaba. Él marcaba canciones de mariachi en la rockola y esa música más ahondaba su dolor, no encontraba sosiego. Sin saber exactamente cuál había sido el motivo, repentinamente se puso de pie y se marchó.

Más o menos una hora después, cerca de las seis de la tarde, pasó nuevamente por el lugar de la barra y pidió hablar con Esmeralda, pero desafortunadamente no logró su propósito, su petición fue denegada.

Antes de despedirse del lugar, pidió varios refrescos de cola, los pagó y nos pidió a todos los patojos que estábamos en ese lugar que brindáramos a su salud.

Se despidió de nosotros y se fue rumbo al mercado. Doña Matilde Mazariegos le daba la alimentación y a esa hora él tomaba la cena.

Al entrar, según doña Matilde, no mencionó palabra, únicamente jaló una silla hacia la mesa y se sentó. Colocó los brazos sobre la mesa y dejó caer su cabeza sobre sus brazos. Doña Matilde nunca se imaginó cuáles eran las intenciones de nuestro querido amigo y lo dejó que descansara.

De repente se escuchó un disparo dentro del reducido espacio del comedor: para sorpresa de todos, nuestro amigo se había quitado la vida.

La bala entró por el lado derecho de su cabeza, teniendo un orificio de salida al lado izquierdo. Fue tan potente el calibre del proyectil que este alcanzó a abrir un agujero a un sartén que doña Matilde tenía colgado en una de las paredes de su comedor.

Al escuchar la detonación, nosotros corrimos al comedor de doña Matilde y aún pudimos ver cuando el cuerpo del infortunado amigo iba cayendo de la silla, quedando tirado en el piso con sus dos brazos extendidos hacia arriba de su cabeza.

Ese fue el final triste de aquel muchacho lleno de vida, quien llegó al pueblo a cumplir con su trabajo, sin imaginar que el amor a una mujer iba a ser la causa de su muerte.

Doña Virginia y sus hijos

En la parte de atrás de las cocinas del mercado estaba una casita de madera donde vivía doña Virginia, la segunda esposa de don Herminio Maldonado.

Los hijos de doña Virginia eran los siguientes: Angélica, Alfonso —Cien—, Armando y Rolando. Angélica tuvo una hija que se llamaba Sheny, la cual también era parte del grupo familiar.

Los locales comerciales

En esos nuevos locales comerciales construidos al lado derecho del mercado, visto desde la calle principal, instalaron la panadería La Bendición de Dios.

Don Plutarco fue chofer y panadero en el gran negocio de la señora García y, después de varios años de trabajo, junto con don Tavo Barios y otros, recibieron una indemnización y cada uno de ellos puso su propio negocio.

Don Talco, después de haber recibido el dinero por sus prestaciones laborales, instaló su panadería en un local de los que se había construido en el mercado. El negocio La Bendición de Dios creció considerablemente y tuvieron necesidad de ocupar otros espacios de esos locales.

Removieron la división que separaba dichos locales comerciales e hicieron uno solo. La tienda y panadería hizo honor a su nombre para la familia Miranda-Gamboa.

Al lado izquierdo del mercado, visto desde la misma calle principal, habían instalado un depósito de granos básicos en dos de los otros locales. Su propietario era Macario Pérez.

En el letrero del depósito decía:

Se vende maíz, frijol y arroz por mayor y menor, por Macario Pérez.

Este letrero causó algunas discusiones con algunos compañeros de la escuela. Según nosotros, el letrero estaba mal escrito por la manera como era leído, por la simple razón de que las comas habían sido omitidas.

Los otros locales seguidos del depósito de granos habían sido rentados para diferentes propósitos.

El negocio de la venta de granos básicos de Macario no duró mucho tiempo. Él era un negociante muy acelerado y se desesperaba rápidamente cuando veía que uno de sus negocios no prosperaba en corto tiempo.

La sastrería de don Erasmo de León

Después de que el negocio de Macario cerrara sus operaciones, don Erasmo tomó rentado uno de los dos locales para abrir un taller de sastrería.

En corto tiempo don Erasmo vio el crecimiento de su negocio. Tuvo que ocupar el siguiente local y amplió su lugar de trabajo, tal y como fue mencionado anteriormente.

Don Erasmo fue por muchos años el sastre preferido por los habitantes del pueblo.

Casa de don Rafael Rodríguez y doña Antonia

Después de que don Rafael terminó su compromiso laboral en la finca Argentina, donde prestó sus servicios por muchos años, se trasladó al pueblo de San Pablo.

Construyó su casa frente al mercado municipal y puso como negocio una herrería.

Don Rafael era el único herrero en el pueblo y siempre mantuvo a uno de sus hijos trabajando con él como ayudante.

Los hijos de don Rafael y doña Antonia eran los siguientes: Rolando, Gilberto, Samuel, Alicia, Sergio y Estela. Augusto fue el último hijo de la pareja de esposos.

Después de varios años de haber llegado a vivir al pueblo, don Rafael fue nombrado alcalde municipal. Durante su mandato no hubo ningún acontecimiento de mayor relevancia y tampoco quedó alguna obra que lo inmortalizara. En otras palabras, don Rafael únicamente cumplió con las ocho horas de trabajo diario en la municipalidad, eso fue todo.

Don Roberto Lam y doña Filomena

Antes y después de la segunda guerra mundial, durante los 40, muchos ciudadanos chinos que habían llegado asilados a México tomaron la decisión de cruzar la frontera de Guatemala y radicar en varios de los municipios del departamento de San Marcos.

Entre estas familias estaba don Roberto Lam, un señor con un grado de cultura y educación diferente a los habitantes del pueblo. Era un señor de muy buenas costumbres, amable y respetuoso.

La manera como don Roberto conducía su automóvil por las calles o carreteras lo hacía con toda la precaución del caso: cedía el paso a los peatones, respetaba el paso de los animales. En algunas ocasiones se bajaba de su automóvil y quitaba a los animales del camino para no atropellarlos. Algo fuera de serie en el pueblo.

En un principio hablaba muy poco el idioma español, pero en corto tiempo se dio a entender con los vecinos, se adaptó a nuestras costumbres y vivió muy feliz en el pueblo. Todo el mundo le tenía un cariño muy especial a don Roberto.

Él se unió en matrimonio legal con doña Filomena y de ese matrimonio nacieron Goyita y Reyna. Doña Filomena se había casado anteriormente y tuvo dos hijos, Raúl —Busho— y Carlos López.

Reyna se fue del pueblo al cumplir su mayoría de edad. Vivió en la ciudad capital por un tiempo y posteriormente se fue a vivir a los Estados Unidos.

Goyita siempre estuvo con sus padres, ella no salió del pueblo. Cuando cumplió la mayoría de edad, se enamoró del maestro de educación primaria, Édgar Castillo.

Don Édgar había llegado muy joven a impartir cátedra de educación primaria a la escuela para varones, ubicada frente al parque municipal. Él llegó procedente del departamento de San Marcos y ese nombramiento había sido su primer trabajo como maestro en nuestro municipio.

Los tres maestros de la escuela para varones en esa época eran Alfonso Orozco, Manfredo Fuentes y Édgar Castillos.

La pareja de esposos, don Édgar y Goyita, procrearon a los siguientes hijos: Édgar Rony, Roberto y posteriormente a Vanesa.

En la casa de madera de dos niveles, frente a donde estaba ubicada la panadería La Bendición de Dios, don Roberto Lam abrió un almacén de productos varios de primera necesidad. Reparaba relojes, aparatos eléctricos y también era mecánico automotriz.

Era el propietario de la famosa camioneta María Elena —los muchachos para simplificar el nombre decían «Marilena»—.

El transporte estaba disponible a cualquier hora del día y la noche. Hacía viajes a cualquier pueblo, finca o a otros lugares. Estaba disponible las veinticuatro horas.

Raúl López vivió muchos años en la casa de don Roberto, al lado de su mamá, doña Filomena.

Raúl trabajaba como chofer en la camioneta de don Roberto y poco a poco aprendió el oficio de mecánico bajo el adiestramiento de su padrastro, don Roberto. Esa profesión u oficio fue la que Raúl practicó como soporte económico durante el resto de su vida.

Raúl se casó con Audelina, una señora muy agradable, originaria de una de las fincas de aldea Tocache.

Everildo, ese es el nombre que la pareja de esposos le puso al primer hijo que tuvieron.

PARTE OCHO
(De Goya García a Josefa Barrios)[8]

La casa de doña Goya García

La familia estaba compuesta por varios miembros. La mayoría de ellos trabajaban en los negocios de doña Goya.

Ella era hermana de don Carlos y de don Tomás. Don Tomás era el padre de don Augusto.

Don Augusto y doña Gume eran los padres de Amador, Amada, Felipe, Manuel y Lily.

Dentro de la lista de los sobrinos de la señora García, se menciona a los siguientes: doña Amada, doña Lily, Manuel, Felipe, Amador —todos con el mismo apellido, García—.

Los descendientes de los sobrinos nombrados anteriormente se sumaron a la lista de la familia García, aumentando considerablemente el número de miembros.

En los mejores años de los negocios de la señora García, ella era esposa de don Alfonso Barrios, un señor muy educado, amable y de muy buen carácter.

A pesar de que la pareja de esposos estuvo unida por muchos años, no tuvieron la buena suerte de procrear hijos, posiblemente por la edad de ambos o por alguna otra causa que se desconoce.

---

8   Ver mapa en página 8

Permanecieron juntos por muchos años y su buena relación como pareja los identificó ante el pueblo, fueron muy queridos por mucha gente.

Cuando iban de paseo o en vías de trabajo dentro del perímetro del municipio o fuera de este, se veía que vivían en buena armonía. Eso era lo especial de la pareja de señores, siempre se les vio juntos.

Don Alfonso se veía un señor saludable, pero de repente y por mala fortuna para él sufrió una enfermedad grave y falleció, quedando la señora sin su esposo y con la cantidad de compromisos que sus negocios habían generado.

Nunca se supo si el hábito de fumar le había causado la mortal enfermedad, él fumaba a todas horas.

Después de un tiempo de permanecer sola, la señora decidió unirse en pareja legal con un señor oriundo del municipio de Malacatán llamado Genaro Menchú.

El señor Menchú había llegado como empleado contable al negocio. Poco a poco esa relación cambió de rumbo hasta que tomaron la decisión de formar un matrimonio.

Los hermanos y familiares cercanos de ella jamás estuvieron de acuerdo con su nuevo matrimonio. Ese desacuerdo provocó una serie de disgustos dentro de la familia García. Ninguno de los miembros de la familia simpatizaba con el señor Menchú, a pesar de que era un señor tranquilo, de buen carácter, de muy buenos principios y trabajador.

El problema que existió en la familia no fue manifestado directamente ante el público, siempre hubo una aparente armonía entre todos los miembros. Así mismo, a don Genaro en todo momento se le veía haciendo su trabajo en forma natural, al lado de su esposa y los demás trabajadores, sin demostrar algún disgusto o desacuerdo laboral o familiar. Aparentemente todo caminaba en común acuerdo.

Como resultado de los múltiples negocios abiertos al público antes y después de la presencia de don Genaro Menchú, doña Goya llegó a obtener una fortuna millonaria, digna de admirar, producto de su trabajo constante y honesto.

Jamás se supo que ella se hubiera aprovechado de la necesidad de algunas personas de bajos recursos del pueblo para apoderarse de sus bienes, tales como terrenos, casas o animales.

Su buen corazón y generosidad para los vecinos del municipio marcó una gran diferencia entre los demás comerciantes de la época.

(El área de terreno ocupada por los múltiples negocios de la señora García, era más del 40% de una de las seis secciones en las que estaba diseñado el municipio.)

Dentro de los negocios activos en ese tiempo se pueden mencionar los siguientes: un molino para moler nixtamal, al lado izquierdo de la casa vista desde la calle principal. Tenía una panadería, un restaurante, una tienda de productos varios y una farmacia. Estos cuatro negocios estaban en la vista frontal de la casa.

En medio del espacio de la tienda y la farmacia se encontraba una vitrina donde exhibían perfumes, lapiceros y juguetes. En la época navideña, ese pequeño lugar era muy visitado por los patojos, la novedad era un Santa Claus que se subía a una escalera, un mono tocando un tambor o un tren eléctrico en movimiento, girando alrededor de un pequeño arbolito de Navidad.

Al lado derecho, yendo hacia la calle norte, estaba el bar, con servicio de rockola. Seguidamente había otro molino, este para moler café. Inmediatamente estaba una sección de la casa de dos niveles; acá estaban los cuartos de la pensión que eran rentados por noche o por mes, según la demanda de los clientes.

Después de la pensión, estaba la entrada al amplio garaje.

A mediados de los 50 se inauguró un colegio, construido entre el área que estaba después de la entrada del garaje y el principio del terreno de la casa de don Alejandro Maldonado.

Este colegio fue fundado con la intención de ayudar a las familias de bajos recursos económicos. Los cursos eran sin costo alguno para los estudiantes.

En esos años el interés por continuar los estudios era muy bajo y el colegio no obtuvo los resultados deseados. Este fue cerrado indefinidamente y así fue como la buena voluntad de ayuda de la señora García quedó truncada.

El pequeño edificio del colegio estuvo cerrado por muchos años, dando la idea de abandono, hasta que llegó al pueblo don Guillermo Spark y su esposa. Ellos eran un par de misioneros procedentes de los Estados Unidos que llegaron a evangelizar a varias familias del pueblo.

Entre otras propiedades, ella era dueña de la finca La Joya, ubicada rumbo al caserillo La Cumbre.

El desvío a la finca está ubicado al lado izquierdo, al final del caserillo.

El festejo del cumpleaños de la señora era algo fuera de serie para todo el pueblo. Todos los habitantes estaban invitados a la celebración que se llevaba a cabo en terrenos de finca la Joya.

En esa fecha estaba disponible una res (una vaca) para tal propósito. Había comida en abundancia, ni un solo habitante del pueblo se quedaba si recibir el almuerzo. Para felicidad de todos y satisfacción de la cumpleañera, ella misma se encargaba de servir los almuerzos en compañía de muchos familiares y voluntarios.

La calle adornada dentro del cafetal, bombas, cohetes de todos tamaños y la música en marimba en vivo era lo que le daba originalidad a la celebración del cumpleaños.

Posteriormente, la celebración fue mermando y al cumpleaños de la buena señora únicamente participaban solo miembros de su familia y unos cuantos vecinos del pueblo.

Ella llenaba de gente su camión rojo, llevaban bebidas, comida y todo lo necesario, y se iban a disfrutar el acontecimiento bajo la sombra de una ceiba que estaba plantada en un lugar de la Lima, a pocos kilómetros del municipio de San Pablo.

El negocio más grande que la señora tenía era la hacienda Montecristo.

En esta hacienda ella le daba trabajo a más o menos cien personas, proveyendo así un ingreso económico a los trabajadores para que estos pudieran proveer alimento a la mesa de sus respectivas familias. Doña Goya fue digna de admiración por ser creadora de fuentes de trabajo, dentro del municipio y fuera de él.

Desde las tres de la madrugada daba inicio la tarea de ordeñar y había movimiento de trabajo hasta las diez de la mañana. Eso era todos los días.

Cuando doña Goya se disponía a hacer la visita en forma sorpresiva a cualquiera de sus negocios, casi nunca encontró a alguien perdiendo el tiempo. Todos trabajaban muy contentos y la responsabilidad al trabajo de cada uno de los empleados era justa. Cada uno efectuaba su trabajo con mucha entrega y dedicación. Doña Goya era muy generosa con sus trabajadores y eso era suficiente para que ella obtuviera los mejores resultados de parte de la gente, quienes le prestaban sus servicios.

A las seis de la mañana se hacía presente el *pick up*, que manejaba el que estuviera de turno: a veces le correspondía don Felipe o a don Manuel García. Ellos eran los que llevaban la leche a la tienda del pueblo. Allí era vendida o entregada a cada domicilio.

Todos los días elaboraban quesos, crema, requesón y otros derivados de la leche, vendidos a precios cómodos.

En uno de los viajes que doña Goya realizó al templo de Esquipulas, encontró en las calles del lugar a un muchacho huérfano. Inmediatamente habló con él, le ofreció trabajo y se lo llevó a la tienda que ella tenía en el pueblo. Dicho de otra manera, el muchacho fue adoptado.

Al momento de conocer la procedencia del muchacho —él era de Honduras—, nosotros lo bautizamos con el sobrenombre de Catracho. Así le llamaban todos los del municipio, jamás lo llamaron por su nombre de pila.

Catracho se convirtió en el vendedor de quesos más popular en el pueblo, la manera como el pregonaba lo hizo ser diferente. Ese fue el trabajo que le asignaron y él lo realizó con éxito por muchos años.

Ella también había adoptado a Milo, un niño huérfano del pueblo, pero la presencia de Catracho en los negocios de doña Goya hizo que Milo cambiara sus buenas costumbres. Este, al ser sorprendido violando los acuerdos de buena conducta, inmediatamente fue puesto a la calle por la misma persona que lo había apadrinado.

Olegarza es el nombre del lugar donde la señora García, por medio de sus trabajadores, sembraba cientos de cuerdas de maíz. La producción sobrepasaba las expectativas. Ella siempre fue muy bendecida en todos sus negocios y la cosecha de este producto no podía ser la excepción.

Después del corte del maíz en mazorca, toda esa producción era transportada a la casa central por medio de camiones de su propiedad. Ahí era donde daba inicio la emoción para los patojos del pueblo.

En la parte del segundo nivel de la casa abrieron un gran salón. En ese lugar nos reuníamos más de cuarenta trabajadores para desgranar el maíz. Nos pagaban de acuerdo con las libras que cada uno completara en el tiempo trabajado.

Los pagos los efectuaban el mismo día que hacíamos el trabajo. Esa era la emoción de todos, ganar quince o veinte centavos al día. Era mucho para los que no teníamos nada.

En una de mis reuniones con mi amigo Mario Velasco comentamos lo mucho que nos ayudó la época de la cosecha de maíz en casa de doña Goya.

Desafortunadamente la tarea de desgranar maíz duraba solamente un mes; después teníamos que esperar un largo tiempo para volver a vivir el momento.

Más o menos como se escuchan los coros en los estadios de Argentina cuando hay partidos de futbol, así se escuchaba el siguiente canto en el amplio salón de la casa, mientras desgranábamos maíz. A pedido de la señora, todos los patojos cantábamos lo siguiente:

¿Te diste cuenta, Casilda, lo que dijo el general,
que hay barcos y aviones para salvar los camarones?

Ella era simpatizante del partido político del general Miguel Idígoras Fuentes y en vísperas de las votaciones para presidente de la república el problema de los camarones se originó entre Guatemala y México.

Por violación de los límites de las aguas del océano Pacífico por barcos camaroneros de México se formó el mencionado conflicto.

No se puede asegurar que la versión anterior haya sido un montaje de campaña política o de otra índole, lo cierto es que nosotros disfrutábamos cantando.

Esa fue una etapa muy bonita en nuestra vida de patojos en el pueblo, ganábamos algún dinero y también nos divertíamos.

Muerte de don Genaro Menchú

Para sorpresa de todos los habitantes del municipio, próximo a un fin de semana don Genaro fue asesinado de un disparo en el pecho mientras descansaba en un pequeño cuarto ubicado en una de las casas de la finca La Joya, propiedad de doña Goya.

Según versiones, don Genaro fue llevado a un centro de salud de Malacatán y ahí fue declarado muerto. Otro comentario fue que don Genaro había fallecido en el mismo lugar, al momento de haber recibido el impacto de bala, y que, al llegar los primeros auxilios al lugar, él había sido declarado sin vida.

Cualquiera de las dos diferentes versiones no tiene ninguna importancia en el final de la vida del señor Menchú: él dejó de existir y eso consternó a todos los habitantes del municipio.

Cuando la noticia llegó al pueblo, esta se regó como pólvora dentro de la carpa de un circo que se encontraba instalado en el área baldía que quedaba en medio de la casa de don Nayo Solano y la escuela para varones.

Todo el público quedó sorprendido. Muchos de los que estaban en el circo prefirieron marcharse a sus casas tan pronto como terminó la función de esa noche.

En esos tiempos, una noticia de esa índole llenaba de pánico al vecindario, debido a que el lugar era muy tranquilo y no se prestaba para tales hechos lamentables. Puedo decir que las malas noticias eran esporádicas, el pueblo vivía en paz en esos dorados tiempos.

Como era de suponer, las primeras investigaciones sobre el asesinato de don Genaro apuntaban sobre la familia de doña Goya. Algunos de ellos, al sentirse perseguidos —posiblemente sin causa—, huyeron a pueblos o ciudades vecinas al municipio. Otros familiares encararon las acusaciones, arriesgándose a purgar varios años en la cárcel. Las autoridades, al no encontrar evidencia clara de los asesinos materiales o intelectuales entre los detenidos, estos fueron liberados después de un tiempo considerable de haber sido puestos en prisión. Fue un periodo muy amargo para la familia García.

Unos años más tarde, después de la muerte del señor Menchú, doña Goya sufrió una decepción muy grande. Debido a eso, decidió abandonar el pueblo y vendió muchas propiedades. Dio como regalo alguna de ellas a personas que le ayudaron en sus negocios y también indemnizó a sus empleados favoritos, a los que le sirvieron por muchos años, aquellos quienes le fueron fieles en la labor que ella les había encomendado.

Entre las personas leales que le trabajaron a doña Goya se puede mencionar a los siguientes:

Don Plutarco Miranda

Él trabajó por muchos años como panificador en la panadería que la señora había fundado entre otros negocios. A veces don Talco, como cariñosamente le llamábamos, era chofer. Atendía a los clientes en la tienda y, como acto muy particular, yo lo vi ordeñando vacas algunas veces en la hacienda Montecristo. Él fue un empleado de mucha confianza y por su disponibilidad demostrada durante el tiempo que efectuó su trabajo con la señora García se ganó totalmente el aprecio de su patrona. Así mismo, recibió una merecida indemnización.

Don Plutarco —tal y como se mencionó anteriormente—, como agradecimiento a Dios por la bendición que recibió por trabajar en esos negocios, al abrir su propia panadería le puso como nombre La Bendición de Dios, un agradecimiento justo.

Don Gustavo Barrios

Don Tavo —así lo conocíamos en el pueblo—, fue chofer del transporte La Florecita, propiedad de la señora García.

Don Tavo todos los días, a primeras horas de la mañana, se iba a San Marcos. Retornaba al municipio a las cuatro de la tarde.

Don Tavo fue una persona más a quien la señora le tuvo mucho aprecio por su entrega al trabajo. Jamás se supo que ellos hubieran tenido un desacuerdo mayor.

En el momento que doña Goya renunció totalmente a sus negocios, le otorgó el transporte La Florecita a don Tavo, con el mismo derecho legal de hacer los viajes diarios a San Marcos. Se desconoce si el traspaso del transporte había sido como indemnización por sus servicios prestados o algún acuerdo entre ellos, lo cierto es que don Tavo obtuvo el resultado de sus años trabajados sin importar la manera como fue el traspaso del transporte.

La Florecita para don Tavo fue su fuente de ingresos por muchos años, hasta que se retiró totalmente del trabajo.

Don Manuel García, sobrino de doña Goya

Don Meme, por su solidaridad y por haber prestado sus servicios en los negocios de doña Goya, heredó la finca La Joya. Todo esto fue después de haber sufrido el trago amargo de las acusaciones sobre la muerte de don Genaro. En todo caso, Dios hizo justicia en la vida de él y en la de su familia.

Don Felipe García

Él fue chofer en los negocios de su tía Goya. Aunque también era sobrino de la señora, a don Felipe siempre se le vio un poco más distante a ella. Hacía su trabajo y se iba a su casa, eso era todo.

Pienso que por esa razón don Felipe no recibió ninguna indemnización directa de parte del negocio de la señora García.

Doña Alicia Barrios

Doña Alicia siempre estuvo al lado de doña Goya. Era su confidente, su ama de llaves, la persona de más confianza dentro del grupo.

La afinidad de doña Alicia era muy cerca a doña Goya, al extremo que mucha gente del pueblo pensaba que eran hermanas o algo parecido.

De igual manera como había sucedido con otros del grupo de empleados de confianza, doña Alicia recibió como indemnización la casa donde había sido fundado el colegio en los mejores momentos de los negocios de la señora García.

Doña Amada García, hija de don Augusto

Ella también participó en el grupo de los que le brindaron apoyo a la señora en la realización de su gran empresa.

A ella se le veía en la tienda, en la panadería, en el restaurante y en todos los demás puestos de venta dentro del edificio. Doña Amada y doña Alicia se encargaban de organizar cualquier celebración en la que doña Goya hubiera sido invitada a participar.

Después del fallecimiento del esposo de doña Amada, don Moisés Cifuentes, ella se casó con Óscar Barrios, con quien convivió por muchos años.

Don Tomás y doña Gume eran los padres de doña Amada. En una época, don Tomás y doña Gume eran los administradores de la finca La Joya y alguno de los hijos de doña Amada les hacían compañía.

Del matrimonio de doña Amada y don Moisés Cifuentes nacieron los siguientes hijos: Carlos, Romelia, Noé —Chon—, José Filadelfo —Pepe—, Ebert y Reyna.

Fueron innumerables las personas que se beneficiaron de la fuente de trabajo que la señora Goya generó en San Pablo, desde el más humilde como Javier Lela, hasta grandes empresarios de la época que compartían las mismas ideas de crecimiento y prosperidad de la gran señora.

Antes de que doña Goya se fuera del pueblo, otorgó el derecho de sus bienes a don Beto Maldonado, incluyendo la tienda, la cantina, la farmacia y otros. Este traspaso posiblemente fue bajo contrato de una renta y compra, o venta automática. Lo cierto es que después que don Beto pasó a ocupar las instalaciones, Doña Goya aún hacía la visita a la casa, como si ella aún hubiera tenido algún derecho sobre los bienes. Por eso fue por lo que no se descifraba la manera como el negocio había sido llevado a cabo.

Después de unos años, don Beto fue el dueño absoluto de toda la propiedad y formó su nuevo hogar en ese edificio. Allí vivió don Beto con su esposa, doña Locha, su hija Olga, Esmeralda, Beto, Augusto, Noé y Carlos. Entre todos manejaban la nueva adquisición de don Beto.

En el momento que doña Goya abandonó el pueblo y se mudó a la ciudad capital, por alguna razón muy especial prefirió salir dos o tres horas después de entrada la noche. Posiblemente su despedida en horas del día le hubiera traído más recuerdos y el impacto de estos definitivamente le hubiera causado más nostalgia.

El transporte con todas sus pertenencias iba rumbo a la avenida Los Árboles, zona 1, ciudad de Guatemala.

En esa casa fue donde doña Goya pasó sus últimos años. Así mismo, como ella se había identificado con la gente del pueblo, de la misma manera las puertas de esa casa en la capital también permanecieron abiertas —literalmente hablando— para todo aquel que hubiera tenido deseos de saludarla y platicar con ella. Se puede decir con toda confianza que ella vivió el verdadero propósito de su vida, su generosidad la identificó.

Esa fuente de trabajo que doña Goya generó por muchos años en el pueblo ayudó a muchas familias a subsistir en los 50 y 60. Sin lugar a duda, ese fue su propósito.

Ella fue una persona muy emprendedora, como pocas han existido en el municipio. Como reconocimiento a la entrega en sus negocios y al aporte directo al pueblo, su nombre será recordado por muchas generaciones.

Espero que las líneas impresas en este libro manifiesten explícitamente el sentimiento del autor sobre las diferentes obras de caridad generadas por la señora García, convirtiendo este relato en un claro testimonio de agradecimiento directo a su memoria.

Dicho de manera especial: por medio de las oportunidades de trabajo generadas para la gente del pueblo alivió de manera directa las necesidades del sustento diario en cada una de las familias en esas dos décadas, tomando en cuenta que varios miembros de mi familia también fueron beneficiados de dichos trabajos generados por doña Gregoria García.

Casa de don Salvador Rodríguez

Más o menos frente a la entrada del amplio garaje de la casa de doña Goya García estaban construidas las dos casas de la familia Rodríguez, una unida directamente a la otra.

En una de estas casas, de norte a sur, vivía don Nicolás Rodríguez, el padre de Salvador, Justo Tono y Rafael —Diablo—.

Don Nicolás vivía en esta sección de la casa con sus hijos Justo, Tono y Rafael. Cada uno de los hijos de don Nicolás vivía con su respectiva esposa y sus hijos. En total, era una familia de ocho miembros.

En la otra sección de la casa vivía don Salvador con su esposa, Elvia, su hijo Exequiel y sus hijas, Elba, Aracely y Sara.

Los sábados o los lunes, don Salvador se dedicaba a destazar marranos, esa era su principal fuente de ingresos.

La venta de carne y chicharrones la hacía en su propia casa y no violaba ninguna regla sanitaria, la casa cumplía con los requerimientos de salud en esa época. Esa actividad era permitida en la casa de habitación de los comerciantes, debido a que no existían normas de higiene estrictas como las actuales.

Casa de doña Roselia y don Pedro

La casa de esta pareja de esposos estaba ubicada entre la casa de doña Amalia Mazariegos y don Salvador Rodríguez, frente a las pensiones de doña Goya García.

Doña Roselia era familiar de doña Fadilia y esa fue la razón por la que ella, su hijo y esposo llegaron a vivir un largo tiempo al pueblo. Desafortunadamente y por razones que se desconocen, su hijo, Sergio, se quitó la vida en Malacatán. Era un tipo muy callado, casi no tenía amigos y la mayor parte del tiempo lo pasaba al lado de su señora madre. Posiblemente por un grado de depresión no controlado llegó a la determinación de acabar con su vida.

Esta pequeña casa un tiempo más tarde también fue ocupada por don Gabino Almengor, después de que se separara de doña Amparo.

En ese tiempo, don Gabino vivió en esta casa con su segunda esposa y los hijos que habían procreado.

Doña Amalia Mazariegos, esposa de don Delfino Fuentes

Su casa estaba ubicada en una esquina, a la par de la casa de doña Goya, en la parte norte del parque.

Doña Amalia era hermana de doña Matilde Mazariegos, la esposa de don Andrés Barrios.

Doña Amalia no tuvo hijos con don Delfino Fuentes, sin embargo todos los hijos del matrimonio anterior de doña Amalia le tuvieron mucho aprecio a don Delfino.

Los hijos de doña Amalia fueron los siguientes: Jania, Fridolino, don Rigo de León y doña Lesbia.

Doña Amalia fue una señora muy trabajadora. Todos los fines de semana y días de fiesta, incluyendo Navidad y Año Nuevo, hacía tamales de carne de muy buena calidad y los ponía a la venta en su propia residencia. El público pagaba el precio. Los tamales eran diferentes a los otros vendidos en el pueblo.

Doña Amalia tenía cuartos de alquiler en su casa, así como también prestaba servicio de restaurante a sus huéspedes.

Los empleados municipales o maestros rentaban los cuartos y la alimentación estaba incluida en el pago de la renta de las habitaciones.

A ella también le gustaba jugar a las cartas con sus huéspedes y con algunos miembros de su familia. El grupo de personas jugaba todas las noches, hasta horas de la madrugada, ese era el pasatiempo de la familia en esos años.

Sus hijos y sus nietos heredaron el juego de cartas y muchos de ellos aún lo practican.

El parque Isidoro Tobar

No puedo dejar escapar la presencia de nuestra recordada *Ceiba pentandra*, plantada en el centro del parque Isidoro Tobar, quien se encargaba de darle la bienvenida a sus hijos y extraños como el mejor guardián al pie de sus compromisos, parada frente a la vieja y desteñida municipalidad.

Antes de la construcción del mercado municipal, la rústica superficie del parque servía de plataforma para que los comerciantes pusieran sus ventas los lunes, y no fue hasta que don Emilio Montes, el alcalde de turno, le dio un cambio muy bonito al pueblo —algunas de sus obras aún permanecen—.

El mercado había sido construido durante el primer mandato de don Milo, así como también el parque y otras obras de suma importancia.

De común acuerdo la corporación municipal y algunos vecinos decidieron ponerle el nombre del primer alcalde municipal, Isidoro Tobar, al reformado parque.

Con moldes de letras mayúsculas, Otto Barrios hizo un rótulo con letras blancas y fondo de color negro, sobre una lámina rectangular, colocado en el tronco de la ceiba, con vistas a la iglesia católica.

PARQUE ISIDORO TOBAR

SAN PABLO, SAN MARCOS

Fecha: Junio de 1958 Pintor: Otto Aníbal Barrios

El parque le dio vida al pueblo. Su iluminación era diferente y despertó el interés de muchos enamorados a dar una caminata en las primeras horas de la noche por el área de los arriates iluminados.

Este era un lugar ideal para las parejas de novios que se encontraban en su primera fase. Unas parejas más atrevidas permanecían sentadas en las bancas del lado más oscuro del área, o si la relación amorosa ya había pasado por algunas zonas de más peligro, preferían dar la vuelta completa al perímetro del municipio y hacer un alto en algún lugar de más privacidad.

Avelino Menchú, el policía municipal del pueblo, siempre estaba echando un ojo. En caso de que alguna pareja sobrepasara los límites de sus propias emociones, ahí mismo era interrumpido por el activo agente de seguridad.

Justo cuando recién se había inaugurado el parque, llegó al pueblo un jefe de la policía nacional. Su nombre era Balbino Mazariegos.

Él llegó con su esposa, llamada Aura —muy bonita y joven—, su hijo Adolfo Mazariegos, su entenado Óscar y un hijo de crianza llamado Chalío. Todos eran oriundos de San Juan Ostuncalco, Quetzaltenango, parte occidental del país.

Cuando ellos llegaron al pueblo, recién se había inaugurado el parque. En las tardes se llenaba el lugar de patojos jugando tenta, a las escondidas y muchos juegos más.

Los dos muchachos, Óscar y Adolfo, casi no salían del área de la municipalidad. Ellos aún no tenían suficiente confianza para jugar con nosotros, nos observaban de lejitos.

Una tarde, los tres muchachos —Chalío, Adolfo y Óscar— se llenaron de valor y se acercaron a nosotros, un grupo de patojos que estábamos en el parque: Mardo, Gilberto, Calico, Chus, yo y otros.

Adolfo nos hizo una pregunta:

—¿Ustedes conocen el juego electrizado?

Como era de suponer, nosotros no sabíamos de qué se trataba el juego. Nuestra respuesta fue que no.

Esa noche, el parque se llenó de patojos y gente mayor jugando electrizado en toda el área iluminada.

Entre el grupo de mayores estaba Adolfo Reyna, Macario, Genaro, Chalo Cárdenas, Pablo de León, Virgilio y otros. Esa noche, ese grupo de mayores de edad retrocedió muchos años. Todos ellos se sintieron patojos: no resistieron la tentación y también jugaron el nuevo entretenimiento.

Desde esa tarde, el nuevo juego cambió totalmente la diversión de los patojos. Por un largo tiempo los otros juegos fueron ignorados, todo mundo jugaba electrizado.

Casa de don Manuel García

La esposa de don Manuel se llamaba Rosario. Cariñosamente la llamábamos doña Chayito.

Los hijos de la pareja de esposos eran los siguientes: Víctor Manuel, Rosa María, Aracely y Amador. Ellos fueron los miembros de la familia de don Meme.

Después de que doña Goya repartió sus bienes, don Meme heredó la finca La Joya. A partir de esa fecha, toda la familia se fue a vivir a ese lugar.

Historia de los manojos de hojas

Los maestros de la escuela Marroquín forzaban a los alumnos a que obtuvieran buenas notas en los exámenes finales, a manera de que ellos entregaran un reporte decoroso ante los miembros del Ministerio de Educación departamental.

Los maestros estimulaban a los alumnos para que, en horas de la madrugada de todos los días, los alumnos se levantaran temprano y estudiaran o repasaran todas las notas.

Uno de los muchachos de la escuela formó un grupo como de cinco estudiantes y los invitó a que se reunieran en el parque del pueblo para estudiar dos horas todos los días, antes de ir a la escuela.

Esta invitación pareció muy buena para los que nos considerábamos mal en nuestro rendimiento escolar y aceptamos inmediatamente formar parte del grupo.

Una mañana, después de que habíamos iniciado nuestra hora de repaso de nuestras notas, don Meme paró su *pick up* frente a nosotros. Don Meme iba a recoger los tambos de leche a la hacienda Montecristo, iba solo.

Al parar frente al grupo dijo:

—Patojos, ¿quieren ir conmigo a Montecristo? Yo vuelvo dentro de una hora. Hay suficiente tiempo y supongo que no va a haber ningún problema.

Ni lentos ni perezosos, apagamos las velas, tomamos los cuadernos y nos subimos al carro de don Meme.

Cuando llegamos a Montecristo, los tambos con leche no estaban preparados, habían tenido un problema de personal y aún estaban ordeñando. Había que esperar dos horas para que los tambos estuvieran preparados para poder llevarlos a la tienda del pueblo.

Don Meme, un tanto preocupado, nos dijo:

—Yo considero que, si me voy rápido, en menos de una hora estamos en el pueblo.

Nosotros no tomamos en cuenta lo que don Meme nos dijo en ese momento, estábamos preocupados y nerviosos.

Después de cierto tiempo de espera, don Meme y los trabajadores de la hacienda empezaron a cargar el *pick up*. Subieron los tambos con leche y dos bultos de hojas para envolver tamales. Nosotros estábamos felices porque por fin nos íbamos a ir hacia el pueblo, ya era demasiado tarde.

En el parque del pueblo ya había varias personas haciéndoles compañía a las madres de los cinco desaparecidos, la noticia ya había corrido. Cinco estudiantes de la escuela Clemente Marroquín habían desaparecido del parque municipal, esa fue la noticia que encendió las alarmas ese día por la mañana.

Unas señoras decían:

—Posiblemente la llorona se los llevó.

Otras comentaban:

—Si en el grupo estaba ese tal Chus o el nieto de la Nila —un negrito espinudo—, de seguro que se los llevó el del Sombrerón. ¡Huy, a esos dos ishtos ni verlos!

Todo mundo daba una versión diferente, pero ninguno sabía realmente el problema en el cual don Meme nos había metido.

Antes de pasar el tanque o chorro, casi al final de la cuesta, mi amigo Chus dijo:

—Bajémonos en esta pequeña cuesta, tomemos dos rollos de hojas cada uno y nos corremos. Decimos en la casa que fuimos a cortar hojas, así no nos regañan.

Más tardó el tal Chus, mi recordado amigo, en dar su consejo. Nos fuimos tirando uno por uno con dos o tres manojos de hojas cada uno. Cuando don Manuel llegó a la tienda, ya no encontró a ningún patojo en el carro y, por consiguiente, tampoco estaban los rollos de hojas, también habían desaparecido.

La llegada a nuestra casa no fue mayor problema. Lo mejor fue cuando llegamos a la escuela, pues tuvimos que contar en detalle por qué nos habíamos desaparecido.

Citaron a don Meme y, con palabras sofisticadas, el director de la escuela lo regañó. Pero don Meme no le prestó mucha atención a ese jalón de oídos —literalmente hablando—.

Lo que sí enfureció a los maestros fue que don Meme dijo que nosotros nos habíamos robado los manojos de hojas que venían destinados a la tienda.

Impusieron un castigo a los cinco estudiantes y además ya no más levantadas temprano. A don Meme le prohibieron que hiciera más invitaciones.

Doña Romualda Solano, alcaldesa del municipio

Doña Romualda era esposa de don Tulo de León y madre de Violeta, Jorge, Vinicio y Marina.

La casa de doña Romualda estaba dividida en dos. En la primera sección de la casa vivían todos los miembros de la familia de doña Romualda. La segunda sección la daban en arrendamiento.

La casa de la familia de León era una de las más antiguas del pueblo. Su construcción y diseño era diferente a las demás que había en el área del municipio en la década de los 50.

Esta casa estaba construida en la esquina de la calle que va hacia la iglesia, frente al parque, y ocupaba más de media cuadra de longitud.

En la casa de doña Rumualda siempre existió una tienda y cantina, ubicada en la parte de la esquina de la casa. Tenía puerta de acceso por el lado de las dos calles. Siempre fue atendida por su propietaria.

Cuando cursábamos el cuarto año de primaria del ciclo escolar en la escuela Marroquín, yo era compañero de clases de Violeta, la hija mayor de doña Romualda. La maestra era la señorita Teresa Castillo.

A medio curso de ese ciclo escolar llegó de Malacatán un nuevo maestro, don Óscar López Argueta, quien fue a reemplazar a la maestra Teresa Castillo.

El día que don Óscar llegó entró a la clase muy emocionado, alegre. Nos contó un par de historias. Nosotros estábamos distraídos cuando de repente nos hizo la pregunta:

—¿Desean ustedes que yo les imparta las clases en este grado o salón?

Sin pensarlo dos veces, todos levantamos las manos en señal de aceptación, sin tomar en cuenta que nuestra maestra se iba a sentir despreciada por nosotros. Cuando reaccionamos fue muy tarde: don

Óscar se la tomó en serio y a partir de ese momento él fue nuestro nuevo maestro.

Cuando nuestra maestra Castillo llegó a recoger sus pertenencias al aula, estaba llorando y no quiso hablar con nosotros. Sabíamos que la habíamos traicionado.

Don Óscar nos dio la letra de varias canciones y las aprendimos sin mayor esfuerzo: *La Sanjuanerita*, *Managua Nicaragua*, *El Señor de Esquipulas* y otras.

Don Óscar era un maestro muy campechano y alegre, le gustaba que nosotros cantáramos. Al escuchar nuestras canciones se le veía que disfrutaba a la par de todos los que estábamos cantando.

Conforme fueron pasando las semanas y los meses, a él se le veía muy interesado en las estudiantes de la escuela. En el aula había seis alumnas entre catorce y quince años. Como era lógico, llamaban la atención entre el grupo. Eso fue lo que al recién llegado maestro le afectó.

Desde un principio, a él siempre se le vio cerca de Josefa Gramajo, Violeta Díaz y Violeta de León. El maestro nunca disimuló su interés en las tres estudiantes. Ahí fue donde dio inicio el problema en el cual nuestro recordado profesor se había involucrado.

De las tres estudiantes, Violeta de León fue quien no pudo escapar de las atenciones de su maestro.

El final de esta historia no fue nada agradable para Violeta, tampoco para su familia y la vida de don Óscar López Argueta. Él se tuvo que casar con Violeta y tuvieron una hija. Automáticamente el maestro perdió su empleo. Por si esto hubiera sido poco, Violeta, después de haber tenido a su hija, por alguna razón de su desmejorada salud, falleció.

A todos los alumnos nos llenó de tristeza el fallecimiento de Violeta. Asistimos a su funeral y casi ninguno de nosotros pudo evitar las lágrimas. Todos le teníamos mucho aprecio y nos dolió en lo más profundo de nuestros sentimientos la pérdida de una amiga y compañera de clase.

Desafortunadamente, la manera de ser de don Óscar lo comprometió a tal extremo que lo llevó a la quiebra. Se quedó sin empleo y posteriormente lo asesinaron en Pajapita, un municipio del mismo departamento de San Marcos.

Los rumores que llegaron al pueblo en relación con el asesinato de don Óscar carecían de veracidad, por esa razón no se supo exactamente lo que sucedió con la vida de nuestro querido maestro.

A doña Romualda siempre le llamó la atención la política. Con frecuencia se veía en reuniones de esa índole, apoyando a los candidatos a la presidencia o a las candidaturas locales, ella era muy activa.

A mediados de la década de los 60 ella fue nombrada por elección popular la primera alcaldesa del municipio de San Pablo, por un periodo de cuatro años.

Algunos años más tarde, su hija Marina también siguió los pasos de su señora madre y lanzó su candidatura para alcaldesa del pueblo, logrando ser elegida y ocupar dicho puesto en la municipalidad.

Durante el periodo de Marina como alcaldesa de nuestro municipio, la ceiba que estaba plantada en el centro del parque colapsó debido a un fuerte aguacero. Por los muchos años que tenía, no le fue posible soportar las inclemencias de ese invierno.

Eso llenó de tristeza a todos los habitantes presentes y ausentes, por los múltiples recuerdos acumulados en relación con nuestro querido árbol.

Todo tiene un límite de vida y nuestra ceiba no iba a escapar a ese fenómeno natural.

A petición del pueblo y a la buena administración de Marina, la alcaldesa en turno, una nueva ceiba fue plantada en el mismo lugar, dejando así grabado en el libro de historia del pueblo el nombre de Marina de León, por haber devuelto a los habitantes del lugar el símbolo nacional, por medio del cual nuestro municipio se ha identificado por muchos años.

Casa de doña Úrsula

El diseño de la casa de doña Úrsula era parecido al de la casa de doña Rumualda, con la única diferencia de que sus puertas y ventanas eran más altas.

Sus puertas y ventanas eran moldeadas, construidas de madera de buena calidad. La extensión de esta casa tenía varios metros cuadrados más que las demás casas construidas en el pueblo.

En esta casa vivieron tres familias diferentes en la década de los 50, las cuales fueron las siguientes:

La familia Victorio

Formaron la familia Victorio don Susano Victorio, su esposa, su hijo Luis y dos hijas más.

Había un parentesco por afinidad entre la familia Victorio y la familia de la maestra Teresa Castillo. Esa fue la razón por la que los Victorio llegaron a vivir al pueblo.

Doña Manuela Escobar

Doña Manuela también rentó esta casa. Acá vivió ella con su hija Esperanza y sus nietos, Manolo y Juanita Gramajo —años más tarde Edilma Bascur—.

Agustín y su esposa

En el espacio de la esquina, Agustín tenía su fábrica, y venta de candelas y venta de otros artículos de consumo diario en su pequeña tienda. Entre ellos, también vendía calzado de uso diario y para practicar algún deporte. El tipo de calzado era para todas las edades.

Agustín era originario de San Pedro, Sacatepéquez, y viajaba los fines de semana a San Pablo para vender su mercadería en el mercado municipal. Hasta que un día tomó la decisión de vivir permanentemente en el pueblo e instalar formalmente su fábrica de candelas en el mismo local que rentaba. Así fue como prosperó considerablemente.

Él y su esposa vivieron en el pueblo por muchos años, procrearon varios hijos y llevaron una vida normal, hasta que la pareja de esposos falleció.

Cancha de basquetbol Salvador Rodríguez

La cancha de basquetbol, antes de haber sido construida en el lugar que actualmente ocupa, había estado ubicada en el área sur del parque Isidoro Tobar. Después fue movida a uno de los terrenos de don Nayo Solano, entre la escuela de varones y la casa del señor Solano. A este lugar se le denominó «Área de Servicios Varios». Ahí se celebraban actos religiosos, cívicos, sociales, deportivos y otros.

La nueva cancha de basquetbol Salvador Rodríguez fue inaugurada por el alcalde en turno, don Ciriaco Vázquez.

En ese acto de inauguración fue cuando don Ciriaco dijo, como introducción a su mensaje, que él se sentía muy *sospechoso* por haber tenido la oportunidad de inaugurar la obra —quiso decir satisfecho—.

Así mismo, dijo que era una cancha de basquetbol muy bonita, refiriéndose a que era moderna y contaba con lo necesario para practicar dicho deporte.

El señor alcalde era muy anciano y se le dificultaba leer, esa fue la razón de sus equivocaciones al pronunciar ciertas palabras en su discurso.

Después de la inauguración de la cancha, llegaron al pueblo equipos de Tapachula, Quetzaltenango, Malacatán, San Marcos y de la ciudad capital, tales como la Selección del IGSS (Seguro Social). El más novedoso de todos fue Alas Chapinas, el equipo de basquetbol de la Fuerza Aérea de la ciudad capital de Guatemala.

Club Golondrinas San Pablo, SM

Las Golondrinas fue el mejor equipo de basquetbol formado por don Chava —así le llamábamos con cariño—.

Para sorpresa y satisfacción de los que participábamos como aficionados, Las Golondrinas se llevó el campeonato durante la feria titular, en un partido disputado contra Alas Chapinas.

Estrellas Pablinas, equipo de futbol femenino, 1971, San Pablo

Don Chava también formó el único equipo de futbol femenino que existió en el municipio en esa época.

El encuentro de futbol femenino que tuvo mayor trascendencia durante la participación de don Salvador como entrenador fue el que se celebró en el estadio Mateo Flores de la ciudad capital de Guatemala la noche del viernes 30 de abril del año 1971.

Fue un partido preliminar jugado con la selección de Malacatán en el cual la selección de San Pablo fue derrotada por el mínimo marcador de 1 por 0.

Ese encuentro deportivo tuvo lugar una noche antes de la celebración del Día del Trabajo en nuestro país.

Esa noche, la selección mayor del futbol masculino de Guatemala enfrentó a la selección de Colombia en un partido amistoso.

Gracias a don Salvador Rodríguez, estos acontecimientos deportivos fueron llevados a cabo dentro y fuera de nuestro municipio por muchos años, manteniendo así vivo el espíritu del deporte en la formación de muchos jóvenes en el pueblo.

Don Salvador era muy aficionado al deporte y constantemente estaba formando equipos de futbol y basquetbol de mujeres y hombres.

Le fascinaba organizar campeonatos y preparar a los equipos para que compitieran los fines de semana o en los días de la feria patronal.

Esa actividad identificó a don Salvador dentro y fuera del pueblo, a tal punto que su labor fue reconocida muchos años después de la inauguración del área deportiva. La cancha de basquetbol del municipio lleva su nombre, Salvador Rodríguez, reconocimiento muy merecido por su afán de promover el deporte en nuestro querido pueblo de San Pablo.

Casa de don Carlos Sandoval y doña Olga

Casi al mismo tiempo que fue construida la cancha de basquetbol, don Carlos y doña Olga construyeron su casa frente a este centro deportivo.

En la misma casa donde ellos vivían pusieron como negocio una panadería. Ellos mismos elaboraban el pan y don Carlos lo iba a vender a las fincas cercanas a la aldea Zelandia. Él tenía un caballo, colocaba dos canastos grandes sobre la bestia y así era como don Carlos podía llevar el producto de su venta a la comunidad fuera del pueblo.

Don Carlos fue el padrastro de Héctor —Mayuyo—, el hijo mayor de doña Olga, hijo único de su primer matrimonio. Posteriormente la pareja de esposos procreó varios hijos, los que compartieron el mismo hogar por muchos años.

Casa de don Tavo Barrios y doña Amable Solano

Don Tavo y doña Amable fueron los padres de Cándida, Rafael, Lolita, Chofo, Maritza, Reina Myrea y Amable —Cony—.

Cándida, recién salida de sexto grado de primaria, se casó con don Raúl Rodas Moreno y procrearon varios hijos. Tavi es el mayor de ellos.

Cuando don Raúl estaba soltero, tenía como mascota un bonito perro bulldog de color blanco llamado Bobby. Gracias a Bobby yo tenía segura mi entrada al cine Tikalito los fines de semana. Yo era el encargado de ir a la carnicería, comprar una libra de huesos y llevarla a casa de mi tía Sofía para que le hiciera un caldo al perro.

Doña Lolita, Lupe y Adrián vivieron en la misma casa de don Tavo y formaron parte de la familia Barrios Solano.

Doña Lolita era hermana de don Tavo. Lupe fue el único hijo de doña Lolita y Adrián fue el hijo mayor de don Tavo —era hijo de otro matrimonio—.

Adrián era hermano de doña Consuelo, la esposa de Arturo Rodríguez. La madre de Adrián se llamaba María y vivió en la finca Buena Vista del municipio de San Pablo, SM.

Peregrinaje a Esquipulas

Don Tavo fue muy conocido en el pueblo y en casi todas las fincas aledañas al municipio, debido a la popularidad del transporte La Florecita. Así mismo, él también se dio a conocer por toda la comunidad por medio de su inquebrantable fe al Señor de Esquipulas. Anualmente él organizaba un viaje especial desde el municipio de San Pablo hasta el templo de Esquipulas, más o menos un recorrido de mil kilómetros ida y vuelta. Sin embargo, él lo hacía con mucha fe y su desgastado transporte se prestaba para tal propósito sin descartar ciertos riesgos en ese trayecto.

Normalmente su salida del municipio la hacía en las primeras horas de la noche, cuando el fuego de la cocina de las casas se dejaba ver por medio de las hendiduras del cerco de los modestos inmuebles, mientras las señoras preparaban la cena al final del día, escuchando el noticiero vespertino en las radioemisoras Radio Nuevo Mundo o Super Radio.

Todas las personas que hacían su reservación y pago para el viaje de romería se reunían en la casa de don Tavo, con mochila, morral o cualquier envoltura sobre sus hombros. Se dirigían con mucha reverencia hacia la iglesia del pueblo y, estando frente al templo, salía el cura y les echaba la bendición a todos.

En alguno de los viajes a Esquipulas, don Tavo invitaba a su esposa —doña Amable—, Cándida, Rafael, Lolita y Chofo. Ellos —los hijos de la pareja de esposos— eran parte del grupo de peregrinos.

Entre los fieles más frecuentes se encontraba doña Beta de la Cumbre y don Bernardino —su esposo—, doña Higinia, doña Beta Zamora, doña Cornelia, doña Celia Licardie, doña Romelia Barrios, doña Goya García y muchos más.

Después de dos o tres semanas, se tenía noticia del regreso de don Tavo y sus peregrinos. Ellos enviaban un telegrama al sacerdote en el que anunciaban el día de retorno al pueblo.

El cura de la iglesia organizaba un solemne recibimiento al grupo de fieles católicos que retornaba de Esquipulas. Varios adultos y niños se reunían frente a la iglesia y en forma de procesión se iban caminando hacia el tanque o chorro. Desde ese punto de la carretera se observaba la explosión de la primera bomba de fuegos pirotécnicos en el momento que llegaban a San Isidro; ese era el primer aviso a los residentes del pueblo. Inmediatamente después se podía observar cuando la Florecita hacía su arribo a Barranca Honda. Desde ese lugar reventaban la segunda bomba y, por último, lo hacían al llegar al puente Cutzulchimá, en jurisdicción de La Vega.

La emoción más grande era cuando el grupo de peregrinos hacía su arribo al tanque o chorro: ahí se bajaban todos de la camioneta y, entre cantos, lágrimas, gritos y abrazos, se les daba la bienvenida a los viajeros. Cada uno de ellos portaba su respectivo sombrero, con varios adornos de colores y con pequeñas fotos de Esquipulas en su vestimenta. La Florecita también iba muy bien adornada por dentro y por fuera, con listones de colores llamativos y con un cuadro de la imagen de Esquipulas al frente.

Era tanta nuestra inocencia, mezclada con nuestra buena fe, al extremo de pensar que tan solo con hacer contacto con alguna parte de la camioneta íbamos a ser bendecidos y sanados de algún mal. Por esa razón, todos los patojos tocábamos la polvorienta Florecita, así expresábamos nuestra fe. Ahí mismo nos sentíamos cubiertos por el mismo manto de bendiciones dentro del grupo de personas que habían participado en el peregrinaje.

De manera desordenada, el grupo de peregrinos y las demás personas se iban caminando desde el tanque hasta la iglesia católica. Ahí se encontraba el cura y varios miembros de la iglesia del pueblo, esperando la llegada de los fieles para darles la bienvenida. Los esperaban con tamales de carne, pan, café caliente y otras bebidas.

En el trayecto de esa corta caminata se entonaban cánticos, himnos y alabanzas alusivas al momento que se estaba celebrando. Quemaban cohetes de vara, bombas y ametralladoras (cohetes pequeños).

Cada uno de los viajeros daba una versión diferente de lo vivido durante el viaje de ida y vuelta al templo. Eso era lo que más llamaba la atención de amigos y familiares.

Mi amigo Rafael

Pirra —así llamábamos a Rafael— era el hijo mayor de don Tavo y doña Amable.

Después de que Pirra había terminado la escuela primaria, sus padres tomaron la decisión de enviarlo a la cabecera departamental de San Marcos para que continuara sus estudios básicos, y posteriormente seguir una carrera profesional en uno de los centros de estudio de dicho departamento.

Pirra visitaba el pueblo en cada uno de los feriados y en el prolongado descanso de Pascuas. Era uno de los primeros en llegar al pueblo.

Un año después de haber emigrado a la ciudad capital y haber comprado un medio de transporte, decidí ir a visitar a mi familia a San Pablo, a 300 kilómetros de la capital de Guatemala. Aprovechando las largas vacaciones de Semana Santa, hice los planes correspondientes y me dirigí hacia mi pueblo, manejando la moto Yamaha que recién había adquirido, con la única ilusión de ver a mis amigos.

El ambiente que se vivía en el municipio era de locura: había muchos juegos de azar por todos lados y las apuestas de dinero era lo que más llamaba la atención de los presentes.

En una de esas tardes me encontré con Pirra, quien me dijo que fuéramos a dar una vuelta a aldea Tocache. Sin pensarlo mucho, tomamos rumbo a ese bonito lugar, a cuatro kilómetros de distancia del pueblo.

Justo al llegar a la plaza de Tocache encontramos a don Raúl Gramajo caminando por la carretera, iba hacia San Pablo. Al reconocernos, con una de sus manos hacia arriba nos pidió que nos detuviéramos. Verbalmente nos llamó la atención, porque nosotros íbamos sin guardar ninguna precaución, no le prestamos atención y seguimos nuestro rumbo.

Al llegar a la finca El Tesoro hice alto en la carretera y entré al baño. Mi amigo Pirra se quedó un momento solo mientras yo volvía.

Cuando volví al lugar, mi amigo estaba acostado en el suelo, quejándose por el ardor que tenía en un brazo, pues accidentalmente se había caído y su brazo derecho hizo contacto con el escape de la moto, causando una quemadura no sé de qué grado, lo cierto fue que se veía muy mal. Inmediatamente le apliqué los primeros auxilios al estilo de los patojos en esos tiempos y retornamos al pueblo.

Al momento de llegar cerca de la casa de mi amigo Pirra, nos dimos cuenta de que toda la familia nos estaba buscando. Don Tavo y doña Amable me querían linchar, literalmente hablando.

Doña Luba Solano, la tía de Pirra, le prestó los primeros auxilios, bajo ciertas reglas de higiene. Después de que Pirra recibió las curaciones necesarias, lo llevé a un lugar cerca de su casa. Al siguiente día, yo me desaparecí del pueblo, para evitar una confrontación con los padres de mi recordado amigo.

En memoria a un amigo muy querido por todos: Rafael Barrios Solano, Pirra.

Don Gabino Almengor y doña Amparo

En esta casa vivió la familia Almengor, la cual se formaba de los siguientes miembros: don Gabino, doña Amparo —la primera esposa de don Gabino— y Ricardo, hijo de la pareja.

Miguel era el otro hijo de doña Amparo, hijo de su primer matrimonio.

La familia Almengor vivió en esta casita por muchos años.

Cuando don Gabino se separó de doña Amparo, él se unió a otra señora y vivieron en una casita que estaba construida cerca a la casa de don Salvador Rodríguez, tal y como se mencionó anteriormente.

Unos años después de que la familia Almengor dejara vacante esa casa, llegó don Manuel —Relajito— con su esposa y sus hijos. Chico Martínez era el mayor de los hijos de la familia.

Esta pareja de esposos fueron los primeros que instalaron venta de tacos, tortillas con carne asada y otros antojitos. El improvisado negocio fue instalado en la parte norte del parque Isidoro Tobar.

Ellos se identificaron en el pueblo por ser una familia de trabajo. En los días de la feria de enero, ponían sus ventas en el campo y todo mundo los buscaba, porque don Meme era muy amigable, se había ganado la amistad y aprecio de mucha gente del pueblo.

Era panificador y trabajaba en la panadería de don Talco Miranda. Sin embargo, en sus ratos libres estuvo al lado de su esposa ayudándole en las ventas que ella temporalmente ponía en varios lugares del municipio.

Casa de don Vicente Hernández y doña Tancho

Don Chente era hijo de doña Socorro Hernández y esposo de doña Tancho, la hija de doña Matilde Mazariegos.

La pareja de esposos procreó a los siguientes hijos: Noé, Irma y otra hija más pequeña.

Don Chente era carpintero y toda su vida ejerció su profesión dentro de su casa, ahí mismo tenía instalada su carpintería.

Hacía roperos, cabeceras para camas y otros muebles de cocina y de sala. La calidad de sus productos figuraba de acuerdo con sus precios, estos estaban al alcance de la clase media-pobre de los habitantes.

Casa de doña Josefa y doña Laura

Doña Josefa era madre de doña Laura. Ellas habitaron las dos casas construidas una junto a la otra.

Laura era madre de Jorge Mario —Toronja—. El padre del niño era don Amado Barrios. Posteriormente Laura se unió en pareja con Cándido y tuvieron otros hijo. Todos vivieron en esa casita.

Doña Leonor era la otra hija de doña Josefa. Ella tuvo un hijo con don Joaquín del municipio de El Tumbador. El niño se llamaba Alfredo y como sobrenombre le llamábamos Caballo Blanco.

La familia de doña Josefa poco a poco fue creciendo. Todos vivieron en esas dos casas que estaban construidas en la misma área del terreno.

Osmar E. Maldonado

PARTE NUEVE
Final de esta caminata

Bueno, así es como hemos llegado al final de nuestro recorrido imaginario por cada una de las calles y veredas de aquel inolvidable lugar, testigo de nuestros primeros pasos por el maravilloso camino por la vida.

Gracias por la oportunidad que me han dado de compartir con todos ustedes este largo trayecto del camino, lleno de recuerdos y momentos que la vida nos ha regalado.

Les confieso que he sentido una bella sensación por haber tenido oportunidad de darles a conocer algunos acontecimientos en el pueblo y haber puesto en evidencia algunos datos, con el propósito de dejarlo al alcance de todos, para que en un momento de sosiego tengan oportunidad de transportarse mentalmente a las etapas que no vivieron, o posiblemente vividas, pero dejadas en el olvido. Puede ser que algunas de esas crónicas acá escritas sirvan de referencia para que los lectores tengan oportunidad de hacer comparaciones con los relatos que la abuela les ha contado.

He logrado capturar datos precisos y acontecimientos reales, así como también hay uno que otro agregado, quizá imaginados o compuestos sobre la vida de algunos coterráneos quienes se identificaron con nosotros por su buen sentido del humor.

Quiero manifestarles que esta historia no es con el fin de que permanezcamos sometidos con la vista puesta hacia el pasado y quedarnos congelados en el tiempo, por supuesto que no es así. Solamente he tratado de que nos acerquemos por un momento al tiempo de antaño y que comparemos nuestro modo de vida de aquel tiempo con el mundo moderno, para ver cuánto hemos crecido y que sintamos la satisfacción de disfrutar de los cambios que cada uno de nosotros realizó, para mejorar nuestra calidad de vida.

De la misma manera, esto nos ayuda a que llevemos un mensaje a la juventud moderna, para que ellos se den cuenta de que nuestros tiempos fueron difíciles y que, sin embargo, pudimos salir adelante a base de algún sacrificio personal.

Osmar E. Maldonado

A mi gente de ayer y hoy

Es bonito saber que por medio de un recuerdo alguien le da vida a un ser querido, así su cuerpo ya haya dejado de existir.

Osmar E. Maldonado

PARTE DIEZ
Instituto Nacional de Electrificación (INDE)

Gracias a la construcción de una hidroeléctrica en la ubicación de la finca El Porvenir, a principios de los 60, el municipio de San Pablo fue favorecido con el servicio de luz eléctrica por medio del INDE.

Este fue otro paso muy importante en el municipio, contar con servicio de electricidad las veinticuatro horas ininterrumpidas, fue algo que ayudó significativamente al pueblo en su desarrollo y progreso.

A partir de esa época, los negocios contaban con refrigeradores, congeladores, rockolas y una serie de aparatos eléctricos, entre otros. Los primeros televisores llegaron al pueblo, el primero de ellos a todo color.

Las celebraciones se prolongaron hasta altas horas de la madrugada. Como acción forzosa, algunas cantinas permanecían abiertas para complacer a sus clientes. Desde el inicio de ese cambio de rutina la gente empezó a dormir menos tiempo y las llegadas tarde a los puestos de los escasos trabajos no se hicieron esperar.

En un principio, todos los servicios públicos eran de acuerdo con los escasos ingresos económicos de las familias, el costo era muy bajo.

En esos años nunca hubo corte de ningún servicio por falta de pago. Los habitantes cumplían con sus compromisos como prioridad número uno ante las autoridades municipales, sin que estas ejercieran acto forzoso alguno.

Construcción del drenaje municipal

A mediados de la década de los 60, el alcalde municipal en turno dio luz verde para que se iniciara la construcción del drenaje de aguas negras del municipio.

Debido al exceso de lluvia, la escasez de mano de obra y otros problemas que se fueron sumando al proyecto, y a medida que transcurría el tiempo, el plazo de entrega de la obra terminada se prolongó considerablemente y las protestas del público se hicieron presentes.

Los habitantes del pueblo no soportaban los volcanes de tierra por todas las calles, grandes tubos de concreto almacenados frente a las casas. Todo eso era un total desorden.

Muchas personas se caían con facilidad por lo resbaladizo de las calles y eso representaba un peligro, principalmente para los que transitaban por el área, unos para dirigirse a su trabajo y otros por andar pasaditos de copas, mayormente los fines de semana.

Don Santiago, el ingeniero encargado de la obra, sintió la presión ejercida por el pueblo y tuvo que encarar seriamente el problema, después de que uno de los jornaleros perdió la vida en un accidente fatal que ocurrió después de un aguacero.

Se presumía que no existían medidas de prevención de accidentes, ni antes ni en el transcurso de la obra, y eso era lo que tenía preocupados a todos los que trabajaban en ese proyecto.

Por ese motivo, por falta de prevención, después de que había llovido considerablemente por varios días, y a raíz de una filtración de agua en la tierra, algunas de las zanjas colapsaron parcialmente, matando a un señor llamado Damasio, padre de la niña a la que en esos años todos en el pueblo conocimos como Matapalo.

Ese fue el sobrenombre que los patojos le asignaron a la adolescente por la forma como ella le preguntaba a su mamá dónde estaba su señor padre. Después de que él había fallecido, la niña, queriendo decir: «Mamá, ¿donde está papá?», decía: «¿Má - ta - pá?».

Ese accidente ocurrió en terrenos de don Daniel de León, justo frente a la casa donde vivía doña Agapita, madre de Javier, Gerardo y Jorge —Tenegre—.

El otro accidente sucedió frente a la casa de don Elías de León. Este segundo derrumbe dejó semienterrado a don Goyo Díaz y a un trabajador más. Con la ayuda oportuna de todos los trabajadores y vecinos del pueblo, lograron sacar inmediatamente al otro trabajador, pero a don Goyo les llevó más tiempo poder salvarle la vida.

Era desesperante ver al señor Goyo tratando de sobrevivir, teniendo atrapado dos terceras partes de su cuerpo por la cantidad de tierra que le había caído encima. Mucha gente gritaba de angustia por no poder hacer mayor cosa para remover de manera inmediata la tierra que abrazaba el cuerpo del señor Díaz.

Los gritos de desesperación y el llanto de las señoras complicaban la tarea de rescate. Ellas pensaban que de un momento a otro don Goyo perdía fuerzas y se moría.

Todos estaban nerviosos, tratando de hacer lo imposible para salvar una vida, hasta que por fin, después de treinta minutos de agonía, lograron poner a salvo al afortunado señor.

Uno de esos días, en horas de la mañana, yo salí a la calle frente a la casa de mi abuela. A esa hora muy pocas personas se veían por el área. De repente, vi venir a una señora con un recipiente lleno de nixtamal entre sus brazos, tratando de caminar sobre los montones de tierra acumulada. Sin duda alguna iba rumbo al molino.

Cuando dirigí nuevamente la mirada hacia donde venía la señora, ya no vi nada. Ahí mismo salí corriendo hacia adentro de la casa, gritando y exclamando que me había aparecido una mujer y que de repente desapareció.

Como era lógico, varios miembros de mi familia salieron a la calle a ver qué era lo que me había sucedido.

Después de que yo les expliqué a mis familiares lo que había observado, todos nos dirigimos hacia el punto donde yo había visto caminando a la señora.

Nuestra sorpresa más grande fue ver que la señora estaba adentro de la zanja, llena de lodo, tratando de pronunciar algunas palabras. Por los golpes que había recibido, se había quedado sin habla, estaba llorando y avergonzada por lo que le había sucedido. Por suerte no sufrió golpes de consideración. Con la ayuda de mucha gente fue sacada de ese lugar y llevada a una farmacia para prestarle los primeros auxilios.

Cálculos aproximados.

Las zanjas tenían 3 metros de profundidad, por un 1 metro y 1/2 de ancho.

Los tubos grandes que colocaron para la corriente principal medían 60 pulgadas de diámetro interior por 1 metro de largo.

Los tubos pequeños que hacían conexión con cada una de las viviendas eran de 10 y 12 pulgadas de diámetro interior, por un metro de largo. Estos estaban construidos de concreto y habían sido hechos especialmente para llevar a cabo el proyecto de drenaje en el municipio.

Osmar E. Maldonado

Clásico - Municipal versus Comunicaciones

A mediados de los 60 era una locura ver o escuchar el clásico de futbol entre los equipo rojo del Municipal y el equipo crema del Comunicaciones, encuentros celebrados en el estadio Mateo Flores de la ciudad capital de Guatemala.

En esos años, el maestro Óscar López Argueta, aficionado al equipo rojo del Municipal, y al profesor Edgar Castillo, aficionado al equipo crema del Comunicaciones.

Los dos maestros constantemente discutían y apostaban a sus equipos favoritos, hasta que en una oportunidad se les ocurrió formar dos equipos de futbol con los niños de seis a ocho años de la escuela Marroquín. Cada uno de los dos maestros formó su propio equipo —rojos y cremas—, y acordaron jugar un partido en el terreno baldío, propiedad de don Nayo Solano, lugar donde se encontraba la cancha de basquetbol, en la parte sur del municipio.

Ese partido de futbol fue una verdadera locura en el pueblo. Estuvo tan bien organizado el evento deportivo que hasta nos imaginamos estar dentro del estadio Mateo Flores.

El encuentro fue narrado localmente. El narrador le daba emoción al clásico, dándole lectura a los mensajes que llegaban en apoyo a los rojos o a los cremas. Al mismo tiempo simulaba anuncios de refrescos de cola y otros productos de renombre.

A Chico Martínez, uno de los niños que participó en este clásico como jugador del Comunicaciones, jamás le pudieron quitar el nombre que le habían asignado en ese partido de futbol y hasta la fecha así le siguen llamando.

Celebración de Semana Santa

En este mismo lugar se celebraba la crucifixión de Jesús en la época de Semana Santa.

Don Laureano de León era Jesús, Beto Barrios y Chalo Cárdenas eran los ladrones —bueno y malo respectivamente—.

Don Pino Robles, Ángel Maldonado, Rubén Maldonado y otros eran los organizadores de la pasión de Cristo.

Se hacía el desfile de judíos y pasaban por todas las calles del pueblo gritando consignas en contra de Jesús.

En el desfile de los judíos se puede mencionar a los siguientes jóvenes y señores del pueblo: Rodolfo Robles, Melo Licardie, Enrique Lam, Beto —Panza— y Escol —su hermano—, Rubén Maldonado, Ángel Maldonado, Tavo Licardie —Capucha—, Marco Ruiz Maldonado, Enrique Maldonado —Loco—, Güicho Camarón, Pino Robles, Héctor de León, Beto Barrios —Cumba—, Carlos Barrios —Gasolina—, Amílcar de León —Micas— y muchos más.

Don Erasmo y Manuel Ruiz eran los centuriones. Los dos participantes montaban un acto tipo comedia y este era aplaudido por todo el público que estaba observando la presentación.

En esa época, la Semana Santa se celebraba de la siguiente manera:

En cada una de las casas del pueblo había un canasto lleno de pan —hasta las familias más pobres tenían pan en abundancia durante esa semana—.

Desde las primeras horas de la mañana, daba inicio, casa por casa, el intercambio de pan.

Era un día divertido para todos los patojos, era muy bonito ir y regalar pan a la casa de los vecinos. Uno llevaba un pan y regresaba con dos, llevaba dos y regresaba con uno. Cuando se complicaba la cosa era cuando uno iba con uno o dos panes y retornaba a la casa con el plato vacío...

En la noche, un grupo de muchachos sacaba en hombros a un muñeco, un Judas. Iban de casa en casa pidiendo pan o lo que fuera. Se aceptaba todo lo que la gente fuera capaz de regalar. Lo divertido era al final del recorrido: el organizador tenía que repartir entre todos los participantes lo que se había recaudado, y ahí era donde se armaba la pelea.

Unas pocas casas antes de que se terminara la pedida —pan para Judas—, el que llevaba el morral con todo lo recaudado se desaparecía y teníamos que encontrarlo a costa de lo que fuera, antes de que él se tomara la botella de licor que iba dentro del morral y perdiera las demás cosas colectadas.

El Miércoles Santo, cuando sacaban a bailar a Judas, el papá que añoraba un hijo varón bailaba con el Judas, porque era de buena suerte para que su primer hijo o el próximo de ellos fuera hombre. Por ese motivo el Judas era muy solicitado por los recién casados.

El testamento del Judas era leído en el parque. Este consistía en sacarle los trapos al sol a cada uno de los habitantes del pueblo que se veían involucrados en algún problema durante el año.

Debido a que la lectura del testamento se salió de ciertos límites, este fue suspendido por las autoridades, para evitar problemas entre los vecinos del municipio.

A las diez de la mañana, en el área del parque ya se veían mayores de edad jugando dados, barajas y otros juegos de azar.

Los patojos jugábamos con tipaches de cera de abeja, cera negra o cera mesha. Jugábamos a la cuarta con monedas y a la taba de hueso.

La taba de hueso

Si al hacer el tiro caía «carne» se ganaba lo que estuviera en apuesta. Si caía «parada» el pago era doble. Se perdía lo que se apostaba en el momento en que uno hacía el tiro y caía «culo» —lado contrario del lado carne—. Esos son los tres lados de la taba.

La taba tiene dos lados más, panza y hoyo, pero esos no contaban en nuestras apuestas.

Bailábamos la perinola: «Pon una», «Toma una», «Todos ponen», «Pon dos», «Toma dos». Esos eran los lados de la perinola.

Las peleas entre los patojos se armaban cuando caía «Toma todo».

Era muy esperada la Semana Santa en el pueblo, la gente se divertía de muchas maneras.

Se hacían excursiones a los ríos y a los puertos cercanos. Mucha gente que trabajaba en la ciudad capital y otros lugares hacía la visita al municipio durante esa semana.

Siempre me gustó ver el cambio que se veía en los muchachos que se habían atrevido a aventurar y transformar su manera de vivir. Con lujo de detalle se veía que exhibían lo que ya habían logrado.

Todos los que salían del pueblo e iban a probar suerte a otros lugares nunca regresaban igual, siempre había algo que los hacía lucir diferentes y eso era lo que llamaba mi atención. Llegaban con zapatos y ropa nueva, gastando dinero en las tiendas, comedores y algunos lugares donde vendían licor. Como fuera, nuestros visitantes iban a demostrar que ya no eran los mismos, el cambio saltaba a la vista de todos.

Osmar E. Maldonado

Fiestas navideñas en los 50 y los 60

El pago que se recibía por tarea de limpia de calle eran cuarenta centavos de quetzal. Los más habilidosos realizaban de tres a cinco tareas. Otros completaban únicamente dos tramos, o sea, la mitad de una tarea.

Estos últimos eran los que no se lo pensaban dos veces para unirse al grupo de los que iban a nadar a la Piedra Ligosa del río Cutzulchimá.

Un grupo de patojos de cuello blanco pasaba moviendo las manos en señal de olas frente a los que estábamos trabajando. La tentación nos comprometía. Sin pensarlo mucho, nos uníamos a ellos y nos íbamos a nadar al río.

Cortar café en los terrenos de don Erminio Cien era otro medio de ingresos para los patojos de escasos recursos económicos.

Nosotros necesitábamos tener dinero para comprar cohetes en los días de la Navidad o para hacer una vaca (contribución en grupo) y comprar una botella de Vino Uva. Teníamos que estar a la altura del ambiente festivo en esos días.

Nos asegurábamos de que ningún adulto ni familiar nos estuviera observando. Entrábamos al terreno donde doña Fadilia tenía su cantina y atrás de esa casita tomábamos nuestro delicioso vino rojo. Ya medio entonados, nos sentíamos más «chileros», así decían los patojos.

Después de tomar unos tragos de vino, nos agarraba un ataque de risa. Sentíamos las orejas calientes y, mientras nos encontrábamos bajo ese efecto, echábamos apuestas con los ojos cerrados y decíamos:

«El que camine recto se gana una canica tiradora o una uña de gavilán». Ese era el reto que imponía uno de los participantes.

Al recibir el pago por nuestro trabajo hecho en la municipalidad o en los terrenos de don Erminio, nos íbamos a la tienda de doña Luz Hernández, a la de doña Goya o la de doña María Lam, donde había lo que nosotros necesitábamos para distraernos.

A la tienda de doña Cornelia ni la volteábamos a ver, ahí solamente vendían jarros y ollas de barro, remedios caseros y copal para ir a visitar al brujo de La Cumbre. En esa tienda también vendían varios mejunjes que decían que eran de gran ayuda para encontrar novia.

Íbamos a esas grandes tiendas y comprábamos cohetes marca Pantera Negra. Esos cohetes sí sonaban fuerte y no eran canchinflines como los que comprábamos en otros lugares.

Jugábamos a las guerritas o metíamos cohetes dentro de botes de picapica para que el ruido fuera más potente. Nosotros los patojos siempre estábamos inventando algo nuevo para salir de la rutina.

Tishudos, con los dedos rajados, así corríamos sin cansancio en el parque, jugábamos tenta, electrizado, gallinita ciega, y por ahí a veces nos animábamos de vez en cuando a bailar los pollos de mi cazuela con las ishtas del pueblo, para ir practicando no sé qué cosas, uno ya sentía maripositas en el estómago.

Lo más emocionante en esos tiempos eran las posadas.

La primera posada salía de la iglesia rumbo a la casa de doña Amable o doña Lucinda Solano. Usualmente ellas eran las primeras que recibían la primera posada.

Se formaban dos filas y al centro iban cuatro personas llevando en hombros a José y María. Vila Mendizábal y Cándida Barrios eran las que representaban en vivo a los dos personajes religiosos, ellas eran las que se encargaban de castigar al patojo que se portaba mal.

José y María, además de cumplir con el papel encomendado por el cura, aplicaban la ley a cualquier patojo mal portado. Lo tranquilizaban como fuera y, con un jalón de pelo que le aplicaran al rebelde, este se quedaba bien quietecito.

Había que seguir las normas de conducta porque, si no, uno no recibía pan con café, champurrado, atol de elote, arroz en leche o cualquier golosina que fuera del agrado de los fieles.

Después de la ceremonia de la pedida de posada, solamente entraban a la casa del anfitrión los adultos y los patojos mejor portados.

Siempre había un grupo de patojos a quienes, por mala conducta, no le permitían la entrada a la sala de la casa. Entre ellos casi siempre estaba Chus, Mardo y yo.

Pero ese no era problema... En el momento de quedarnos afuera nos poníamos a correr de un lado a otro alrededor de la casa, gritándole el apodo a Lipe caja, Avelino Curcucho o molestando a Miguel, un muchacho de las parcelas apodado Esquipulas. Y si Chus de los Arreaga estaba presente, también a él lo fastidiábamos. Ninguno de ellos se escapaba de nosotros, todos disfrutábamos cuando ellos nos corrían a pedradas.

Lo importante era armar algún relajo. Con champurrado o sin champurrado, siempre le entrábamos al ambiente de las posadas.

Después de que las posadas habían hecho su recorrido por el pueblo y haber hecho la visita a las siguientes familias: doña Adela —familiar de don Temo Barrios—, don Rómulo Robles, doña Octavia de don Julio, doña Carmen Solano, doña Pabla de don Rigo Mono, Macario, don Elías de León y algunos residentes del cantón de León, nos preparábamos para la última noche de las posadas.

La noche del 24 de diciembre se cerraba el ciclo de las posadas. Ese era el momento que todos estábamos esperando. Era la noche más emocionante, la cual era celebrada en la vieja iglesia del pueblo.

¡Qué lindo fue haber sido niño en San Pablo!

Esa es la principal razón por la cual nunca he podido olvidar a mi querido pueblo.

Don Carlos Méndez y don Erasmo eran los sastres en el municipio y eran los que se daban a la tarea de confeccionar el estreno de los más favorecidos, los hijos de los que tomaban café con pan por las tardes y tomaban avena Quaker por las mañanas, de aquellos a quienes la vida les sonrió desde muy temprano.

A mi edad, un remiendo nuevo o viejo en una de mis prendas de vestir no ocasionaba mayor efecto en mí, igual yo disfrutaba de la Navidad con aquel que estuviera estrenando un pantalón o zapatos nuevos, o con aquel que celebraba únicamente sus propias ilusiones.

A los niños de los 50 o los 60 no nos preocupaba nuestra pobreza. La felicidad la sentíamos en el corazón y no en la piel.

¡Qué alegre era ir a visitar el nacimiento en la casa de doña Carmen Solano!

Al llegar, hacíamos fila india afuera de la casa e íbamos caminando poco a poco hasta llegar para ver el nacimiento.

Con tan solo una mirada, don Lisandro y doña Lucila tenían control sobre nosotros. Ellos eran los guardianes que ponían el orden. Ahí no había que perder la cordura, había que cumplir con las normas requeridas y el buen comportamiento de cada uno tenía su premio al momento de llegar al nacimiento.

Nos regalaban un tamal de carne, con su respectiva tasa de ponche o caliente de piña, y un juguetito de plástico.

Por ese bonito detalle siempre le guardé un gran respeto y cariño a doña Carmen —el amor todo lo puede—. Ella hizo cambiar nuestra actitud sin castigarnos, como dije anteriormente: tan solo con una mirada nos hacían cambiar nuestra conducta negativa.

Era tan grande el significado que ese juguetito de plástico tenía para mí, a tal grado que uno de ellos lo guardé por largos 25 años.

Lo mantuve por mucho tiempo en el tablero del primer carro que compré en este país de las aventuras y los sueños.

Doña Carmen se ganó el amor de los niños de escasos recursos de esa época. Siempre la vimos como una señora de gran corazón.

Visitábamos los otros nacimientos, pero el trato para nosotros los ishtos malcriados no era el mismo que recibíamos allá con la señora Solano.

Algunos dueños de casa tan solo al vernos nos corrían de la fiesta. La mala imagen ya estaba grabada en la mente de algunas señoras del pueblo y ni en esas fechas perdonaban nuestro mal comportamiento. Para nosotros esos momentos también formaban parte de nuestra Navidad. Nosotros no sentíamos rencor, todo lo contrario, nos divertía la actitud de esas personas.

El olor a manzanilla adheridos en cordones de pita, pino desmenuzado en el piso, hojas de pacaya pegados a la pared con globos color rojo inflados a puro pulmón. Pascuas rojas en el corral de algunas casas y algunos patojos reventando cohetes pequeños en el parque, así se vivía el ambiente navideño en el pueblo.

La visita al municipio de aquellos que habían salido a probar suerte a la capital o a otros lugares era lo que más llamaban la atención de los habitantes, ellos lucían diferentes.

Aserrín de madera pintado de muchos colores era el ingrediente que le daba el toque perfecto a todos los nacimientos pequeños que se exhibían en la sala de las casas. Por ejemplo, el de doña Amalia y el de doña Amable eran llamativos. Pero a esos lugares los veíamos un poquito más allá de la puerta que tocaba el cartero, cuando hacía entrega de la correspondencia.

Los nacimientos que hacían en cuartos especiales, como el caso de la casa de doña Goya García, o doña María Lam, siempre fueron los más visitados por la gente del pueblo, admirados por la cantidad de luces de diferentes colores que tenían.

A esos rumbos nosotros no éramos bienvenidos. Ya estábamos marcados y no teníamos otra salida, nos conformábamos únicamente con sentir el olor de los tamales de carne un poquito más distantes de la puerta de entrada.

Doña Goya, una señora adinerada y muy conocida en el pueblo y otros lugares, desde el segundo nivel de su casa, esquina opuesta al parque del pueblo, tiraba monedas de un centavo. Para muchos patojos esa era la novedad de la época. Cada uno satisfacía el momento a su manera.

El día 25 de diciembre por la madrugada algunos señores amanecían sentados en las bancas del parque, otros acostados en el piso, contemplando su resaca o goma. Con los dedos de las manos entumidas por el frío, buscando en la bolsa de la camisa o en la bolsa de atrás del pantalón, tratando de encontrar algún dinero para comprar un medio octavo y aliviar su malestar.

Uno que otro preso gritando desde la cárcel de la municipalidad, quizá con los mismos síntomas de la cruda como los otros, conformándose únicamente con ver pasar por los barrotes del portón a algunas personas madrugadoras.

Los chuchos lamiendo hojas de tamal de carne tiradas en el piso del parque, producto de la buena venta que había tenido la Pola pocas horas antes.

Uno que otro patojo pateando con sus pies descalzos alguna piedrecita que hiciera brincos mágicos o cualquier tapita de cerveza o algo que se pusiera a su paso, caminando con disimulo, con la vista fija al piso en busca de alguna moneda de a len o de más valor.

Don Tavo y su Florecita ya se habían ido a San Marcos, para él no había día de feriado.

El Fronterizo, con sus luces de cortesía encendidas, ya estaba estacionado frente al parque en medio de la inmensa palma y el palo de naranja agria, justo en el lugar donde doña Natividad de don Nacho vendían sus granizadas de a dos y tres lens. Por eso en ese lugar siempre había cascabillo de café, era lo que cubría el hielo de las ventas diarias de la pareja de esposos.

A veces, ese mismo lugar de venta era ocupado por doña Blanca Delgado, esposa de don Mincho Méndez. Ella era una señora elegante, agradable, muy bonita y madre de mi gran amigo Arturo. Sus granizadas tenían un sabor especial y diferente a las otras de su competencia.

En el rótulo del Fronterizo se leía:

Guatemala, Malacatán Frontera. San Pablo, SM

El precio del pasaje en esos años era de dos quetzales con cincuenta centavos, de San Pablo a la ciudad capital de Guatemala.

Justo Conejo y don Arturo Choy ya habían pasado de Tocache a Malacatán. El señor Agustín ya había abierto su venta de candelas en la esquina donde tenía su tienda. Una cuadra más adelante, don Carlos Escobar, don Carlitos, estaba a punto de abrir las puertas de su tienda-cantina para dar paso a sus primeros clientes, Juan Tijuitz y Mariano Chilel —ellos ya estaban haciendo cola o línea para ser atendidos—.

Eso fue lo que marcó el ambiente navideño en mi pueblo, el cual quedó grabado en la mente de cada uno de los que vivimos esos momentos.

Osmar E. Maldonado

Dividido entre dos amantes

No sé si te recuerdas, pero en septiembre de 1982 yo me separé de ti y nunca pensé que eso hubiera sido para siempre; para ser más exactos, eso fue el 11 de ese mes, nunca lo he podido olvidar.

Tampoco estoy seguro de si aún te recuerdas. Yo te dije que nuestra separación duraría solamente 6 meses, pero, quién lo iba a creer, ya han transcurrido más de 40 largos años, y hasta ahora que me ha tocado vivir mi jubilación o retiro total de mis labores. Se me ha cruzado por la mente volver contigo. Me imagino que eso te sorprende, ¿no es así?

No sé si venga al caso, pero quiero contarte que hace pocos meses te visité y te vi renovada. Te ves maravillosamente bonita.

No sé cómo has hecho, pero con el paso de los años te has puesto más atractiva y ya cuentas con lo necesario como para compararte con las más bellas y atractivas, como las que por buena suerte conocí desde aquel momento de nuestra despedida.

Tu figura ha cambiado totalmente y alguno de tus nuevos hijos dice tener un parentesco de afinidad conmigo. Luces totalmente diferente, tu aroma ya no es el mismo, este es más agradable y cualquier galán siente tentación a una aventura contigo, la misma que sentí en su momento... Estoy seguro de que me sería fácil enamorarme de ti nuevamente.

Te puedo decir que en mi caso es todo lo contrario: en mi poco pelo ya pintan varias canas y mis movimientos ya no son los mismos, me cuesta hacer memoria de muchas cosas y, por si eso fuera poco, mi fuerza laboral ha llegado a su final.

No sé si me des oportunidad, pero he decidido compartir contigo y con la otra los años que me quedan. Prometo no defraudarte, porque aún cuento con una reserva de vida útil, la cual me sería fácil compartirla con los menores en tu familia.

Estoy seguro de que no me lo vas a negar, porque siempre te he buscado. Como prueba de eso, no han pasado dos años sin verte y las visitas que he hecho a tu casa han quedado documentadas.

A pesar del nuevo compromiso que adquirí con la otra, te sigo amando, y sin que haya una separación legal con ella, sé que puedo compartir mi amor entre las dos.

Aún guardo en mí todo lo que me enseñaste para ganarme la vida. Tengo presente los consejos que me diste, sabiendo que un día te ibas a quedar sin mí. También sabías que un día yo volvería a ti, quizá con más experiencia de la vida, en pago a la inversión que hiciste conmigo.

Me diste, entre muchas cosas buenas, el valor de tomar un camino desconocido, el cual fui abriendo poco a poco hasta lograr lo que todo mundo busca, paz interna y seguridad en sí mismo, y eso ya lo tengo.

Me enseñaste el valor de la amistad de un amigo, me encaminaste hacia el amor de Dios, el cual me levanta a cada momento de flaqueza.

Por eso y por mucho más, he tomado la decisión de que volvamos a estar juntos y que me guardes entre tus brazos para siempre.

¡Te amo, Guatemala!

Osmar E. Maldonado

En tu memoria, hermano Rudy

A todos nos duele que un familiar se vaya de este mundo, pero, cuando se trata de un hermano, las cosas son diferentes, la tristeza es más profunda.

Debido a la comunicación constante que yo mantuve con él, me pude dar cuenta de que su salud se deterioraba a medida que el tiempo iba pasando.

A pesar de que él trató por todos los medios de sobreponerse al mal que lo agobiaba, nos dábamos cuenta de que, a medida que pasaban los días, él se resignaba a creer que su final había llegado.

En nuestra última plática que tuve por teléfono con él —ocho días antes de su fallecimiento— tardamos como tres horas recordando muchas cosas que habíamos experimentado juntos cuando éramos niños. También nos recordamos de muchas personas que habían tenido alguna relación directa con nuestra familia, así como también comentamos sobre algunos acontecimientos sucedidos en el pueblo. Fue una plática muy amena como las que teníamos con frecuencia. Me gustaba hablar con él, siempre inventaba cualquier cosa y nos reíamos de sus ocurrencias.

Lo que no me gustó fue cuando me pidió que me cuidara, que cuidara a mi familia y que él ya no estaba en condiciones ni dispuesto a seguir luchando en contra de su enfermedad.

Traté de hacerle conciencia, pero él rehusaba a todo. Sin embargo, hizo un último intento y decidió ir a la ciudad de México, para ver si los médicos solucionaban el problema de salud que tenía.

Nos pusimos de acuerdo. Yo compré un pasaje para volar al día siguiente y reunirme con él en el D.F., pero, ya estando él en México, cambió de opinión y decidió de un momento a otro volver a Tapachula.

A pocas horas de que me fuera al aeropuerto, recibí una llamada de su esposa, Olga, en la que me informaba de que las cosas habían cambiado y que cancelara mi vuelo. Ahí mismo hice las llamadas del caso y cancelé el viaje programado.

Después de mi última plática con él y de haber cancelado mi vuelo, pasé unos días esperando que de un momento a otro me dieran la noticia de su fallecimiento.

Ese día 13 de octubre, a las 7:30 p. m., recibí la desagradable noticia: mi hermano más querido se había ido para siempre.

En ese mismo momento hice la reservación del vuelo, informé a mi trabajo y en las primeras horas del día siguiente iba para Tapachula. Hice escala en la ciudad de México y llegué a mi destino a las ocho de la noche. Al llegar al aeropuerto, ya me estaba esperando mi sobrino Myllor, el hijo de mi hermano Rudy, y un miembro de la iglesia.

Yo soy muy susceptible a todo, el más mínimo acontecimiento de injusticia o maldad me parte el alma y suelto en llanto, no puedo ver sufrir a otros y mostrar indiferencia. Precisamente ese era mi temor, no sabía cómo iba a reaccionar al ver el cuerpo sin vida de mi hermano, nunca había estado frente a uno de mis mayores en un momento como ese.

Al llegar a la casa donde él había vivido por muchos años, encontré a Olga, su esposa, sus nietos y muchos miembros de la iglesia donde mi hermano se congregaba. Él era el pastor de una pequeña iglesia que estaba cerca a su casa y, por ese motivo, mucha gente lo conocía.

En el momento de encontrarme en su casa, mi mirada escudriñaba cada uno de los rincones donde yo lo había visto sentado o de pie, como cuando le hacía las visitas. La mente me transportaba más allá de donde me podía imaginar.

Por momentos pensaba y deseaba que eso hubiera sido un sueño, una mentira o una broma de mal gusto; pero no, lo que estaba viviendo era realidad, y tenía que afrontarla.

Lo más difícil para mí fue cuando todos se pusieron de acuerdo y nos fuimos rumbo a la iglesia. Ya era tiempo de estar allí e iniciar la celebración del culto de cuerpo presente tal y como lo tenían programado.

En el trayecto de la casa de mi hermano y la iglesia cerré mis ojos y oré como nunca lo he hecho. Le pedí a Dios que me diera fuerzas para tener capacidad de ver el cuerpo sin vida de mi hermano, de poder llevarles un mensaje a los presentes, haciendo recuerdos de los momentos más bonitos disfrutados en compañía de él desde cuando fuimos niños, adolescentes y posteriormente adultos, cada uno con su historia.

Quiero manifestarles que lo que experimenté esa noche al entrar a la iglesia fue algo único, algo que jamás había sentido. No cabe la menor duda de que el amor de Dios estaba en ese bendecido lugar, y yo lo percibí en el momento de entrar a su casa.

Lo que menos me imaginé fue que la iglesia estaría totalmente llena, ahí estaban los miembros activos y personas que habían llegado de muchos lugares. Fue un impacto muy bonito, experimentado en el momento justo.

Los cantos y las alabanzas me llenaron de mucha paz interior y allí mismo sentí deseos de dirigirme a todos los presentes y agradecerles en nombre de mi familia por todo ese amor expresado a mi hermano.

En la iglesia se encontraban varios pastores pertenecientes a las iglesias que mi hermano había fundado en la República Mexicana. Cada uno de ellos, en el momento de tomar la palabra, expresó su agradecimiento a mi hermano Rudy por haber hecho una obra significativa como «ministro de la Iglesia» —así le llamaron todos los pastores en su respectivo relato—.

Muchas cosas me impactaron esa noche, pero la que más llamó mi atención fue que todos los miembros de la Iglesia y los pastores que llegaron me conocían en forma literal. Mi hermano les había platicado de mí, les hablaba del trabajo que yo hacía en los Estados Unidos, así como también mencionaba mi nombre en sus mensajes. Sin lugar a ninguna duda todas sus oraciones tuvieron un impacto muy efectivo en mi vida.

La obra realizada por mi hermano había sido desconocida para mí y el resto de mi familia. Mi hermano fue muy activo en su congregación y, como cosa rara, él nunca nos comunicó de sus logros a nivel de iglesia, todo lo mantuvo en el anonimato. Hasta esa noche por medio de testimonios de los pastores no me enteré de lo que él fue capaz de realizar.

En la iglesia había pastores de El Salvador, Honduras, Guatemala, de McAllen, Reynosa, Matamoros y otros lugares. Fue algo impresionante.

A petición de todos los miembros de la iglesia y muchas otras personas, me cedieron el turno y me pidieron que yo contara parte de la vida de mi hermano, y así lo hice. Muchas de las anécdotas de mi hermano que conté esa noche en la iglesia les causaron risa, tristeza en algunos casos.

Por más de una hora me pasé hablando de su vida y de algunas historias que él inventaba.

Todo lo que le conté a los presentes me ayudó a sobreponerme al difícil capítulo de mi vida que estaba experimentando.

Hasta ese momento tuve valor de acercarme a él. Pensé que no iba a tener capacidad de hacerlo y, cuando lo hice y observé su rostro sin vida, presentí que me había dicho: «Yo sabía que ibas a venir».

En ese instante se manifestó en mí la misma expresión que pasó por mi mente cuando despedí a mi amigo Roberto Castillo: «Yo sabía que ibas a venir».

A veces me cuesta entender la manera como reaccioné esa noche en la iglesia de Tapachula en el momento de la velación y el funeral en San Pablo de mi hermano Rudy. Todo fue asimilado de la mejor manera posible, bajo el control y amor de Nuestro Señor Jesucristo. Él todo lo puede.

Osmar E. Maldonado

FIN

www.ingramcontent.com/pod-product-compliance
Lightning Source LLC
LaVergne TN
LVHW091532060526
838200LV00036B/578